Ueli Greminger

Ketzer aller Konfessionen

T V Z

Ueli Greminger

Ketzer aller Konfessionen

Die Odyssee
des Bernardino Ochino

Roman

TVZ
Theologischer Verlag Zürich

Publiziert mit freundlicher Unterstützung der Schweizerischen
Reformationsstiftung, der Katholischen Kirche im Kanton Zürich und
der Evangelisch-reformierten Landeskirche des Kantons Zürich.

Der Theologische Verlag Zürich wird vom Bundesamt für Kultur
mit einem Strukturbeitrag für die Jahre 2021–2024 unterstützt.

Bibliografische Informationen der Deutschen Nationalbibliothek
Die Deutsche Nationalbibliothek verzeichnet diese Publikation in der
Deutschen Nationalbibliografie; detaillierte bibliografische Daten sind
im Internet über http://dnb.dnb.de abrufbar.

Umschlaggestaltung
Simone Ackermann, Zürich
Unter Verwendung des Freskos «Die gute Regierung»
von Ambrogio Lorenzetti, Palazzo Pubblico, Siena 1339
© akg-images / De Agostini Picture Lib. / G. Dagli Orti

Druck
gapp print, Wangen im Allgäu

ISBN 978-3-290-18602-9 (Print)
ISBN 978-3-290-18603-6 (E-Book: PDF)

© 2024 Theologischer Verlag Zürich
www.tvz-verlag.ch

Alle Rechte vorbehalten

«Ein Apfel kann eine dreieckige Vase nicht ausfüllen,
die Ecken blieben immer leer.
Ebenso wenig kann die Erde, die rund ist
und es immer bleiben wird,
die Seele erfüllen ...»

Bernardino Ochino, «Sieben Dialoge»

Inhalt

Prolog 9
Gespräche mit der Herzogin von Camerino 13
Vittoria Colonna und Michelangelo Buonarroti 77
Ein Netzwerk von Frauen in Ferrara und Florenz 125
Treffen der Spirituali in Neapel, Viterbo und Venedig 171
Flucht ohne Ende 211
Briefe aus Austerlitz 267

Wie dieses Buch entstanden ist 295
Nachweise 300
Personenverzeichnis 302
Zitierte und weiterführende Literatur 307

Prolog

Once upon a time
you dressed so fine

Am 22. November 1563 kam es in Zürich zum Eklat. Die Regierung erteilte dem beliebten Prediger der reformierten italienischsprachigen Gemeinde, Bernardino Ochino von Siena, den Landesverweis, ohne mit ihm Rücksprache genommen zu haben.

Kaufleute aus Zürich hatten Anfang November von einem Edelmann aus Nürnberg gehört, dass Bernardino Ochino in Basel ein Büchlein in Druck gegeben habe, in dem schändliche und ärgerliche Dinge stünden: Gedanken zur Vielweiberei, wie Bernardino Ochino sie aus dem Alten Testament zu rechtfertigen suche. Ein richtiges Ketzerwerk! Die Kaufleute erstatteten beim Bürgermeister von Zürich Anzeige. Dieser beauftragte Heinrich Bullinger, Vorsteher der reformierten Kirche am Grossmünster, und zwei weitere Stadtpfarrer, die Sache zu untersuchen und Bericht zu erstatten.

Am 22. November 1563 berichteten Bullinger und die zwei Pfarrer, dass die Schrift von Bernardino Ochino Gedanken über die Polygamie enthalte, die ihnen ganz und gar missfielen. Sie empfahlen der Regierung, Massnahmen zu treffen, um den guten Namen, die Einheit und die Lehre der Zürcher Kirche zu erhalten.

Darauf machte die Zürcher Regierung kurzen Prozess und verfügte die Ausweisung Ochinos, ohne den Beschuldigten anzuhören.

Nachdem er sich vergeblich darum bemüht hatte, bei der Regierung vorzusprechen, verliess Bernardino Ochino am

2. Dezember 1563 die Stadt an der Limmat. Er war bereits im hohen Alter von sechsundsiebzig Jahren und machte sich zusammen mit seinen vier Kindern auf den Weg. Seine Ehefrau war kurz vorher gestorben.

Die Historiker sind sich einig, dass der Vorwurf der Polygamie nicht stichhaltig war, sondern vorgeschoben. Es musste der Zürcher Regierung daran gelegen sein, an Bernardino Ochino ein Exempel zu statuieren. Was steckte dahinter?

Die reformierten Glaubensflüchtlinge aus Locarno, die acht Jahre zuvor in der Stadt Zürich grosszügig aufgenommen worden waren, erwiesen sich als weltgewandt und tüchtig. Dies erzeugte Unmut in der Bevölkerung, in den Zünften fürchtete man die Konkurrenz, man beargwöhnte ihren konspirativen Geist. Die Wegweisung von Bernardino Ochino bot der Regierung den willkommenen Anlass, die Fremden in die Schranken zu verweisen und die italienischsprachige Gemeinde, die sich jeden Sonntag in der Stadtkirche St. Peter zum Gottesdienst versammelte, aufzulösen.

Heinrich Bullinger hatte Bernardino Ochino als Pfarrer für die Glaubensflüchtlinge aus Locarno nach Zürich geholt. Er wusste, dass er bestimmt nichts mit der Vielweiberei am Hut hatte. Warum winkte das sonst so ausgeglichene und besonnene Haupt der Zürcher Kirche die Verleumdung wider besseres Wissen durch und liess seinen Amtskollegen und Freund wie eine heisse Kartoffel fallen?

Es ist möglich, dass man ihm zugetragen hatte, der italienische Prediger wäre gar nicht richtig reformiert. Im Herzen wäre der immer noch ein Verehrer des heiligen Franziskus. Statt die Heilige Schrift zu studieren, schweife er lieber durch die Wälder rund um die Stadt. Als ob der Herrgott in der Natur zu finden wäre!

Heinrich Bullinger wird nicht auf solche Stimmen gehört haben. Und doch, als ihn der Bürgermeister in der bösen Sache zu sich kommen liess, muss er kalte Füsse bekommen haben. Wer weiss, ob er im Grunde seines Herzens nicht doch dem Herrgott für die Gelegenheit dankte, den unbequemen Geist loszuwerden. Denn unbequem war er, der Bernardino Ochino. Bullinger hatte es ihm oft gesagt und ihn ermahnt, dass er seine Ketzereien ja für sich behalte.

Heinrich Bullinger war nicht der Einzige, der Bernardino Ochino nicht ertrug. Die Mächtigen seiner Zeit waren hinter ihm her und trieben ihn durch Europa, erst die Römische Inquisition, dann Kaiser Karl V., schliesslich die englische Königin Maria Tudor, und nach dem Eklat von Zürich auch noch der polnische König Sigismund II.

Anstatt sein Leben in der sicheren Zwinglistadt ruhig zu beschliessen, konnte Bernardino Ochino nicht anders, als mit seinen Schriften die kirchliche und staatliche Autorität weiterhin herauszufordern. Als es dann so weit war, trug er die erneute Vertreibung mitten im Winter erstaunlich gelassen. Auf der Flucht schrieb er die Worte: «Nie habe ich seine Liebe so geschmeckt wie jetzt, da er mich an dem Abend meines Lebens so hart geprüft hat.»

Was machte Bernardino Ochino in den Augen der Mächtigen in Kirche und Staat so gefährlich? Was ist sein Geheimnis? Was der Zauber seines widerständigen Geistes?

Allegorie der Pax, Fresko «Die gute Regierung»
von Ambrogio Lorenzetti im Palazzo Pubblico, Siena 1339
© *akg-images / De Agostini Picture Lib. / G. Dagli Orti*

Gespräche mit
der Herzogin von Camerino

How does it feel

1

Für einmal ist er allein unterwegs, wie immer zu Fuss, er kennt den Weg. In Perugia hat er drei Jahre Medizin studiert, in Assısı nächtelang mit seinem Gott gerungen. Sprich nur ein Wort, so wird meine Seele gesund, so hat er gebetet. Er hat ihn allein gelassen, kein Wort, kein einziges Wort hat er ihm gegeben. Er vernahm bloss eine vage Stimme: Hab keine Angst, ich bin bei dir. War es der heilige Franziskus, der ihm gut zusprach, oder war es Maria Magdalena? Bei ihr war er am liebsten, im Kirchlein Santa Maria Maddalena in der Ebene unterhalb von Assisi. Viele Stunden hat er da gebetet und auf einen Wink von oben gewartet.

Auch diesmal geht er durch die Seitentür, kniet vor dem Altar nieder und verharrt so, wie damals, als er unschlüssig war, ob er zurück in seine Klosterfamilie nach Siena gehen sollte. Er hat sie nicht mehr ausgehalten, die Einsamkeit in der fremden Stadt. Verloren ist er sich in Perugia vorgekommen, mutterseelenallein.

Er ist dann in sein Kloster nach Siena zurückgekehrt, es war die Heimkehr des verlorenen Sohns. Alle freuten sich, sie gaben ihm zu verstehen, dass er zu ihnen gehört. Was für eine Wohltat, einen festen Platz in einer Gemeinschaft zu haben. Er gewann das Vertrauen seiner Mitbrüder, wurde Provinzial, dann stellvertretender Generalvikar des Franziskanerordens in Italien.

Sein Amt bringt es mit sich, dass er viel unterwegs ist. Das kommt ihm entgegen. Er zieht durchs Land, von Kloster zu Kloster und schaut zum Rechten, schlichtet bei Streitereien. So hat er beides, die Geborgenheit der Klostergemeinschaft und das abenteuerliche Unterwegssein. Einmal bestellt man ihn nach Venedig, in der Hoffnung, dass er im Richtungsstreit innerhalb des Ordens der Franziskaner vermitteln kann, vergebliche Liebesmüh. Das Zerwürfnis zwischen den strengen Anhängern des Franziskus, den Observanten, und den weltlicheren Konventualen ist nicht zu überwinden. Er selber gehört zu den Observanten, zu den glühenden Jüngern des heiligen Franziskus mit der strengeren Ordensregel.

Es ist schon einige Zeit her, dass Bernardino Ochino Freude am Predigen bekommen hat. Er entwickelte dabei eine besondere Gabe. Auf den langen Wanderungen bereitet er sich vor, im Gespräch mit einem Bruder oder, wenn er allein unterwegs ist, indem er mit seinem Franziskus spricht. So kann er beim Predigen aus dem Vollen schöpfen. Man hört ihm gern zu, nicht nur die Klosterbrüder, auch die Leute aus dem Volk. Es gelingt ihm, den Menschen aus dem Herzen zu sprechen, seine Predigten finden auch in gebildeten Kreisen Gefallen, besonders bei den Frauen.

Doch dieses Mal ist seine Stimmung beim Gebet im Kirchlein Santa Maria Maddalena eine ganz andere. Caterina Cibo, die Herzogin von Camerino, hat ihn zu sich gebeten. Sie brauche dringend seinen geistlichen Rat, wurde ihm nach Siena gemeldet. Er ist der eleganten adeligen Dame zum ersten Mal in Rom begegnet. Sie hat an einem Gottesdienst in der Basilika San Lorenzo in Damaso teilgenommen und sich bei ihm für die Predigt herzlich bedankt.

«Fra Bernardino, Ihr habt mir aus dem Herzen gesprochen, ich danke Euch.»

Das hat ihn gefreut. Der Umgang mit Frauen ist Franziskanermönchen nicht erlaubt. Als Wanderprediger ist das etwas anderes, es sind in der Mehrzahl Frauen, die seine Predigten aufmerksam verfolgen, wie von selbst ergeben sich Gespräche. Dass eine bedeutende Frau aus dem Adel, gar eine Herzogin, die ihr

Amt selber ausübt, ihn zu sich beruft, ist allerdings etwas Besonderes. Erst viel später wird ihm klar, dass in den Gesprächen mit Caterina Cibo sein geistliches Leben erst so richtig beginnt.

Oder beginnt mit diesen Gesprächen sein fleischliches Leben?

Wie auch immer, die Gespräche geben seinem Leben eine Wende. Doch noch ist er ganz mit seinem Ideal, dem heiligen Franziskus, verbunden. Und das wird noch eine gute Weile so bleiben.

Im Innenhof des Palazzo Ducale in Camerino läuft die Herzogin im Schatten der Rundbögen unruhig hin und her, dann wieder geht sie zum Tor und schaut auf den Platz vor dem Palazzo. Warum kommt er nicht? In der Mitte der Woche werde er in Camerino sein, hat er ausrichten lassen. Sie erschrickt ab sich selbst. Warum ist sie nur so unruhig? Ach, das ist es ja, wenn sie es nur wüsste.

Sind es die Schicksalsschläge, die sie aus der Bahn geworfen haben? Erst der Tod ihres Ehemanns, dann all die Freier, die ihr auf den Leib rücken wollten. Sie war jung und temperamentvoll. Aber das war es nicht. Sie wollten an ihrem Reichtum und an ihrer Macht teilhaben.

Sie alle wollten nur eines, sie wollten Herzog von Camerino werden. Die einen schrieben ihr rührselige Briefe. Andere schickten Boten zu ihr, die sie rühmten und priesen. Es gab sogar einige, die den Platz an ihrer Seite mit Waffengewalt erobern wollten. Sie musste sogar nächtliche Überfälle abwehren. Es gab Kriegszüge, die zu wochenlangen Belagerungen der Stadt führten. Einmal wurde sie entführt und zum Schein hingerichtet. Sie verlor ihre Fassung nicht, *fare una bella figura*, sie hatte gelernt, Haltung zu bewahren. Das ist ihre Stärke, dafür wird sie von den Menschen ihres Herzogtums geliebt und wie eine Heldin verehrt. Das weiss sie, das kann ihr niemand nehmen, das gibt ihr Selbstvertrauen.

Was also ist der Grund ihrer Unruhe?

Ist es die Sache mit ihrer Tochter Giulia? Das Testament ihres Mannes bestimmt ihre Tochter zur zukünftigen Herzogin, sie selber ist für die Zeit bis zu deren Volljährigkeit mit der Regierung betraut. Das bedeutet, dass es an ihr liegt, die Fäden zu ziehen, um Giulia gut zu verheiraten, damit das Herzogtum in der Familie bleibt. Wie nur soll sie das anstellen, wenn das Kind gerade mal elf Jahre alt ist? Zudem verabscheut sie die politischen Ränkespiele auf Kosten der eigenen Tochter. Ist sie nicht selber mit einem Mann verheiratet worden, mit dem sie keine Liebe verband?

Was soll sie tun?

Es bleibt ihr nichts anderes übrig, als gute Miene zum bösen Spiel zu machen und für ihre Tochter eine gute Partie zu finden.

Ist es die Affäre mit Pietro, die sie beunruhigt? Er ist in sie vernarrt. Er gefällt ihr, in seinen Armen fühlt sie sich zum ersten Mal als Frau begehrt, bei ihm kann sie alles vergessen. Allerdings sind es nur kurze Momente der Glückseligkeit. Mehr und mehr legen sich dunkle Wolken auf die gemeinsamen Stunden, sie müssen geheim bleiben. Eine Affäre der Herzogin mit dem Geschäftsführer des Palazzo Ducale, ein Skandal! Ach, die Liebesdinge. Sie würde am liebsten davonlaufen, ja, davonfliegen, um Ruhe zu finden.

Sie fühlt sich einsam.

Immer muss sie die Fäden in der Hand halten, immer muss sie Ruhe bewahren, immer muss sie stark sein, immer muss sie ihre Leute verstehen, wenn sie zu ihr kommen und ihr ihre Sorgen anvertrauen. Sie organisiert Hilfe, sie hat ein Herz für alle, dafür lieben sie ihre Leute. Doch wem kann sie sich anvertrauen?

2

Camerino, die Stadt auf dem Berg in der Region Marken, ist heute eine Geisterstadt. Mehrere Erdbeben haben die Stadt unbewohnbar gemacht, die Strassen sind menschenleer, ganze Quartiere sind abgesperrt, *zona rossa*. Hin und wieder fährt ein Auto vorbei, Carabinieri, der Palazzo Ducale ist versperrt, durch eine Lücke in der Bretterwand sind die Rundbögen des Innenhofs zu sehen. Der Marmorboden ist von Unkraut überwachsen. Wird der Palazzo Ducale je wieder als Universität genutzt werden, wird es je wieder ein lebhaftes Stadtleben geben, wie es über Jahrhunderte der Fall war, wird die Piazza Garibaldi je wieder bevölkert sein?

Il rombo ist das dumpfe Grollen aus der Tiefe des Erdinnern, das dem Erdbeben vorausgeht. Stunden vor dem grossen Erdbeben habe sie das dumpfe Grollen gehört, erzählt eine alte Frau an der Busstation. Sie berichtet es wortreich jedem Fremden, der sich nach Camerino verirrt. Es sei ein unheimliches Geräusch aus der Tiefe der Erde gewesen. Sie höre es immer noch, jede Nacht, sie könne nicht mehr ruhig schlafen. Dann gehe sie nach draussen nachschauen, doch die Nacht sei ruhig und sie höre es nicht mehr, *il rombo*. Aber in der nächsten Nacht komme es wieder.

Am Tor sieht die Herzogin den Klosterbruder in der braunen Kutte, sie eilt ihm entgegen: «Seid gegrüsst Fra Bernardino. Ihr kommt spät. Aber nun seid Ihr da. Gott sei Dank. Ihr werdet

Euch gewundert haben, dass ich Euch den weiten Weg kommen liess. Kommt, ruht Euch aus und erfrischt Euch.»

Sie führt ihn auf eine steinerne Bank im Schatten der Rundbögen des Innenhofs. Auf dem Tisch steht ein Krug Wasser bereit. Sie setzt sich ihm gegenüber.

«Ich brauche Euren Beistand, Fra Bernardino, Ihr wisst, dass ich Eure Predigt über die Kraft der göttlichen Liebe gehört habe. Eure Worte haben mich aufgerüttelt, denn ich fühle nichts von dieser Liebe in mir. Am Tag ist mir alles bitter, in der Nacht liege ich ohne Schlaf. Ich habe niemanden, bei dem ich mich aussprechen kann. Helft mir.»

«Herzogin, ich weiss nicht, ich meine, wie soll ich sagen, wie Ihr wisst, folgen wir vom Orden des heiligen Franziskus unserem Meister. Er hat sich um die Armen gekümmert. Für sie wurde er selber ein Bettler, die Armut ist unser Weg.»

Er macht eine Pause. Sie sieht ihn aufmerksam an, sagt nichts. Ist es im Grunde nicht genau das, wonach sie sich im Innersten sehnt, nach einem einfachen Leben ohne all den Pomp, ohne all die Intrigen?

«Wir sind daran gewöhnt, den Armen und Kranken zu helfen. Ich weiss nicht, wie ich Euch helfen kann.»

Die Herzogin betrachtet ihn und sagt dann streng. «So, Ihr meint also, die Kirche sei nur für die Armen und Kranken zuständig. Und was ist mit unsereins, die sich Tag für Tag mit den Machenschaften der Politik plagen, damit das Volk genug zu essen hat und in Frieden leben kann?»

Betreten schweigt Bernardino. Was will die Herzogin von ihm, warum hat sie ihn nach Camerino kommen lassen? Sie weiss, dass er dem Armutsideal des heiligen Franziskus verpflichtet ist. Hat sie ihn etwa darum zu sich gerufen?

«Verzeiht, Herzogin, wir schliessen niemanden vom geistlichen Beistand aus. Wir wissen, dass jeder Mensch der geistlichen Zuwendung bedarf. Ich bin zu Euch gekommen, um

Euch anzuhören und Euch beizustehen, soweit es mir möglich ist.»

«Habt Dank, Fra Bernardino, das ist ein Wort. Ich will Euch erklären, worum es geht. Ich bitte Euch, mir dann zu sagen, was Ihr denkt.»

Das Eis ist gebrochen, die Herzogin spricht sich aus, Bernardino leiht ihr sein Ohr. Es sind bittere Worte, die er zu hören bekommt. Die Herzogin schildert ihren Alltag am Hof, die Heucheleien, die Ränkespiele, die Korruption, auf niemanden ist Verlass, ihre Welt ist ein Karussell, das sich dreht um die Machtansprüche von Kirchenfürsten von Roms Gnaden wie von Kriegsherren im Dienst der Spanier, der Franzosen oder der Habsburger. Stolze Stadtrepubliken wie Florenz oder Venedig sind darum bemüht, sich zu behaupten und ihr Einflussgebiet auszuweiten. Die Herrscherfamilie der Medici in Florenz befindet sich auf einem Höhepunkt ihrer Macht.

In der Zeit, als Bernardino Ochino Caterina Cibo besucht, ist der Papst ein Medici und der Fürst der Stadt Florenz ist ein Medici. Auch sie selbst, die Herzogin von Camerino, ist über ihre Mutter eine Medici. Und doch strecken beide, Papst Clemens VII. und Fürst Alessandro von Florenz, ihre gierigen Hände nach dem Herzogtum Camerino aus, um es ihr zu entreissen.

Wie kann sie sich als Frau in einem solch schwierigen Umfeld behaupten?

Eines ist sicher. Sie will sich behaupten, ganz allein, sie will sich keiner Macht beugen, keinem Ehemann, keiner Familie und auch der heiligen Kirche nicht. Sie hat den Stolz im Blut. Niemals sollen sie bekommen, was ihre Niedertracht ihnen eingibt. Sie will alles geben, um das zu verhindern.

Doch was hat sie in der Hand? In einer Welt der Doppelmoral, in der es immer nur darum geht, das Gesicht zu wahren, den Glanz der Kirche und ihre Werte hochzuhalten, um den Schmutz der Politik zuzudecken, eine Hand wäscht die andere, Bühne frei für das freie Spiel der Niedertracht. Was hat sie dem entgegenzusetzen? Hat nicht der Herzog von Urbino einen Sohn im heiratsfähigen Alter? Sie wird dafür sorgen, ihre Tochter mit ihm zu verheiraten, gemeinsam wären sie stark, Urbino und Camerino. Gemeinsam werden sie Rom und Florenz trotzen.

Bernardino unterbricht die Herzogin, zögert. Soll er sagen, was ihn an ihren Worten befremdet, oder soll er nicht besser schweigen und sie ausreden lassen? Darf er sie zurechtweisen, die stolze Herrscherin von Camerino?

«Sprecht, Fra Bernardino, Ihr wolltet etwas einwenden.»

«Herzogin, ich wollte nur sagen, was mir eingefallen ist bei dem, was Ihr erzählt.»

«Bruder, redet nicht um den Brei herum», die Herzogin reagiert harsch, «bei mir könnt Ihr Klartext reden. Ich will wissen, was Ihr denkt.»

Bernardino wartet einen Moment, dann sagt er: «Ihr selber seid doch eine Medici, Euer Grossvater und Eure Mutter ...»

«Halt, redet nicht von meinem Grossvater und von meiner Mutter», herrscht ihn die Herzogin an. «Ihr müsst mich nicht an meine Herkunft erinnern. Die kenne ich zur Genüge.»

Dann besinnt sie sich und sagt mild: «Aber sprecht, was wolltet Ihr sagen?»

Soll er es sagen? Warum nicht. Also spricht er tapfer: «Ich wollte Euch darauf hinweisen, dass Ihr ja auch, ich meine, damals als Mädchen, wurdet Ihr auch vor der Zeit für politische Zwecke verheiratet ...»

«Ich will von Euch keine Moralpredigt hören», unterbricht ihn die Herzogin wieder unwirsch, «ich habe Euch nicht deswegen den weiten Weg nach Camerino kommen lassen. In der Politik kenne ich mich aus, da weiss ich selber, was ich zu tun habe.»

Sie hält inne, mustert ihn bekümmert.

«Es ist genug geredet für heute. Verzeiht mir, Fra Bernardino, ich habe nur an mich gedacht und dabei vergessen, dass

Ihr einen langen Weg hinter Euch habt. Lassen wir uns Zeit, ich will nachdenken. Und Ihr sollt Euch von der weiten Reise erholen und stärken. Es ist alles vorbereitet, Ludovico wird für Euch sorgen.»

In den Protokollen der Inquisitionsakten zum Prozess Pietro Carnesecchi steht, dass der Franziskanermönch Bernardino Ochino und die Herzogin von Camerino, Caterina Cibo, miteinander befreundet waren und dass sie intensive geistliche Gespräche geführt haben. Er war zu Beginn ihrer Freundschaft siebenundvierzig Jahre alt und seit dreissig Jahren Mönch im Franziskanerkloster bei Siena. Sie war dreiunddreissig Jahre alt, seit sechs Jahren verwitwet und seitdem allein für das Herzogtum Camerino zuständig.

Ein Resultat dieser vertraulichen Gespräche ist die Schrift, die Bernardino Ochino in den folgenden Jahren verfasst und veröffentlicht. Es ist seine erste und trägt den Titel «Sieben Dialoge» und stilisiert das Gespräch zwischen ihm und der Herzogin als Seelsorgegespräch, bei dem es um geistliche Erneuerung geht.

*Titelseite der Schrift «Sieben Dialoge»
von Bernardino Ochino, Venedig 1542. Sie stilisiert den Autor
als traditionellen Klosterbruder.*

3

Bernardino Ochino hat im Laufe seines Lebens über fünfzig Bücher geschrieben. Die «Sieben Dialoge» ist neben einem Predigtband die einzige Schrift aus seiner Zeit in Italien. Alle anderen Schriften sind nach seiner Flucht über die Alpen entstanden. Die «Sieben Dialoge» zeigen sein Denken noch ohne die spätere Polemik gegen die katholische Kirche. Es ging ihm in der Zeit in Italien nicht um Aufruhr, sondern um die Reform seiner, der katholischen Kirche.

Seine erste Schrift veranschaulicht die Überzeugung, dass die Reform der Kirche nicht über die Institution führt, sondern über die geistliche Erneuerung des Einzelnen. Es ist ein Dialog zwischen einem Klosterbruder und einer Herzogin, zwischen Kirche und Staat, zwischen einem Mann und einer Frau und es ist ein Gespräch zwischen einer Dame aus einer begüterten, einflussreichen Familie und einem Klosterbruder, der dem franziskanischen Armutsideal verpflichtet ist. Der Spannungsbogen könnte nicht grösser sein. Das zeigt schon ein kurzer Ausschnitt aus dem Gespräch:

Er   Ich sehe, dass Ihr bedrückt und müde seid. Es scheint mir, dass Ihr nach etwas sehr Wichtigem sucht. Ich will mutig sein und Euch fragen, was Ihr erreichen möchtet mit all Euren schweren Gedanken. Ich bitte Euch, mir zu sagen, was Ihr in dieser Welt mit so viel Eifer, Qual und Leiden sucht.
Sie Ich suche etwas Frieden, aber ich finde ihn nicht.

Er Wie lange sucht Ihr schon?
Sie Mein ganzes Leben habe ich nur dafür gekämpft, Frieden zu haben. Ich habe Elend erduldet, um nicht mehr elendig zu sein. Ich war ununterbrochen in Bewegung, um Ruhe zu erlangen. Und doch, ich habe den Frieden nicht gefunden, nicht einmal für eine einzige Stunde. Als ich das Glück suchte in dieser Welt, habe ich nur Elend gefunden. So denke ich, das Glück lässt sich in diesem Leben gar nicht finden.
Er Vielleicht habt Ihr nicht dort gesucht, wo es wirklich ist.
Sie Ich habe dort gesucht, wo ich dachte, könnte es sein.
Er Und, wo war das?
Sie In der Gesundheit, im Reichtum, in meiner Stellung, in Herrschaft und Macht. Ich habe es gesucht in Prunk und Eitelkeit, indem ich meinen Körper mit allen Annehmlichkeiten, mit auserlesenen, abwechslungsreichen, exklusiven Speisen, mit Schmuck, Kleidern und Verzierungen verwöhnte. Ich habe es gesucht in Ehre, Lob und Würde. In Vergnügungen und in den sinnlichen Wonnen der Liebe. Ich habe es in meiner Familie gesucht, bei Freunden, indem ich ihnen gefallen wollte. Ich habe es im Lernen und in der Rhetorik gesucht, in den Tugenden, im Nachdenken über die Wahrheit, in der Kontemplation, im Genuss von allem, vor allem bei Gott. Mit einem Wort, ich habe alles ausprobiert und ich habe nur Elend gefunden, wo ich das Glück vermutete.
Er Das Glück liegt nicht in den Dingen. Ein Apfel kann eine dreieckige Vase nicht ausfüllen, die Ecken bleiben immer leer. Ebenso wenig kann die Erde, die rund ist und es immer bleiben wird, die Seele erfüllen.
Sie Ein treffendes Bild, das mit dem runden Apfel und der dreieckigen Vase. Wollt Ihr sagen, dass nur Gott der Seele ähnlich ist, nur Göttliches die Seele erfüllen kann?

Er	Die Welt lindert und befriedigt unsere Wünsche nicht. Vielmehr weckt sie unsere Wünsche. Diejenigen, die am meisten haben, begehren auch am meisten.
Sie	Dann sind die am glücklichsten, die am wenigsten begehren.
Er	Ja, das Rad dieser Welt dreht sich unaufhörlich. Wer daran gefesselt ist mit Ketten der Liebe und Seilen des Begehrens, muss sich immer drehen und in ständiger Bewegung sein. Man muss seine Liebe von der Welt abkoppeln und aufhören, Dinge der Schöpfung zu begehren.
Sie	Wie sollen wir das nur tun?
Er	Wir lassen das Rad drehen, wie es will, und wir lösen uns von den Ketten der sinnlichen Liebe und von den Seilen des Begehrens.
Sie	Wie es die indischen Philosophen empfehlen. Jedoch, wie machen wir das?
Er	Am besten, indem wir über die sinnliche Liebe und über das Begehren lachen.

4

Die Herzogin ruft den Diener. Dieser führt Bernardino durch den prächtigen Palazzo, zeigt ihm sein Gemach. Es ist ein reich möblierter und schön dekorierter Salon.

«Verzeiht, Bruder Ludovico. Ich bin ein minderer Bruder des heiligen Franziskus, ich schlafe auf dem Boden, unter freiem Himmel oder in der Klosterzelle. Nun sehe ich Polster und Seidendecken, das ist nichts für mich.»

Der Diener zuckt mit den Schultern. Die Herzogin habe ihn beauftragt, ihn in diesen Salon zu führen, damit er sich ausruhe, erfrische und stärke.

«Schon recht mein Guter», Bernardino klopft ihm freundschaftlich auf die Schulter, «verzeiht mir, ich habe nur an mich gedacht, ich will Euch keine Sorgen bereiten. Meldet der Herzogin, dass ich glücklich bin, dass sie mich in ihrem Haus so gastlich aufnimmt.»

Mit einer leichten Verbeugung zieht sich Ludovico zurück.

Ein weiches Bett, feines Leinen, seidene Kissen und Decken, nein, er liegt besser auf dem harten Boden, das ist er sich gewohnt. Er breitet seine Kutte auf dem Boden neben dem Bett aus, er bricht das Brot und schenkt sich Wasser ein.

In einem Bericht eines Zeitzeugen heisst es von Ochino:

> «Der Ordensregel gemäss reiste er nie anders als zu Fuss; nie sah ihn jemand auf einem Reittier, obwohl er von zar-

ter Gesundheit und schon zunehmendem Alter war. Auch wenn Ochino – was er nicht immer ausschlagen konnte – bei Vornehmen zu Gast war, liess er sich durch die Pracht der Paläste, der Kleidung, des Schmuckes nicht von seiner Lebensweise abbringen. Lud man ihn zur Tafel, so nahm er bloss von einer und zwar von einer einfachen Speise; Wein trank er wenig. Bereitete man ihm ein Bett, so bat er um Erlaubnis, sich auf einem bequemeren Lager auszuruhen, breitete dann seinen Mantel auf den Boden und legte sich darauf zur Ruhe.»

Nach dem Gebet setzt er sich ans Fenster und schaut ins weite Land. Was will die Herzogin von ihm? Warum hat sie ihn den weiten Weg von Siena kommen lassen? Wie kann er ihr helfen? Kennt er sich etwa in den Ränkespielen der Reichen und Mächtigen aus? Hat nicht Franziskus sein Kleid ausgezogen und ist nackt vor seinen Vater getreten, hat er damit nicht klargemacht, dass es nur den einen Weg gibt: Verkauf alles, was du hast, und gib es den Armen und komm und folge mir nach?

Er hört die Stimme der Herzogin: So, Ihr meint also, die Kirche sei nur für die Armen und Kranken da. Und was ist mit unsereins, die sich Tag für Tag mit den Machenschaften und Intrigen der Politik plagen, damit das Volk in Frieden leben kann? Meint Ihr, das sei angenehm?

Sie ist gebildet, sie kennt sich aus, sie weiss, dass er den Weg der Armut geht, sie könnte sich an einen der Priester wenden, von ihnen gibt es in Camerino genug. Was will sie von ihm?

Was kann ein Bettelmönch einer Herzogin geben?

Der Ruf in die Nachfolge Christi gilt jedem Menschen. Es ist seine Aufgabe, diesen Ruf auszurichten: Gib alles, was du hast, den Armen und komm und folge mir nach! Doch wie soll er das tun in einem Palast, wie soll er das der Regentin eines Herzogtums sagen? Wie heisst es im Gleichnis? «Der Reiche ging traurig hinweg, denn er hatte viele Güter.» Wird er die Herzogin traurig zurücklassen, wenn er nach Siena ins Kloster zurückgehen wird?

Bernardino findet den Schlaf nicht.

Warum nur vertraut sich die Herzogin ausgerechnet ihm an? Ach, sie hat es ja gesagt, es ist seine Predigt in San Lorenzo, es sind seine Worte, die sie aufgerüttelt haben. Was für Worte? Er hatte über die Wohltat der Liebe zu Gott gesprochen und aus der Bibel das Jesuswort zitiert: «Kommet her zu mir alle, die ihr mühselig und beladen seid, ich will euch Ruhe geben.» Ist das die Spur? Die Herzogin sehnt sich nach Ruhe, sie dürstet nach lebendigem Wasser, das ihren Lebensdurst stillt. Und er ist dazu bestimmt, sie auf die Spur zu führen. Er ist es gewohnt, sich im Spital von Siena um die Kranken zu kümmern, ihnen die Wunden zu verbinden, sie zu trösten, ihnen Mut zuzusprechen, sie auf den Tod vorzubereiten. Ist es nicht viel einfacher, die Armen und Kranken die Barmherzigkeit Gottes spüren zu lassen? Sie haben nichts anderes ...

Auch die Herzogin ist wach. Ihr Kopf liegt auf einem weichen Kissen, eine Wohltat nach der Mühsal des Tages. Der Schlaf jedoch bleibt ihr versagt, es fällt ihr schwer, die Last des Tages abzulegen und Ruhe zu finden. Es plagt sie die Erinnerung an die Zeit mit dem Herzog von Camerino. Eine gute Ehe war es nicht. Dabei hatte alles so schön begonnen, als sie der Herzog nach der Hochzeit voller Stolz seinem Volk vorführte.

Doch es dauerte nur ein paar Wochen, und es war vorbei mit dem Stolz des Herzogs, er kehrte zu seinen alten Gewohnheiten zurück und war unentwegt unterwegs, auf einem Kriegszug, auf der Jagd, was wusste sie davon, wen er bekriegt und was er gejagt hat.

Er muss es selber gewesen sein, den er gejagt und bekriegt hat, er war sich selber feind. Das ist ihr mit der Zeit aufgegangen, als er ihr immer mehr aufbürdete, das Tagesgeschäft im Palazzo Ducale, die Empfänge, das gesellschaftliche Leben. Sie habe mehr im Kopf als er und überhaupt sei sie eine Bessere, eine Medici. Sein Stolz vermischte sich mit Bitterkeit, er konnte es nicht ertragen, dass seine Leute von der jungen, eleganten, gebildeten und temperamentvollen Herzogin ganz eingenommen waren. Dass sie ihn an Geist und Willenskraft überstrahlte und dass dies für ganz Camerino sichtbar wurde, war ihm dann zu viel. Das konnte er ihr nie verzeihen.

Erst sonnte sie sich in ihrer neuen Rolle, genoss ihre Beliebtheit und liess es den Herzog spüren. Dann war ihr eines Tages aufgegangen, warum sich dieser immer mehr von ihr zurückzog. Sie hatte ihn zur Rede gestellt. Und er, anstatt sich auf ein Gespräch mit ihr einzulassen, warf ihr an den Kopf, dass sie ihn ausstechen würde, dass sie sich auf seine Kosten im Volk beliebt mache, sie wäre halt eine Bessere, eine Medici. Als sie sich das nicht gefallen liess, schlug er sie ins Gesicht und herrschte sie an, die Medici solle ihn in Ruhe lassen.

Das war ein Jahr nach der Heirat gewesen, nun wusste sie: Alle machen ihr schöne Augen, um ihm eins auszuwischen.

«Es gibt jetzt wenigstens ein Licht im Palazzo Ducale.»

Erst waren es einzelne Bemerkungen. Der Herzog wurde gewahr, dass man sich über ihn lustig machte, es machten derbe Witze die Runde.

«Sie will es erst griechisch, dann lateinisch mit ihm treiben, aber der Dummkopf kapiert es nicht, ha, da geht er lieber zu einer Ziege.»

Caterina gab sich Mühe, ihn mit Sanftmut zu umgarnen, sie sprach ihm gut zu und nahm sich bescheiden zurück, es nützte nichts, der Gram hatte sich festgekrallt und liess sich nicht mehr abschütteln.

Er hatte sie nie wieder geschlagen, aber getroffen hatte er sie bei jeder Gelegenheit, die sich ihm bot. Seine Waffe war die Gemeinheit, ihr jeweils ihre Herkunft vorzuhalten.

«Du bist und bleibst eine Bessere, eine Medici.»

Die Herzogin weiss sehr wohl, warum es sie so aufgebracht hat, als Bernardino sie auf ihre Herkunft ansprach.

5

Am nächsten Morgen im Innenhof, im Schatten der Rundbögen. Er nähert sich vom Tor her, sie ist bereits an ihrem Platz. Sie sitzen wie beim ersten Gespräch in einer Nische an einem Steintisch einander gegenüber.

«Ludovico meldet, dass Ihr das Bett nicht angerührt habt», die Herzogin lächelt nachsichtig. «Ihr scheint meine Gastfreundschaft nicht zu schätzen.»

«Nein, Herzogin», er schüttelt heftig den Kopf, «aber ich bin nicht gewöhnt, auf Polster und in Seide zu schlafen.»

«Und von den erlesenen Speisen habt Ihr kaum etwas angerührt, vom feinen Wein habt Ihr keinen einzigen Schluck getrunken. Der Mensch braucht Speis und Trank, kräftige Nahrung, Ihr etwa nicht, Fra Bernardino?»

«Herzogin, Ihr wisst, wir Franziskaner leben vom Allernotwendigsten. Köstlich ist es, wenig zu brauchen, süss ist das Leben, wenn man dankbar ist für alles, was man nicht haben will.»

«Ach, wie schön Ihr das sagt», die Herzogin ist sichtlich gerührt, «man käme beinahe auf den Geschmack. Kommt etwas näher und setzt Euch zu mir auf die Bank.»

«Verzeiht, Herzogin, es ziemt sich für einen Klosterbruder nicht, sich mit einer Dame auf einer Bank niederzulassen.» Bernardino weicht erschrocken zurück.

«Aha, die Dame mit grossen Augen eingehend von oben bis unten mustern, das ziemt sich für den Klosterbruder», meint die Herzogin schnippisch, «aber sittsam im Gespräch nebeneinandersitzen, das ist ihm zu viel. Will er bloss eine gute Figur machen oder fürchtet Ihr die Nähe einer Frau?»

Bernardino errötet, lacht dann über sich selber, erhebt sich, geht zielstrebig zur Bank und setzt sich neben die Herzogin. «Ich fürchte nur den Allerhöchsten und eine gute Figur machen, das habe ich schon lange aufgegeben.»

Sie betrachtet ihn aufmerksam, schaut amüsiert auf seinen langen Bart und seine zerzausten Haare.

«Wirklich? Dann lasst mich gleich zur Sache kommen.»

Die Herzogin spricht sich aus. Der Klosterbruder schenkt ihr sein Ohr, nickt, schüttelt ungläubig den Kopf, fragt zurück, schaut sie mit grossen Augen an, dann wieder schaut er betreten vor sich hin.

«Das war sie, meine Beichte, Bruder. Jetzt habt Ihr meine Geschichte vernommen. Ich danke Euch für das Ohr, das Ihr mir geliehen habt.» Die Herzogin seufzt: «Es ist schwer, sich selber einzugestehen, dass man vom Leben betrogen wurde, als Kind, als junges Mädchen, als Ehefrau, als Witwe. Ich hoffe, dass ich Euch mit meiner Offenheit nicht zu sehr erschreckt habe.»

Bernardino schaut ihr in die Augen. Was soll er ihr antworten? Er findet die rechten Worte nicht, er schweigt.

Was die Herzogin dem Klosterbruder gebeichtet hat, lässt sich anhand ihrer Lebensgeschichte erahnen. Sie kam in Rom zur Welt, ihre Kindheit und Jugend verbrachte Caterina inmitten der Pracht und der moralischen Abgründe der Kurie. Sie war die Tochter von Franceschetto Cibo, der ein Vitellone, ein Müssiggänger, ein Lebemann war und ein Saufbold dazu. Er war der Sohn des Giovanni Battista Cibo, dem späteren Papst Innozenz VIII. Dieser hatte ihn als Sechzehnjähriger mit einer Vierzehnjährigen, der Liebe seines Lebens, gezeugt. Franceschetto, das Fränzchen, war das Einzige seiner zahlreichen Kinder, das

Giovanni Battista anerkannte. Später fuhr er als Papst fröhlich fort, Kinder zu zeugen, aber Fränzchen, sein Erstling, blieb sein Liebling. Er verwöhnte ihn nach Strich und Faden. Was Wunder, dass aus ihm ein Tunichtgut wurde, der sich einen Namen machte mit seinen nächtlichen Streifzügen durch Rom, zusammen mit seinen Kumpels. Sie soffen, lärmten, es kam zu Gewaltexzessen und Vergewaltigungen. Papa Papst hielt seine schützende Hand über ihn. Bis es ihm dann doch zu bunt wurde. Um ihn zu domestizieren, verheiratete er ihn. Natürlich musste es eine gute Partie sein, Maddalena de' Medici, die Tochter des berühmten Medici-Fürsten von Florenz, Lorenzo Magnifico, war die Auserwählte. Diese Maddalena war eine äusserst gebildete Frau, sie sorgte für eine gute Bildung ihrer Kinder, auch für die Mädchen. Caterina war ihr fünftes Kind, sie lernte Latein, Griechisch und Hebräisch, aber glücklich war ihre Kindheit nicht.

Es ging ein Riss durch das Elternhaus.

Die Mutter sorgte tapfer für die Kinder, der Vater hingegen führte sein altes Leben ungerührt weiter. Die nächtlichen Streifzüge durch Rom wurden wieder aufgenommen, es kam die Spielsucht hinzu, Fränzchen soll in einer einzigen Nacht drei Paläste verspielt haben.

Im Alter von zwölf Jahren ereilte Caterina das Schicksal vieler Töchter adeliger Familien. Sie wurde verlobt und mit dem Erreichen der Volljährigkeit verheiratet. Es war eine politische Zweckehe, sie galt als gute Partie. Es handelte sich um den Herzog von Camerino, der dem Papst treu ergeben war.

Es war wie nach Drehbuch abgelaufen. Nach der Krönung des ersten Medici zum Papst, hatte sich der Herzog mit einer Schar seiner Untergebenen von Camerino nach Rom begeben, um dem neuen Papst zu huldigen. Als Geschenk führte er zwanzig Maultiere mit, alle beladen mit erlesenen Kostbarkeiten. Leo X. war höchst angetan und versprach ihm eine Nichte zur Gemahlin. Es handelte sich um die Tochter seiner Schwester Maddalena de' Medici.

Mit der Verlobung war der Herzog sehr zufrieden. Nicht weil er sich besonders auf Caterina gefreut hätte, sondern weil die Heirat politisch eine gute Partie war. Er stand mit seinem Herzogtum nun unter dem Schutz sowohl des Heiligen Stuhls als auch der mächtigsten Familie von Italien.

Sieben Jahre später fand die Hochzeit statt. Die Mutter, Maddalena, war gegen die Zweckehe gewesen. Sie wusste genau, was das für ihre Tochter bedeuten würde, sie hatte es am eigenen Leib erfahren. Sie wusste auch, wer der Bräutigam, dieser Herzog von Camerino, war und sie wollte unter keinen Umständen, dass ihre Tochter wie sie selbst der Familienpolitik zum Opfer fiel, konnte es aber nicht verhindern.

Bernardino sieht der Herzogin lange in die Augen, schweigt.

«Bruder, ich erwarte von Euch keine Absolution und keine fromme Floskel», sagt sie schnell, «was mich tröstet, ist, dass Ihr mir Euer Ohr schenkt, Eure Anteilnahme und Euren Rat. Neben all der Enttäuschung, neben der Leere in der Seele spüre ich die Sehnsucht nach jemandem, der mich hält, mich nährt und mich atmen lässt in allem Lug und Trug der Welt», die Herzogin gibt sich einen Ruck: «Den Glauben, von dem die Priester sprechen, habe ich verloren, von der Absolution spüre ich nichts, die Messe lässt mich kalt. Verzeiht mir, Fra Bernardino, aber ich will Euch nichts vormachen, ich fühle nichts vom Glauben, aber ich vermisse ihn.»

«Sich eingestehen, dass man den Glauben vermisst, ist ein erster Schritt. Wollt Ihr noch weitere Schritte tun, Herzogin?»

«Heute nicht, mein guter Fra Bernardino», sie schüttelt den Kopf, «aber wir haben ja morgen noch die Gelegenheit dazu. Erzählt mir dann, wie Ihr es mit dem Glauben habt, das interessiert mich.»

6

Die Herzogin und Bernardino sitzen nebeneinander, einander zugewandt, auf der Bank im Schatten der Rundbogen, im Innenhof des Palazzo Ducale.

«Ihr wisst, dass mir Eure Predigt in Rom zu Herzen ging. Ich habe gespürt, dass die christliche Religion eine Wohltat für die Seele ist, wenn sie sich verstanden fühlt. Darum habe ich Euch zu mir nach Camerino kommen lassen. Ich habe hier niemanden, zu dem ich Vertrauen habe. Das ist der Preis meines Amtes. Ich kann es mir einfach nicht leisten, dass persönliche Dinge an die Öffentlichkeit kommen. Sogar bei der Beichte bin ich mir nicht sicher, ob das Siegel der Verschwiegenheit tatsächlich respektiert wird. Aber nun zu Euch: Ich habe Euch von mir erzählt, nun möchte ich von Euch hören, wie Ihr zu Eurem Glauben gekommen seid.»

Bernardino überlegt. Wie soll er der Herzogin von seinem Glauben erzählen? Wo soll er beginnen? Soll er über seine erste Zeit im Kloster erzählen, als er den Glauben und die Hingabe an das franziskanische Ideal am intensivsten empfunden hat?

Er betrachtet die Herzogin. Wie würdig sie ihre jugendliche Schönheit hinter ihrem religiösen Interesse zu verbergen weiss. Wie soll er ihr sagen, was er selber eher ahnt als weiss? Er denkt daran, wie die Herzogin von ihrem Amt eingenommen ist und dass es am besten sein wird, wenn er bei seiner Erfahrung mit dem politischen Leben beginnt.

«Wisst, Herzogin, als Jugendlicher habe ich dem Stadtfürsten von Siena gedient. Ich dachte, ich könnte einen Beitrag leisten, dass wir eine gute Regierung haben und es gerecht zu- und hergeht in der Stadt.»

«Wenn ich Euer Alter richtig einschätze – oder vielmehr Eure Jugend», die Herzogin lässt ihren Charme spielen, «könnte der Stadtfürst von Siena Pandolfo Petrucci gewesen sein, ich habe viel von ihm und seiner zweifelhaften Staatsführung gehört.»

«Ja, es war Pandolfo Petrucci», nickt Bernardino, «ich war als Jugendlicher begeistert von ihm. Ich war überzeugt davon, dass er die gute Regierung verkörpert, die ganze Bevölkerung von Siena stand hinter ihm. Dann kam es eines Tages zu einer Wende, niemand wusste genau, was passiert war. Er geriet in den Strudel von Streitigkeiten, die er nicht mehr in den Griff bekam, so dass er zum Mittel der Gewaltanwendung greifen musste, um überhaupt noch regieren zu können. Er verriet seine Ideale, es wurde unerträglich. Was sollte ich tun? Er bemerkte, dass ich in meiner Seele bekümmert war. Eines Tages liess er mich zu sich kommen.

‹Tommasini›, sprach er väterlich, ‹ich sehe, dass du nicht für die weltlichen Geschäfte geboren bist, du verabscheust sie im Grunde deines Herzens. So geht das nicht weiter, geh den geistlichen Weg, geh ins Kloster, geh den Weg des heiligen Bernardino. Mach dich so für die Menschheit nützlich, bete für sie und sorg für die Armen und Kranken. Die Kirche braucht begabte und friedfertige Menschen wie dich, denn auch sie ist voller Zwist, auch sie hat Erneuerung bitter nötig.›

Das waren seine Worte, ich habe sie noch im Ohr, als ob es gestern gewesen wäre. Dabei sind schon dreissig Jahre seither vergangen. Er empfahl mich als Novize im Franziskanerkloster der Observanten auf dem Hügel La Capriola gegenüber Siena. Der heilige Bernardino von Siena hat es gegründet. Ich erzähle Euch das, weil mir später klar wurde, dass ich als Novize den Glauben am intensivsten erfahren habe. Ich habe den Namen des heiligen Bernardino angenommen, die klösterliche Gemeinschaft gab mir Halt, die Krankenpflege im Ospedale von Siena brachte mich mit dem Leid der Verlorenen in Berührung.»

Siena ist in Stadtbezirke eingeteilt, Contrade genannt. Jede Contrade hat ein besonderes Wappentier. Bernardino stammt aus dem Stadtbezirk mit dem Wappentier der Oca, der weissen Gans auf grünem Hintergrund. Als er später ausserhalb von Siena wirkte, hat man ihn, seiner Herkunft aus der Contrade der Oca entsprechend, Ochino genannt, Gänserich, um ihn vom heiligen Bernardino von Siena zu unterscheiden.

«Am schönsten waren die Stunden, da wir Novizen über die Geschichte des Ordens unterrichtet wurden. Ein alter Klosterbruder hat uns die Geschichten vom heiligen Franziskus nahegebracht. Er hat sie so anschaulich erzählt, dass sie ein Teil meiner Seele geworden sind. Noch heute klopft der Heilige jeden Tag bei mir an, um mir von sich zu erzählen, die Armen glücklich zu preisen, weil sie nichts haben, was sie von Jesus trennt. Viele Jahre habe ich von dieser Nahrung gezehrt, der Geist des Heiligen hat mich beflügelt, und gleichzeitig war er mir ein Fels, er gab mir Sicherheit und Geborgenheit. Ich hatte ein Ziel, ich wusste, was mein Glaube ist und wofür ich lebe.»

«Ihr sprecht in der Vergangenheit, Fra Bernardino», unterbricht ihn die Herzogin, «wie steht es mit der Gegenwart?»

«Ich spreche offen zu Euch, Herzogin», er zögert, «Ihr sollt wissen, dass mein Glaube erschüttert wurde. Mit den Jahren erwachte ich aus meiner anfänglichen Begeisterung für das klösterliche Leben. Ich erkannte, dass das Kloster kein sicherer Hafen für den Glauben ist, es hat allerdings lange gedauert, bis mir das bewusst wurde. Es begann damit, dass mir die klösterlichen Rituale nicht mehr zu Herzen gingen, sie liessen mich kalt. Was mir weiterhin Halt gab, war die Pflege der Kranken im Ospedale. Aber der anfängliche Schwung war dahin, von der inneren Gewissheit spürte ich nichts mehr. Kommt hinzu, dass es im Kloster immer mehr Streitereien gab. Es lag wohl daran, dass ich eine leitende Stellung übernahm, ich wurde zum Vorsitzenden der Franziskaner der Provinz Siena bestimmt. Die Folge waren Missgunst und Neid. Eines Tages wurde mir klar, dass ich etwas unternehmen musste. Ich fühlte, dass die Klostergemeinschaft mir keinen Halt mehr gab. Was sollte ich tun? Ein alter Bruder, der mich gut kannte, riet mir, meine Begabung auszuschöpfen.

‹Bruder, du bist zu Höherem geboren, du bist ein begnadeter Prediger und ein guter Seelsorger. Ergreife die Gelegenheit und mach dich auf den Weg, es wird dir gut tun, die Welt braucht Menschen wie dich.›

So hat er zu mir gesprochen und so habe ich es dann gemacht. Meine Begabung hat mir geholfen, von Zeit zu Zeit aus dem Klosterleben auszubrechen. So bin ich bei Euch, Herzogin.»

Sie schaut ihn belustigt an und spottet: «Die Hauptsache verschweigt Ihr, wollt Ihr mich auf die Folter spannen? Nun, was ist aus Eurem Glauben geworden?»

«Ich habe mich angestrengt und mich bemüht und bin in der Hierarchie der Franziskaner gestiegen und zum stellvertretenden Generalvikar der Franziskaner von Italien ernannt worden». Bernardino kreist um das Thema. «Es ist meine Aufgabe, die Klöster zu beaufsichtigen, zu beraten und bei Streitereien zu schlichten, ich höre zu, rede mit den Brüdern, bete mit ihnen, und manchmal predige ich zu ihnen. Ich erzähle Euch das nicht, um mich zu brüsten, sondern um Euch zu sagen, dass ich im Übergang vom Klosterleben zum Seelsorger und Prediger wieder etwas spüre vom anfänglichen Glauben. Wie soll ich es sagen, ich habe in der letzten Nacht, da ich wach lag, darüber nachgedacht. Es ist mir in den Sinn gekommen, dass ich es so sagen kann: Was mir die Krankenpflege im Spital von Siena war, ist mir nun die Seelsorge und das Predigen.»

«Aha, Ihr macht die Welt zum Spital und Euch zum geistlichen Krankenpfleger», lacht die Herzogin, «das gefällt mir. Die Welt ist voll von kranken Menschen, auch ich selber fühle mich krank, krank in der Seele. Wenn ich mit Euch spreche, dann wird mir bewusst, dass mir etwas fehlt, wofür ich keinen Namen habe und dass ich mich nach dem Frieden sehne. Bruder, ich danke Euch für das Gespräch, es gibt mir Trost. Es macht mich aber auch traurig. Seht, ich bin an mein Herzogtum gefesselt, gerade jetzt muss ich zurück in meine Welt, die Geschäfte rufen, ich werde gebraucht. Versprecht mir, dass Ihr mir morgen, bevor Ihr abreist, erzählt, was Euch der heilige Franziskus in der Zwischenzeit mitgeteilt hat.»

«Versprochen.»

Bernardino verabschiedet sich von der Herzogin und eilt dem Tor zu. Es ist, als ob er das Weite suchen müsste, um zu sich selbst zu kommen. Dabei will er nur bereit sein, wenn der Heilige bei ihm anklopft. So geht er aus der Stadt, den Berg hinunter in die freie Natur, schon verläuft er sich in den Wäldern der Hügellandschaft.

7

Die Herzogin kommt in den Innenhof des Palazzo Ducale geeilt. «Fra Bernardino, ich wurde aufgehalten, eine wichtige Angelegenheit, aber nun bin ich da und bin gespannt zu hören, was Euch der heilige Franziskus mitgeteilt hat.»

«Herzogin, auch meine Zeit ist bemessen, die Streitereien unter den Brüdern wollen nicht aufhören. Mein alter Lehrer im Kloster hat uns Novizen damals eingeschärft, dass bei allem Auf und Ab und Hin und Her des Lebens, so sagte er, der Mensch in sich eine Insel der Ruhe braucht, gerade so wie ein Kind seinen Ort braucht, um in der Ruhe des Spiels seine Seele zu entdecken.»

«Aber wir sind doch keine Kinder mehr. All die Zweifel, die Ungewissheit, die verletzte Seele, die Unruhe haben uns aus dem Paradies verscheucht.»

«Jeder Mensch trägt sein Kind in sich», Bernardino lässt nicht locker, «wehe dem, der es vertrieben hat. Dessen Geist wird eng, die Freude flieht. Aber hört jetzt, was mir der Heilige mitgeteilt hat. Ihr kennt seinen Sonnengesang: ‹Gelobt seist du, mein Herr, mit allen deinen Geschöpfen, besonders der Schwester Sonne, die der Tag ist und durch den du uns leuchtest, und sie ist schön und strahlend mit grossem Glanz, von dir, Höchster, trägt sie das Zeichen. Gelobt seist du, mein Herr, für Bruder Mond und die Sterne. Du hast sie im Himmel gebildet, hell, köstlich und schön. Gelobt seist du, mein Herr, für Bruder Wind und für Luft, Wolke und Wetter …›»

«Unsere Priester leiern diese Worte bei jeder Gelegenheit herunter», unterbricht ihn die Herzogin unwirsch, «ich mag sie nicht mehr hören.»

«Wie ich gestern durch die wunderbaren Wälder gegangen bin», fährt Bernardino unbeirrt fort, «wie ich den Vögeln zugehört habe, offen war für die Stimmen und Zeichen der Schöpfung, da hat er geschwiegen, nichts habe ich vernommen, gar nichts. Ich fühlte mich wie taub und leer, so kehrte ich unverrichteter Dinge zurück. Doch heute morgen im prachtvollen Salon, den Ihr mir zur Verfügung stellt, da plötzlich habe ich seine Stimme vernommen.»

«Lasst hören, was Euch der Heilige gesagt hat.»

«‹Fra Bernardino›, sagte er zu mir, ‹es gibt Worte, die man hundertmal hört, aber sie rühren einen nicht an, warum? Weil das Herz aus Stein ist. Dann eilt der Mensch von Panik ergriffen von Quelle zu Quelle, um das Wasser des Lebens zu schöpfen, wie die Biene von Blume zu Blume fliegt, um den Nektar zu gewinnen. Doch was der Biene gelingt, das schafft der Mensch mit dem Herzen aus Stein niemals, er eilt vergebens, weil er das Wasser des Lebens nicht zu bewahren vermag. Mit einem Herzen aus Stein ist nichts zu machen, denn rissig, brüchig ist sein Gefäss, das Wasser des Lebens zerrinnt.›

Weiter sprach der Heilige feierlich zu mir: ‹Sie leiern mit ihren Herzen aus Stein meinen Sonnengesang bei jeder Gelegenheit herunter und mögen ihn schon nicht mehr hören. Spricht das gegen meinen Gesang? Weisst du, ich habe den Vögeln des Himmels zugehört, ich habe die Armen glücklich gepriesen, ich habe Aussätzige umarmt, ich habe den Sonnengesang geschrieben, um die Menschen zum Lob der Schöpfung zu führen. Das Lob der Schöpfung ist die Seele. So nimm denn meinen Lobgesang und verweile bei ihm und finde dein eigenes Lied, wie du die Schöpfung Gottes loben willst. Es gibt tausend Weisen, Gott zu preisen.›

So hat der Heilige zu mir gesprochen und ich habe in sein Lob eingestimmt und meine Seele begann zu schwingen.»

«Also gut, ich bin bereit», lenkt die Herzogin ein, «aktivieren wir den Sonnengesang, der Nektar möge fliessen.»

«Das freut mich, Herzogin», Bernardino lächelt, «wir kommen der Sache auf die Spur.»

Feierlich trägt er den Sonnengesang des heiligen Franziskus vor, die Herzogin hört andächtig zu, schliesst die Augen und lässt ihn nachklingen.

«Hört, Fra Bernardino, was mir zu diesen Worten in den Sinn kommt», bedächtig nimmt sie den Faden auf. «Ich will aufrichtig sein und nichts schönreden. Es sind köstliche Worte, und gern nehme ich sie in meine Seele auf. Ich gebe zu, dass all die Bildung, die man mir ins Leben mitgegeben hat, nicht ankommt gegen den Zauber dieser wunderbaren Worte. Sie nehmen mich mit, entführen mich aus Stolz und Eitelkeiten, sie wollen mich zu einem besseren Menschen machen, zu einem bescheidenen Menschen, der das Glück in der Liebe zu den Geschöpfen Gottes sucht. Jedoch, ich sage es offen, die Worte finden keinen guten Boden in mir drin, meine Seele ist ein steiniger Boden, wo die gute Saat von der Sonne sogleich versengt wird. Solange Ihr die Worte des Sonnengesangs gesprochen habt, bezauberten sie mein Herz, ich fühlte ihre Kraft. Sobald Ihr zum Schluss gekommen seid, war auch Schluss mit der Kraft, das Feuer erlosch in dem Augenblick, da Ihr mit Sprechen aufgehört habt. Seltsam, nicht? Ich habe noch nie darüber nachgedacht. Liegt es nur an mir?»

«Es geht vielen Menschen so», Bernardino nickt, «übrigens geht es auch mir so. Am Anfang meiner Zeit im Kloster haben mich die Worte des Heiligen Tag und Nacht erfüllt und beflügelt, ihr Geist hat mich in die Wälder rund um Siena entführt und mich für die Stimmen der Schöpfung hellhörig gemacht. Mit den Jahren hat ihr Zauber abgenommen, geblieben ist ein Rest, eine karge geistliche Nahrung, aber immerhin.»

«Es ist wie bei zwei Liebenden», meint die Herzogin versonnen, «die anfängliche Verliebtheit hat ihren Zauber, aber er dauert nicht, die bange Frage lautet: Was kommt danach?»

Bernardino wendet sich der Herzogin zu und betrachtet sie lange.

«Ihr habt mir anvertraut, was das Leben mit Euch gemacht hat. Es ist schrecklich, wie es Euch dabei ergangen ist, Verrat und Demütigung ohne Ende. Ihr hattet keine Chance, in Eurem Leben das Glück zu finden, und doch habt Ihr in Euch nach wie vor den Wunsch, dass Eure Seele den Frieden findet. Ich werde Euch wieder besuchen, wir werden unser Gespräch weiterführen. Seid Ihr dabei?»

Die Herzogin ist für einen Moment so gerührt, dass sie nicht reagiert. Dann erhebt sie sich, nimmt Bernardinos Hand, zögert, lässt sie los: «Versprochen. Und nun geht, geht mit Gottes Segen.»

8

Wieder ist Bernardino unterwegs von Siena über Assisi nach Camerino, wieder ist er froh, der Enge des Klosters zu entkommen. Jede Gelegenheit ist ihm recht. Es kommt vor, dass ein Bote ihn abholt, um bei einem Streit in einem anderen Kloster zu schlichten, oder dass man ihn einlädt, eine Predigt zu halten. Hin und wieder lässt ihn der Heilige Vater nach Rom kommen, damit er an einem Festtag in der Lateranbasilika predigt. Der Papst und die Kardinäle schätzen ihn. Sie sagen, er spräche wie der heilige Franziskus; auch für seine Lebensführung wird er gelobt. Noch etwas sagen sie, etwas, das viele Jahre später ausschlaggebend sein wird dafür, dass er für die Mächtigen in der Kirche gefährlich wird. Sie sagen, dass sie ihn beneiden würden, weil er im Volk beliebt sei, er habe einen Draht zu den Menschen.

Auch dieses Mal geht er durch die Seitentür des Kirchleins Santa Maria Maddalena in der Ebene unterhalb von Assisi, wieder kniet er nieder und verharrt im Gebet. Es ist sein liebster Ort, hier fühlt er sich geborgen, hier ist er zu Hause. Ist es die Nähe zum heiligen Franziskus oder zur biblischen Maria Magdalena?

Die Herzogin erwartet ihn, das weiss er. Was sie von ihm erwartet, da ist er sich nicht sicher. Sie hat ihm die Geschichte ihrer schrecklichen Kindheit anvertraut, ihre verlorene Jugend, ihre traurige Ehe, ihre unruhige Witwenschaft. Erst der Wüstling von einem Vater, dann der Schwächling von einem Ehemann, zwischendurch das Feuer einer heimlichen Liebschaft und schliesslich all die zudringlichen Freier, die Androhungen von Gewalt, die Entführung und mitten drin sie selber, das Kind, das Mädchen, die junge Frau, die Regentin von Camerino, die lernen musste, gute Miene zum bösen Spiel zu machen. Doch, was zu viel ist, ist zu viel.

Was ihr fehlt, ist die Ruhe, der Seelenfriede. Die heilige Kirche spricht davon, aber sie fühlt es nicht. Bei den Ritualen empfindet sie nichts, da ist nur die Leere. Ein Beichtvater hatte ihr einst geraten, sie solle sich an den Vater im Himmel wenden, der würde ihr helfen. Doch wie soll sie sich vertrauensvoll an den himmlischen Vater wenden, wenn ihr dabei der Wüstling von Vater durch den Sinn geht, der ihr nach wie vor das Leben schwer macht? Da würde sie sich schon lieber an die Mutter im Himmel wenden.

Das alles hat sie ihm anvertraut.

Wenn sie an die Mutter denkt, wird ihr warm ums Herz. Sie hat sie heiss geliebt und verehrt, wenn sie nur in ihrer Nähe sein konnte, dann hat sie sich stark gefühlt. Ihre Mutter bleibt ihr Lichtblick, auch wenn sie sie nicht vor der Heirat mit dem Herzog von Camerino hat bewahren können.

Nun sei sie allein, mutterseelenallein. Er muss weinen, wenn er daran denkt, wie sie es gesagt hat.

«Fra Bernardino, Ihr habt mir aus dem Herzen gesprochen.» Mit diesen Worten der Herzogin hatte es begonnen, damals in Rom nach der Predigt in San Lorenzo in Damaso. Predigen und über den eigenen Glauben sprechen ist nicht dasselbe. Die Herzogin wird ihn im nächsten Gespräch wieder nach seinem Glauben fragen. Wieso fällt es ihm so schwer, darüber Auskunft zu geben? Der Glaube und das Ringen um den Glauben, das ist doch seit vielen Jahren sein tägliches Brot. Fällt es ihm schwer, darüber zu sprechen, weil es eine Frau ist, die sich dafür interessiert? Empfindet er für die Herzogin mehr, als es sich für einen Beichtvater schickt? Er verscheucht den Gedanken. Imponiert sie ihm als regierende Herzogin, dass er nicht anders kann, als eine gute Figur zu machen? Ist es die Tatsache, dass sie so gebildet und lebenstüchtig ist? Oder ist es etwas anderes? Hat es mit der Art zu tun, wie sie mit ihm redet, wie sie ihn besser zu kennen scheint, als er sich selber kennt?

Im Hospiz neben dem Kirchlein Santa Maddalena hat er ein paar Stunden geschlafen. Es ist noch dunkel, als er aufbricht, er will noch vor der Abenddämmerung in Camerino sein, er hat es der Herzogin versprochen. Unterwegs wird ihm klar, warum es ihm so schwerfällt, mit der Herzogin über seinen Glauben zu reden.

Es muss mit dem Gespräch selber zu tun haben, mit der Art, wie die Herzogin auf ihn eingeht. Er empfindet im Zusammensein mit ihr etwas, was er noch nie erlebt hat, etwas geradezu Religiöses, ein Aufleuchten des Ewigen. Es erinnert ihn an das Lob der Schöpfung, das seine Seele erfüllt. Es ist das Gefühl, dass ihn die Herzogin versteht, dass sie weiss, was in ihm vorgeht, bevor er es sagt. Das ist wohltuend und gleichzeitig beunruhigend. Hat er Angst, dass sie bei ihm Regungen wahrnimmt, die ihm peinlich sind, dass er Worte ausspricht, die er lieber für sich behalten würde? Es wird so sein, denkt er, was soll er tun, sie kennt sich aus bei den Männern, sie hat in ihrer Beichte frei darüber gesprochen. Wozu sich Sorgen machen?

Er nimmt sich vor, mit ihr von seinem inneren Ringen zu sprechen.

9

Im Innenhof des Palazzo Ducale in Camerino läuft die Herzogin unruhig hin und her, dann wieder geht sie zum Tor und schaut auf den Platz vor dem Palazzo. Warum kommt er nicht? Er hat seinen Besuch zugesichert, in der Mitte der Woche werde er in Camerino sein, vor der Abenddämmerung, hat er ausrichten lassen.

Was ist sie nur so unruhig? Wenn sie es nur wüsste. Sie weiss, dass ihr das Gespräch guttut, es ist eine Wohltat, sich auszusprechen. Sie hat noch nie mit jemandem so frei und offen sprechen können.

«Fra Bernardino, ich bin so froh, dass ich Euch wiedersehe, ich konnte es kaum erwarten. Das Gespräch mit Euch ist mir das Kostbarste, was ich habe.» Die Herzogin sieht ihn erwartungsvoll an. Bernardino schaut verlegen zur Seite, er ist es nicht gewohnt, einer Frau gegenüber Gefühle zu zeigen.

«Herzogin, wir Klosterbrüder sind uns den Umgang mit Frauen nicht gewohnt», antwortet er ausweichend, «verzeiht mir, wenn ich Euch versichere, dass auch mir das Gespräch mit Euch viel bedeutet.»

«Wir haben uns im letzten Gespräch darauf geeinigt, auf Floskeln zu verzichten», die Herzogin lächelt vielsagend, «gebt Euch, wie Euch zumute ist, wir wollen gleich beginnen. Mich interessiert Euer Glaube und welche Kraft ihn wachhält. Wir haben bereits darüber gesprochen, heute will ich es genau wissen.»

«Gut, Herzogin, ich will Euch darüber berichten», beginnt Bernardino, «am Anfang hat mich der heilige Franziskus beflügelt, er war mein Idol, ich lebte sein Leben. Wir hatten beide eine wilde Jugend. Es folgte die Zeit, da auch ich meine ausschweifenden Jahre hinter mir liess. Ich kam zwar nicht ins Gefängnis wie Franziskus, aber ich fühlte mich so, ich wurde mir selber zum Gefängnis. Ich hatte mich von allen Vergnügungen zurückgezogen, ich lebte isoliert. Mein Vater machte sich grosse Sorgen, ich war ein anderer geworden. Auch mir erschienen das lärmige Treiben der Kameraden, das Imponiergehabe, all die Tändeleien und Liebschaften mit all den Versprechungen und Lügen schal und leer. Wie Franziskus spürte ich, dass der Glaube in mir wuchs, als ich mich zurückzog und auf die täglichen Sinnesfreuden verzichtete. Wie Franziskus erlebte ich eine wunderbare Wandlung: Aus der Bitterkeit des weltlichen Lebens entstand die Süsse des geistlichen Lebens. Als Novize im Kloster La Capriola kam ich zur Krankenpflege ins Ospedale von Siena. Wie der Heilige überwand ich meine Abscheu und kümmerte mich um die Menschen mit den schrecklichsten Krankheiten. Auch mich machte froh, was mir erst abstossend schien: Die Nähe zu kranken Menschen. Die Trennung vom Vater fiel mir allerdings sehr schwer, ich habe ihn sehr geliebt. Ich hielt mir die Szene vor Augen, wie Franziskus, als er vor seinen aufgebrachten Vater zitiert wurde, sich seiner Kleider entledigte, in aller Öffentlichkeit nackt vor seinen Vater trat und ihm ins Gesicht sagte: ‹Hört, ihr alle, und versteht es wohl: Bis jetzt nannte ich Pietro Bernardone meinen Vater, aber da ich nun dem Herrn diene, verzichte ich auf meine Sohnschaft und mein Erbe, denn ich gehöre von nun an ganz dem Vater im Himmel.› Hat Franziskus später darunter gelitten, dass er seinen Vater vor aller Augen blossstellte? Diese Frage hat mich lange beschäftigt, ich habe keine Antwort darauf gefunden. Es ist nicht bekannt, dass Franziskus je darüber gesprochen hat. Einmal habe ich geträumt, wie er gefragt wurde, was das Schwerste in seinem Leben gewesen sei, und er geflüstert hat: ‹Das mit dem Vater.›

Der Traum hat mich getröstet. Jedoch Herzogin, ist es das, was Ihr von mir hören wollt?»

«Ja, erzählt weiter», nickt die Herzogin, «es interessiert mich.»

«Franziskus war das Kind reicher Eltern, ein schweres Schicksal. Ihr habt mir von Euch erzählt, von all den Widrigkeiten, die sich in die Seele des Kindes hineinfressen.»

«Halt, sprecht nicht von mir», unterbricht ihn die Herzogin, «ich will nicht aus Eurem Mund an die Widerwärtigkeiten meiner Jugend erinnert werden. Erzählt von Euch.»

«Gerade das wollte ich tun», Bernardino lässt sich nicht aus der Ruhe bringen, «mein Vater war nicht reich wie der Vater von Franziskus, aber auch er wollte, dass ich sein Geschäft, den Barbierladen, übernehme, auch er wollte mich nicht gehen lassen. Bei ihm war es die Trauer um meine Mutter, die ihn an mich gekettet hat. Aber auch ich habe mich von ihm losgesagt, es hat mir fast das Herz aus dem Leib gerissen, es musste sein, Franziskus hat mir dabei geholfen. Erst war es bitter, viele Jahre lang, dann hat sich die Bitterkeit verwandelt und ich schmeckte die Süsse des Glaubens.»

«Das verstehe ich nicht», unterbricht ihn die Herzogin, «wovon sprecht Ihr?»

Er erschrickt, jetzt ist es so weit, er kann nicht mehr zurück. Er muss Klartext sprechen. Der Glaube ist radikal, weil er die Dinge dieser Welt in ein neues Licht rückt, weil er die Welt überwindet, weil er aus der Sicht der Welt verrückt ist. Doch wie kann er darüber sprechen, was soll er der Herzogin zumuten?

«Sprecht, Bruder, wie war das mit der Bitterkeit und der Süsse?», die Herzogin wartet geduldig.

«Ich meine die Wandlung», Bernardino gibt sich einen Ruck, «ich empfand die Freude zum ersten Mal, als es mir gelang, mich vom Vater zu befreien. Es dauerte lange, erst war nur Bitterkeit da, sonst nichts, viele Nächte habe ich geweint. Als ich mich ausgeweint hatte, war nichts mehr da, gar nichts. Da hat der Heilige bei mir angeklopft. Ihr müsst wissen, Herzogin, Franziskus ist radikal, bei ihm gilt alles oder nichts. Man muss alles Zeitliche aufgeben, um die Freude zu spüren. Es ist wie bei Christus, wenn er sagt, dass man das Leben nur gewinnt, wenn man es verliert.

Ich will Euch eine Geschichte erzählen, damit Ihr versteht, was ich meine. Franziskus wanderte einst mit Bruder Leo von Perugia nach Assisi. Während sie unterwegs waren, erklärte Franziskus mehrfach, worin die vollkommene Freude nicht bestehe, bis Bruder Leo ungeduldig wurde und bat: ‹Ich bitte dich in Gottes Namen, so sag mir doch, worin die vollkommene Freude besteht.› Franziskus antwortete: ‹Wenn wir ganz durchnässt vom Regen und von Kälte durchdrungen, vom Strassenkot schmutzig und vom Hunger gepeinigt nach Santa Maria degli Angeli kämen, wenn wir dann an der Pforte läuteten und der Pförtner käme und spräche: ‹Wer seid ihr?› und wenn er auf unser Wort: ‹Wir sind deine Brüder›, uns anführe und spräche: ‹Was? Zwei Landstreicher seid ihr und streift in der Welt herum und nehmt den Armen ihr Almosen weg!› Er machte uns nicht auf, sondern liesse uns stehen in Schnee, Wasser, Frost und Hunger bis in die Nacht hinein. Wir aber würden all die Unbill und Beleidigung ruhig und ohne Murren tragen und würden in Demut und Liebe denken, der Pförtner kenne uns wirklich gut und Gott werde ihm solche Worte auf die Zunge gelegt haben. Da, Bruder Leo, liegt die vollkommene Freude.»

Die Herzogin macht mit der Hand ein Zeichen: «Halt, Fra Bernardino, lasst mich darüber nachdenken, was Ihr mir mit dieser Geschichte sagen wollt. Die vollkommene Freude entspringt nicht dem Wohlergehen, etwa durch einen liebevollen Umgang, im Gegenteil. Die vollkommene Freude stellt sich bei schlechter Behandlung ein, dann, wenn man Unrecht erleidet, missverstanden, ja beleidigt wird, mit Schimpf und Schande bedeckt, gar vertrieben wird und gute Miene dazu macht, es ruhig und geduldig hinnimmt, weil man denkt, dass Gott selber dahintersteckt, um zu schauen, wie man sich verhält. Ist das Euer Ernst?»

«So ist es, Herzogin, das ist die franziskanische Haltung.»

Die Herzogin schüttelt den Kopf, schweigt. Dann schaut sie Bernardino lange an und sagt traurig: «Lasst es genug sein für heute, ich will darüber nachdenken. Es ist wahrhaft schwere Kost, die Ihr mir verabreicht, ich weiss gar nicht, ob ich mich darauf einlassen will. Es kommt mir so unheimlich vor, fast widerwärtig, mir wird schwindlig davon.»

«Bisher habe ich nur mit Klosterbrüdern darüber gesprochen», fügt Bernardino ernst hinzu, «aber da Ihr genau wissen wolltet, wie es mit meinem Glauben steht, wollte ich es Euch nicht vorenthalten.»

Die Herzogin entlässt Bernardino rasch. Sie will allein sein und zieht sich in ihre Gemächer zurück.

10

Die Herzogin lässt Bernardino warten. Wollte er zu viel, fragt er sich nachdenklich, ist er doch ein finsterer Bussprediger? Das will er nicht sein, aber auch kein Beichtvater, der allen bloss nach dem Mund redet. Er will bei sich selber bleiben, bei Franziskus, bei Christus, er will streng sein mit sich und mit der Herzogin, es geht um das Heil der Seele, nicht um Gefälligkeit. Und doch, wenn er es genau nimmt, was war es, was ihn wieder nach Camerino in den Palast der Herzogin geführt hat?

Die Herzogin überrascht ihn in seiner Selbsterforschung. «Es scheint, dass Ihr wichtige Dinge bedenkt. Was soll da die Seele einer Frau, einer Frau zudem, die Euch das Leben schwer macht mit ihren Ansprüchen.»

«Gerade habe ich an Euch gedacht, Herzogin», erwidert Bernardino, «und dass es bei unserem Gespräch um nichts weniger als um das Heil Eurer Seele geht. Alles andere ist zweitrangig.»

Die Herzogin lächelt und spielt mit ihrem Charme: «Ihr seid so streng mit Euch und auch mit mir. Gestern war ich nahe daran, Schluss zu machen mit unserem Gespräch. Die Geschichte, die Ihr mir erzählt habt, hat mir gar nicht gefallen wollen, dann hatte ich in der Nacht einen Traum. Ich will ihn Euch erzählen.

Ich war unten an der Küste, ganz allein. Ich legte meine Kleider ab und schwamm ins Meer hinaus. Es war wunderbar, der offene Horizont, die urtümliche Kraft der Wellen, vom Salzwasser getragen fühlte ich mich leicht, alles Schwere hatte ich abgelegt, es war so angenehm, ich wollte nur noch in die Weite hinausschwimmen, immer weiter, um mich in der Unendlichkeit zu verlieren. Da hörte ich ein unheimliches Grollen aus der Tiefe des Meeres, das mich in Panik versetzte. Mein einziger Gedanke war: Schnell zurück ans Ufer. Mit grosser Anstrengung gelang es mir, mich dem Strand zu nähern. Da wurde ich mit einem Mal gewahr, dass ich immer schwerer wurde, all die Lasten, die ich glaubte, für immer los zu sein, kehrten mit doppeltem Gewicht zurück. Mit letzter Kraft erreichte ich das Ufer. Hatte mich das Wasser gerade noch getragen, trug mich der Sand nicht mehr, so schwer war ich mir selber geworden. Ich versank im Sand, bis ich mich kaum mehr rühren konnte. Da bot mir jemand die Hand. Dankbar ergriff ich sie. Sie war kräftig und hielt mich fest. Ich wollte wissen, wem sie gehörte, und schaute, aber ich konnte das Gesicht nicht erkennen, war es meine Mutter, der heilige Franziskus, wart Ihr es? Da wurde ich gewahr, dass ich nackt war, ich schämte mich meiner Blösse und liess die Hand los und versank im warmen Sand. Da erwachte ich.

Ein guter Traum, findet Ihr nicht, Fra Bernardino? Schaut mich nicht so traurig an. Ich lasse Eure Hand nicht so schnell los. Nach dieser Nacht bin ich mit Euch einig, dass wir eine radikale Religion haben, Jesus gab sein kostbares Leben für uns hin. Der heilige Franziskus war mit seiner Armut und seinem Lob der Schöpfung ebenso radikal. Ihr habt recht, die konforme Christlichkeit ist eine halbe Sache, die niemanden glücklich macht.»

Die Herzogin schaut ihm aufmerksam in die Augen.

«Ich sehe, Herzogin, es arbeitet in Euch», antwortet Bernardino bedächtig, «es regt sich die Seele, im Traum habt Ihr etwas von der Wandlung geschmeckt, der Traum ist ein Gottesgeschenk.»

«Und das schreckliche Gewicht, das so schwer auf mir lastete, dass ich im Sand versank, wie deutet Ihr das?»

Was soll er der Herzogin zur Antwort geben? Dass Adam und Eva beim Sündenfall auch erkannten, dass sie nackt waren und sich schämten, als Gott sie aus dem Paradies vertrieb? Dass es ihre Vergangenheit ist, die zentnerschwer auf ihr lastet? Dass es die Scham ist, die sich in ihrer Seele angesammelt hat?

Oder soll er nicht doch lieber schweigen, um den Zauber des Traums nicht zu brechen?

So erzählt er der Herzogin, wie ihm der Glaube abhandengekommen ist. Von der anfänglichen Begeisterung habe er immer weniger gespürt, erst habe er es bei seinen Mitbrüdern festgestellt, dann auch bei ihm selber, man wurde nachlässig, nahm sich diese und jene Freiheiten heraus. Bei den einen schlug der Ehrgeiz durch, bei den andern die Bequemlichkeit, am allerschlimmsten waren jene, bei denen das Rechthaberische die Oberhand gewann.

«Wir wurden kleinlich, es gab Streitereien, das Zusammenleben im Orden wurde unerträglich.»

«Darum seid Ihr klösterlicher Visitator und Wanderprediger geworden», bemerkt die Herzogin.

«Ja, ich hielt es in der klösterlichen Gemeinschaft nicht mehr aus, es wurde mir zu eng, mit den Jahren wurde mir das Kloster immer mehr zum Gefängnis. Nicht weil mir das Leben zu streng erschien, nein, es war umgekehrt, das Ideal hatte seine Kraft verloren, das hat mich beelendet. Es gab Momente, da wir über den heiligen Franziskus nur noch ironisch sprechen konnten. Später habe ich realisiert, dass es allen Klostergemeinschaften ähnlich ergeht. Es war schon vor meiner Zeit zur Spaltung gekommen. Wir Observanten in Siena waren sicher, dass wir mit der strengen Linie richtig lagen, aber es kam auch innerhalb der Observanten zu Streitereien. Wie schon gesagt, fand ich den Ausweg aus dem Gefängnis des Kleingeistes, indem ich stundenlang, tagelang durch die Hügel und Wälder lief und mich mit Franziskus und der Schöpfung Gottes unterhielt.»

«Irgendetwas stimmt da nicht, Bruder», unterbricht ihn die Herzogin, «Ihr seid regelmässig aus dem Kloster geflüchtet, indem Ihr Verantwortung für die Klostergemeinschaften übernommen habt. Das geht nicht auf, ein Schaf auf der Flucht vor der Herde kann kein guter Hirt sein.»

«Es ist eine Wohltat, Herzogin, wie scharfsinnig Ihr den Widerspruch, in den ich mich verstrickt habe, erkannt habt.» Bernardino ist überwältigt, gleichzeitig fühlt er sich ertappt. «Wie schön ist es, mit Euch zu sprechen, Ihr versteht mich, Ihr seht, dass ich in eine unmögliche Situation geraten bin. Es stimmt, ich stecke in einer Sackgasse, Kirchenfunktionäre waren mir schon immer zuwider, nun bin ich auch einer von ihnen.»

«Nein, nein, Bruder», die Herzogin schüttelt heftig den Kopf, «Gott sei Dank trägt Ihr den Geist des heiligen Franziskus in Euch und konform seid Ihr überhaupt nicht, sonst könnte ich nicht so offen mit Euch sprechen. Aber was ich zu Eurer Situation sagen will: Das Kloster ist und bleibt Eure Familie, auch wenn Ihr zwischendurch Eure eigenen Wege geht. Wenn Ihr für immer auf der Flucht vor dem Ideal sein, das Ihr vertretet, dann willkommen im Traum.»

Bernardino überlegt, nickt dann traurig: «Ja, es gibt Zeiten, da wird mir alles schwer. Auch das Allerschönste und Angenehmste. Und die Süsse beim Betrachten der Schöpfung wird bitter, das Gotteslob macht keine Freude mehr. Ohne Ziel werde ich mir selber zur Last. Oh, wie recht Ihr habt! Doch, was soll ich tun? Ja, das Kloster ist meine Familie, ich kann es nicht verlassen, und doch spüre ich, wie mich das Klosterleben mehr und mehr einengt. Wie soll es nur weitergehen? Ich habe mit niemandem darüber gesprochen, auch mit meinem Beichtvater nicht, Ihr seid die einzige Person, die meine Situation kennt.»

Die Herzogin betrachtet ihn besorgt: «Ich danke Euch, Bruder, für Eure Offenheit, für Euer Vertrauen. Jetzt weiss ich, dass es richtig war, Euch kommen zu lassen und mich Euch anzuvertrauen. Ich weiss nicht, ob ich Euch helfen kann, aber Ihr seid der Mensch, der mir helfen kann.»

Bernardino Ochino hat dreissig Jahre im Orden der Franziskaner verbracht. Die besten Jahre, vom achtzehnten bis zum achtundvierzigsten Lebensjahr, war er Mönch im Kloster La Capriola bei Siena. Seine geistliche Unruhe trieb ihn in einen Zwiespalt, der ihn interessanterweise nicht aus dem Kloster, sondern erst einmal in eine noch strengere Form von Kloster führte: in ein sozusagen reformiertes Kloster, in den neugegründeten Orden der Kapuziner. 1543, ein Jahr nach seiner Flucht über die Alpen und der Abkehr von seiner Kirche, beschrieb Bernardino Ochino seine Erfahrungen mit dem Klosterleben in einem Brief. Er lebte in der Zwischenzeit in Genf und war zu diesem Zeitpunkt sechsundfünfzig Jahre alt:

> «Als ich noch ein junger Mann war, befand ich mich in dem Wahn, dass wir imstande wären, durch Fasten, Gebetehersagen, Enthaltsamkeit, Nachtwachen und dergleichen unsere Sünden wiedergutzumachen und das Paradies zu erlangen. Getrieben vom Verlangen, meine Seele zu retten, ging ich einher und überlegte, welchen Weg in einschlagen sollte. Als heilig erschienen mir die religiösen Orden. Unter ihnen erschien mir die Regel der Brüder vom heiligen Franziskus, genannt von der Observanz, als die strengste, härteste und raueste. Aber ich fand nicht, was ich mir vorgestellt hatte. Trotzdem bin ich, da ein besserer Weg sich meiner verblendeten Einsicht nicht zeigte, im Orden geblieben bis zu der Zeit, als die Kapuziner aufkamen. Als ich deren strenge Lebensweise sah, nahm ich ihr Ordenskleid – nicht ohne lebhaften Widerstreit meiner Sinnlichkeit und fleischlichen Klugheit. Da glaubte ich gefunden zu haben, was ich suchte, und ich erinnere mich noch wohl, dass ich mich zu Christus wandte: ‹Herr, wenn ich jetzt nicht meine Seele rette, so weiss ich nicht, was ich mir noch mehr antun soll!› Ob ich ein echter Pharisäer war!»

Zwei Jahrzehnte später ergänzte Bernardino Ochino:

> «So lange ich im Orden war, habe ich meine Sünden täglich, oft zweimal, gebeichtet. Freilich einfältige Sachen: dass ich das Schweigen gebrochen oder Unnützes geredet habe und dergleichen. Dass ich aber den wahren und lebendigen Glauben nicht hatte, das habe ich, so viel ich mich erinnere, nicht gebeichtet – und das war doch der grösste von allen Fehlern.»

Es sind auch mildere Töne zu vernehmen, etwa wenn Bernardino Ochino erwähnt, dass sich ihm damals keine andere Lebensweise zeigte, in der er Gott besser hätte dienen können als unter der Maske des Ordenskleids und in der Heiligkeit des Wandels. Oder wenn er schreibt:

> «Mir ist es heute noch nicht unlieb, einen Teil meines Lebens im Kloster zugebracht zu haben; denn dort bin ich vor Sünden bewahrt geblieben, denen ich im weltlichen Stande wahrscheinlich verfallen wäre. Ausserdem wurden mir im Kloster Keime der Wahrheit eingepflanzt. Schwerlich auch würde ich in die kontemplative Theologie eingeweiht worden sein, wenn ich mich nicht im Kloster eingehend mit ihr hätte beschäftigen müssen.»

Bernardino Ochino wird die klösterliche Lebensweise mit der Flucht über die Alpen hinter sich lassen. Das Ideal des heiligen Franziskus jedoch liess ihn nicht los.

11

Diesmal ist die Herzogin als Erste im Hof, man sieht ihr an, wie heiter und gelassen sie ist. Sie weiss, was sie will, und sie geniesst ihre Sicherheit sichtlich.

«Seid gegrüsst», ruft sie ihm entgegen, «wisst Ihr, dass Ihr mein heiliger Bernardino seid?»

«Oh, der bin ich nicht und will es auch nicht sein, nein, ich bin kein Heiliger.»

«Dann habt Ihr etwas zu verbergen», lacht die Herzogin, «sprecht Euch aus, heute will ich Eure Beichtmutter sein. Ich habe darüber nachgedacht und bin darauf gekommen, dass es an der Zeit ist, dass Ihr Eure Kutte ablegt und zeigt, wer Ihr seid.»

Bernardino erstarrt, damit hat er nicht gerechnet. Was will die Herzogin von ihm, was soll er von sich zeigen? Er denkt an ihren Traum.

«Schaut mich nicht so erschrocken an», sagt die Herzogin begütigend, «ich will ja nur offen mit Euch reden. Dass ich keine Heilige bin, das wisst Ihr nun ja, aber ich weiss nichts von Euch.»

«Herzogin, es ist mir lieber, wenn Ihr mich Bruder nennt, denn ein Heiliger bin ich nicht.» Bernardino sucht sein Gleichgewicht. «Ich bin es nicht gewohnt, über mich zu sprechen, ich habe es nie gelernt, dafür ist es wohl zu spät.»

«Es ist nie zu spät», beharrt die Herzogin, «versuchen wir es, Ihr werdet staunen, wie leicht es geht.»

Sie überlegt einen Moment, lächelt und sagt: «Erzählt mir von den Frauen von Siena, nicht von den Heiligen, von den anderen.»

Bernardino stutzt und schaut die Herzogin ratlos an.

«Bis jetzt habt Ihr mir von Eurem Vater und von den Klosterbrüdern erzählt. Als ob es in Siena nur Männer gäbe. Dabei könnt Ihr es doch ganz gut mit Frauen. Kommt hinzu, dass Siena bekannt ist für das lebensfrohe und freizügige Leben. Der Künstler Ambrogio Lorenzetti hat es auf seinen Bildern schön dargestellt.»

Mit dem Namen Ambrogio Lorenzetti ist der Bann gebrochen, Bernardino ist wie verwandelt.

«Ihr habt recht», sprudelt es aus ihm heraus, «in Siena gab es einst eine gute und fröhliche Stadtgemeinschaft, die Männer und die Frauen hatten es gut miteinander. Die Stadt war über eine lange Zeit bekannt dafür, dass sie eine gute Regierung hatte, die für Gerechtigkeit sorgte. Dann kam die böse Zeit, erst die Seuche, dann der Krieg. Die Streitereien hörten nicht auf und aus war der Traum von der schönen Stadtgemeinschaft, es geriet alles durcheinander. Aber die Menschen von Siena tragen die Erinnerung an die gute Regierung und an die gute Zeit des Friedens in der Stadt in sich.»

«Ich habe viel Gutes über Siena gehört», die Herzogin nickt, «schon lange wollte ich mir die Stadt anschauen und natürlich auch die Fresken von Ambrogio Lorenzetti im Palazzo Pubblico, sie müssen schön sein.»

«Sie sind wunderbar», Bernardino strahlt, «ich war als Kind oft im Saal des Friedens. Mein Vater hat mich mitgenommen. Es war sein Lieblingsort, er hat mich jeweils zu seinem liebsten Bild «Die gute Regierung» geführt, manchmal hat er ...»

Er verstummt, zögert, weiss nicht recht, ob er weiterreden soll.

«Was hat er manchmal?», fragt die Herzogin.

Bernardino sagt nach langem Zögern: «Manchmal hat er geweint.»

Er schweigt. Sie sagt auch nichts.

«Es ist eine traurige Geschichte, ich will Euch nicht damit belasten.»

«Sie belastet Euch», die Herzogin schaut ihn streng an, «wenn Ihr sie mir erzählt, wird Euch leichter ums Herz sein, diese Weisheit habe ich von Euch.»

«Ich werde sie erzählen, aber ich mache einen Umweg.» Bernardino fällt das Reden schwer. «Die gute Regierung wird auf dem Fresko mit einem bärtigen König mit Zepter und Schild dargestellt. Das Besondere ist, dass er von Frauen umgeben ist, sie schweben über ihm als christliche Tugenden: Glaube, Liebe und Hoffnung, es sind drei Frauenfiguren. Links und rechts von ihm sind die weltlichen Tugenden dargestellt, auch Frauen. Im Gegensatz zu den christlichen Tugenden werden die weltlichen in ihrer Körperlichkeit gezeigt, eine dieser Frauen fällt sofort auf.»

«Interessant, welche denn?», die Herzogin stellt die Frage so, dass Bernardino merken muss, dass er immer noch auf dem Umweg ist und dass er das Wesentliche nicht vergessen möge.

Er hat sich beim Erzählen wieder gefangen, er lächelt. «Geduld ist eine weltliche Tugend. Sie ist unabdingbar für einen Seelsorger.»

«Ihr wolltet sagen: für eine Seelsorgerin.»

«Eben, damit sind wir bei der Hauptperson angekommen, bei der Pax. Halb sitzt sie, halb liegt sie wie auf einem Sofa, in der linken Hand hält sie einen Palmzweig, die rechte Hand stützt die Muschel ihres Ohrs, das auf uns gerichtet ist.»

«Eine Seelsorgerin.»

«Ja, und was für eine. Sie ist eine Schönheit. Das durchsichtige Gewand betont ihre weiblichen Formen, unter ihren Füssen, wie auch unter dem Kissen, auf dem ihr rechter Arm ruht, liegen schwarze Bündel, es sind Teile einer Rüstung, die sie abgelegt hat. Wo der Friede regiert, braucht es keine Rüstung, weil da nicht mehr gekämpft werden muss. Was für eine Ironie, die Rüstung, die zum Schutz und zur Tarnung dient, wird nun ihrerseits versteckt, es ist die weibliche Schönheit, die in ihrer ganzen Unschuld dasitzt, daliegt und ganz Ohr ist. Sie stellt der Welt die Frage: Warum rüstet ihr zum Kampf, warum zieht ihr dauernd in einen Krieg, warum habt ihr Lust am Machtgehabe, warum braucht es die Rüstungen, warum wird man gezwungen, sich zu schützen? Vor diesem Bild hat mein Vater jeweils über meine Mutter gesprochen, er hat sie sonst nie erwähnt, nur hier im Saal des Friedens vor dem Fresko mit der Pax, die ihm ihr Ohr schenkte, hat er von ihr erzählt. Nein, nicht erzählt, er hat von ihr geschwärmt. Ich selber kann mich nicht mehr an meine Mutter erinnern, sie ist gestorben, als ich noch nicht drei war. Und doch habe ich sie vor Augen, wie wenn sie noch da wäre, es waren wohl die Worte meines Vaters, die sie zum Leben erweckten. Sie muss mich vergöttert haben. Sie habe mich immer und immer wieder geherzt: ‹Mein süsser kleiner Domenico, mein Herz und meine Seele!›

Und jedes Mal sagte mein Vater zum Schluss: ‹Weisst du, die Frau, die den Frieden verkörpert, sie gleicht deiner Mutter, nur war deine Mutter noch viel schöner, sie war die schönste Frau von Italien.›»

Bernardino kann nicht mehr an sich halten, so sehr er sich auch darum bemüht. Auch die Herzogin weint. Dann gibt er sich einen Ruck: «Das wollte ich nicht, verzeiht mir, Herzogin, ich habe diese Geschichte noch nie jemandem erzählt, auch meinem Beichtvater nicht.»

«Dann war es höchste Zeit, Fra Bernardino», sagt sie streng, «wie will einer ein Seelsorger sein und behält gleichzeitig seine Rüstung an, als ob er in den Krieg zöge, und gibt von sich selber nichts preis, bloss Ideale und gute Ratschläge. Das muss gesagt sein, jetzt, da ich Euch ansehe, wie die Last auf Eurer Seele leichter wird und das Joch sanfter.»

12

Am nächsten Morgen erwartet die Herzogin Bernardino an ihrem gewohnten Platz im Innenhof des Palazzo Ducale. «Bruder, ich bin unendlich traurig, dass Ihr weiterzieht», sagt sie gefasst, «gleichzeitig bin ich glücklich, dass ich mit Euch diese Gespräche führen durfte. Ich danke Euch für Eure Offenheit und dass Ihr mich in meiner Blösse nicht verabscheut.»

«Ihr habt etwas auf dem Herzen, das Ihr loswerden wollt», Bernardino schaut sie prüfend an, «sagt es mir.»

Dankbar atmet die Herzogin auf, zögert, sagt dann: «Da ist die Sache mit der Verheiratung meiner Tochter Giulia. Sie plagt mich, obschon das Mädchen mir in ihrer Unschuld anvertraut hat, dass ihr der Bräutigam gefällt. Ich muss gestehen, auch mir gefällt er recht gut. Nun ist ein grosses Unglück geschehen. Der Gute hat sich dummerweise unsterblich verliebt. Er hat Urbino verlassen und wollte seine neue Flamme heiraten. Die Auserwählte heisst Clarice und kommt aus dem Haus Orsini, ausgerechnet aus einer Familie, mit der uns eine alte Fehde verbindet.

Der Junge hat rührende Briefe geschrieben, der Herzog von Urbino, sein Vater, hat sie mir gezeigt, richtige Liebesbriefe. Der Herzog war ratlos, er liess sich von seinem Sohn erweichen. So macht man natürlich keine Politik. Darum musste ich ihn hart anpacken. Ich habe ihn vor die Wahl gestellt, den Vertrag einzuhalten und seinen Sohn zur Vernunft zu bringen, sonst würde ich ihn mithilfe des Kirchenstaates zur Räson bringen müssen, was Krieg bedeutet hätte.»

«Was ist dann geschehen, wie hat der Herzog reagiert?»

Die Herzogin lässt sich Zeit, sie sucht die richtigen Worte: «Er hat sich den Sohn vorgeknöpft, erst mit Drohungen, dann mit Gewalt. Raufbolde haben den unglücklichen Giuddobaldo verprügelt und verschleppt, dann haben sie auch noch Clarice zugerichtet, dass Gott erbarm. Einem getretenen Hund gleich kehrte der verlorene Sohn nach Hause zurück. Wie leid er mir tut! Welche Schuld habe ich auf mich geladen, wie wird diese schreckliche Geschichte auf der Ehe meiner Tochter lasten!»

Die Herzogin gibt sich einen Ruck. «Fra Bernardino, sagt nichts, niemand kann mir die Schuld abnehmen, ich weiss, es liegt an mir, ich allein muss sie abtragen. Wenn ich schon am Beichten bin, muss ich Euch noch etwas erzählen, auch ein schwerer Brocken, er plagt mich Tag und Nacht.»

Die Herzogin denkt nach, beginnt langsam und bedächtig zu berichten, dann immer schneller, als wollte sie die Sache möglichst schnell loswerden: «Wenn man ein Herzogtum regiert, dann macht man sich die Hände schmutzig, als junge Witwe, die sich behaupten muss, erst recht. Ein abgewiesener Freier hat sich mit seiner Bande des Nachts in den Palast eingeschlichen, sie kamen unerkannt bis zu meinem Schlafzimmer. Als ich verdächtige Geräusche hörte, war es bereits zu spät, sie haben meinen Liebhaber Pietro und mich aufs Übelste gedemütigt.

‹Jetzt haben wir Euch, lebend entkommt ihr uns nicht.›

Sie haben uns verschleppt, sie haben Pietro vor meinen Augen hingerichtet, ein Dutzend Mal haben sie es getan, aber es war nur zum Schein. Dann gingen sie daran, mich hinzurichten, das lange Messer war gezogen, ich habe meinen Hals freigemacht, ich war ganz ruhig, ich hatte mit dem Leben abgeschlossen. Es kam nicht dazu, meine Leute kamen im rechten Moment und konnten die Banditen überwältigen. Wir liessen sie laufen, nur mit dem Anführer machten wir kurzen Prozess.

‹Über die Stadtmauer mit ihm›, schrien meine Leute.

‹An die Stadtmauer mit ihm›, bestimmte ich, ‹hängt ihn, dass alle sehen, was passiert, wenn man Spott treibt mit der Herzogin.›

Meine Leute waren stolz auf mich, wie ihre junge Herzogin ruhig geblieben war, wie sie die Demütigungen gelassen ertragen hatte, stark, wie sie die Mitläufer grosszügig amnestiert hatte und den Anführer kaltblütig hängen liess. Und doch war es ein Fehler. Ich hätte ihn, wie es sich gehört, der Gerichtsbarkeit übergeben sollen, das wäre stark gewesen. So erscheint er mir des Nachts, wie er an der Stadtmauer hängt, auf meinen Befehl hin hängt er dort, für immer und ewig, da hängt er und grinst mir ins Gesicht: ‹Ha, jetzt bist du auch eine von uns.›»

Bernardino schaut sie erschrocken an.

«Ihr versteht», fährt sie fort, «es ist schrecklich, wie schmutzig die Politik ist. Ich beneide Euch, wie Ihr ein reines Leben führen könnt, so möchte ich auch leben.»

Sie bemerkt, dass er ihr widersprechen will: «Halt, ich habe Euch nun viele schreckliche Dinge aus meinem Leben erzählt. Ich nehme an, auch im reinen Leben eines Klosterbruders gibt es schreckliche Dinge, damit seid Ihr an der Reihe, erzählt, was Ihr mir verschwiegen habt.»

Bernardino denkt nach, er zögert, dann sagt er: «Ja, es gibt etwas, das mich plagt. Es war in der Zeit, als ich Novize war, da kam eine Mädchenschar aus der Stadt des Nachts heimlich ins Kloster. Sie fanden mich in meiner Zelle, sie haben mich aus dem Kloster gezerrt, mich richtiggehend entführt, ich hätte Alarm schlagen können, aber es war mir peinlich, so bin ich mit ihnen gegangen. Zu Tode erschrocken bin ich, als sie mich zu Clara führten, sie war meine Jugendfreundin, wir waren bis über beide Ohren verliebt, so wie es junge Menschen eben sind. Ich habe sie mir aus dem Kopf geschlagen, als meine Zeit mit den heiligen Franziskus begann. Die Mädchenschar also brachte mich zu Clara und behauptete, ich hätte ihr die Ehe versprochen, und da das Eheversprechen älter sei als das Ordensgelübde, müsse ich Clara nun heiraten. Sie haben mich mit Clara allein gelassen. Es war schrecklich, sie hat geweint und beteuert, dass sie ohne mich nicht leben könne, sie würde sich das Leben nehmen, wenn ich sie zurückstossen würde.»

«Ihr meint, Ihr hättet sie auf dem Gewissen, weil Ihr sie im Stich gelassen habt.»

«Es war mir immer klar, dass sie mich hatte erpressen wollen und dass ihr Tod nicht meine Schuld war. Und doch quälte es mich über viele Jahre. Noch heute lastet ihr Tod auf meinem Gewissen, was ich auch tue, die Freude ist getrübt.»

Die Herzogin nickt und schweigt, dabei schaut sie ihn erwartungsvoll an.

Was will sie noch von ihm hören? Ahnt sie, dass da noch etwas ist, das auf ihm lastet, ein schwerer Brocken? Bernardino fasst sich ein Herz: «Ich weiss, Herzogin, wie sehr Euch die Kapuziner am Herzen liegen und mit wie viel Mut Ihr Euch für ihre Sache einsetzt.»

«Ja, die Kapuziner leben das, worüber wir gesprochen haben», fällt sie ihm ins Wort, «sie sind mit der Quelle verbunden, mit ihrem einfachen Leben haben sie das Gefäss in der Hand, das Wasser des Lebens zu bewahren und weiterzutragen.»

Er schreckt zurück, die Herzogin hat einen Nerv getroffen, er schweigt betroffen, er ringt mit sich. Soll er den schrecklichen Verrat bekennen oder soll er doch besser schweigen? Warum nur hat er angefangen davon zu erzählen, jetzt ist es zu spät.

13

Bernardino schweigt noch immer, es geht ihm durch den Kopf, wie beherzt sich die Herzogin für die Kapuziner eingesetzt hat.

Es hatte damit begonnen, dass sie sich für einen Franziskanermönch stark machte, der seinen Orden verlassen hatte, um wie der heilige Franziskus als Bettelmönch durch die Welt zu ziehen. Der Abt seines Klosters liess ihn festnehmen und einsperren. Der Mönch wandte sich hilfesuchend an die Herzogin von Camerino, die umgehend dafür sorgte, dass er freigelassen wurde.

In den Akten steht die Notiz: «Die zornige Intervention der Herzogin von Camerino erwirkte Anfang August die Freilassung des entlaufenen und dann eingesperrten Franziskanermönchs.»

Im Herbst desselben Jahres verliess der Mönch wiederum das Kloster zusammen mit zwei seiner Klosterbrüder, sie versteckten sich in den Wäldern, sie wurden aus dem Orden ausgeschlossen. Durch die Fürsprache der Herzogin wurde ihnen gestattet, auf dem Gebiet des Herzogtums Camerino ihr Leben als Bettelmönche und Wanderprediger fortzuführen. Als die Pest wütete, kümmerten sich die drei aufopfernd um die Pestkranken. Das gefiel der Herzogin sehr, und sie erwirkte von Papst Clemens, ihrem Onkel, eine Schutzschrift für die drei Bettelmönche.

In einer Kapuzinerchronik steht der Wortlaut des Briefs, den die Herzogin nach Rom geschrieben hat, um diese päpstliche Schutzschrift zu erwirken:

«In der Diözese und im Herzogtum Camerino gibt es nahe der Burg Montalto und dem Weiler Monastero eine Grotte, die gemeinhin ‹Grotte der Maria Magdalena› genannt wird, da haben einige Mönche des Ordens des heiligen Franziskus mit einem Eremitenleben begonnen. Diese beobachten nicht nur die Regel des seligen Franziskus, sondern führen auch ein eremitisches Leben und dienen dabei dem Allerhöchsten in grösster Armut. Deshalb soll auf das Ersuchen der vorerwähnten Herzogin hin ein Breve an den Bischof von Camerino geschickt werden mit folgendem Inhalt: Er möge über die obigen Mitteilungen Erkundigungen einziehen und den Ort persönlich aufsuchen. Falls er feststellen sollte, dass die genannten Brüder sich an die eremitische Lebensweise halten, soll er ihnen die Erlaubnis erteilen, am angeführten Ort zu wohnen, solange sie ein eremitisches Leben führen und die Regel des heiligen Franziskus beobachten.»

Geschickt erwähnt die Herzogin in diesem Brief nicht, dass die drei Eremiten dem Orden der Franziskaner-Observanten davongelaufen sind und dass es sich bei ihnen im Grunde um Aufständische handelt, die eine Erneuerung des Ordens anstreben.

Die Schutzschrift «Religionis Zelus» von Papst Clemens befreit die Eremiten von Camerino von allen kirchlichen Strafen und erlaubt ihnen, eine Kutte mit spitzer Kapuze zu tragen. Zudem wird ihnen die Aufnahme von weiteren Brüdern zugebilligt. Das Schutzschreiben, das die Herzogin von Camerino erwirkt hat, ermöglicht die Gründung des neuen Ordens. Es gilt als Gründungsakte des Ordens der Kapuziner.

Die Franziskaner als stärkster Orden der heiligen Kirche wehrte sich vergebens gegen die Abspaltung. Sie betrachteten die Eremiten als Abtrünnige. Dass die geschundenen Brüder bei der Herzogin von Camerino Unterstützung fanden, war ein Glücksfall. Sie wird darum von den Kapuzinern bis heute als Patronin ihres Ordens verehrt.

Später wird es eine andere Dame aus dem Adel sein, die ihren Einfluss für die Sache der Kapuziner an höchster, weltlicher

Stelle, bei Kaiser Karl V., geltend machen wird: Die berühmte Dichterin Marquesa von Pescara, Vittoria Colonna. Die beiden adeligen Damen spürten im innerklösterlichen Aufbruch, der zur Gründung des Ordens der Kapuziner führte, intuitiv die Kraft zur Erneuerung der christlichen Kirche. Bernardino Ochino wird ihre Hoffnung auf einen Frühling der Kirche mit seinem inneren Feuer, seiner moralischen Integrität und mit dem subversiven Geist des Dialogs verkörpern.

Bernardino zögert immer noch, er weiss, wie die Kapuziner der Herzogin am Herzen liegen und wie sehr sie sich für sie eingesetzt hat. Doch es gibt kein Zurück mehr, die Herzogin schaut ihn gross an und hört aufmerksam zu.

«Wie Ihr wisst, war ich vor ein paar Jahren zusammen mit einer päpstlichen Delegation in Venedig, um im Streit unter den Franziskanern zu vermitteln. Die Einheit des Franziskanerordens stand auf dem Spiel. Zur päpstlichen Schlichtungsdelegation gehörte auch Bischof Gian Pietro Carafa. Man spürt bei ihm den heiligen Eifer für die Einheit der Kirche, zu Beginn der Verhandlungen mit den verschiedenen Parteien nahm er mich zur Seite. Er raunte mir zu, dass ich seine Worte kaum hören konnte: ‹Ochino, die heilige Kirche braucht keine Starprediger, das endet immer schlecht. Denk an Savonarola, der hatte noch das Glück, dass er zuerst gehängt und erst dann verbrannt wurde. Ha, wie dem auch sei, ich habe dich gewarnt, und noch etwas›, er neigte sich zu mir, seine scharfen Augen durchbohrten mich: ‹Die Sache der Kapuziner steht nicht auf der Tagesordnung, kein Wort darüber. Um dieser Ketzer Herr zu werden, braucht es andere Massnahmen, verstanden?› Habe ich genickt? Ich weiss es nicht mehr, ich stand in seinem Bann, konnte mich nicht rühren, brachte kein Wort über die Lippen. Noch im gleichen Augenblick wurde mir klar, ich hatte die Kapuziner verraten, wie schäbig von mir, ich könnte heute noch im Erdboden versinken.»

Die Herzogin ist sichtlich erschüttert, sie schweigt lange, sie ringt mit sich, dann atmet sie tief durch und fasst sich. «Ich müsste Euch verabscheuen für diese Feigheit. Ich will es nicht tun, es wäre alles umsonst, gebt mir Eure Hand und nennt mich von nun an Schwester.»

«Ich danke Euch», antwortet Bernardino erleichtert, «ich bin um alles in der Welt froh, in Euch eine Schwester zu haben, ich werde Eure Unterstützung nötig haben, wenn ich meinen Orden verlasse und meinen Weg gehe.»

Die Herzogin schaut ihn mit grossen Augen an, sie kann es erst nicht fassen.

«Was, Ihr wollt Euren Orden verlassen!», ruft sie aus. Sie besinnt sich und beschliesst das Gespräch geheimnisvoll: «Wisst, auch ich werde Eure Hilfe brauchen, Bruder, wenn ich diesen Palast und mein Camerino verlasse, auch ich werde mein Leben ändern.»

14

Die Geschichte von Bernardino Ochino gleicht einer Ellipse, der geometrischen Figur mit zwei Brennpunkten. Den einen Brennpunkt bilden die Gespräche mit der Herzogin von Camerino, durch die sein Leben eine Wende nimmt. Diese Gespräche entwickeln sich weiter, sie werden zum Motor seines geistlichen Lebens.

Der andere Brennpunkt ist mehr Macht denn Person. Es ist die zutiefst unheimliche Zerstörungsmacht, die wie ein Erdbeben alles ins Wanken bringt, die Furcht und Schrecken hervorruft, wenn sie nur schon ihre Drohung aussendet. Von Rom aus erfasste sie erst Italien, dann versetzte sie die halbe Welt über Jahrhunderte in Furcht und Schrecken: die Römische Inquisition.

Es gibt eine Person, die das Grollen im Innern der Kirche, *il rombo*, über Jahre systematisch erzeugte, um damit dem vermeintlich Allerschlimmsten, dem Zerfall der heiligen Kirche, zuvorzukommen. Wie Bernardino Ochino ist auch diese Person von ihrer Mission erfüllt, auch sie will die Kirche zu einer Erneuerung führen. Was sie von Bernardino Ochino unterscheidet ist die Art der Angst. Sie fürchtet den Aufruhr wie den Teufel selbst. Die Person, die unter allen Umständen die heilige Kirche vor dem drohenden Zerfall bewahren will, ist Bischof Gian Pietro Carafa. Er stammt aus Neapel und hat den Orden der Theatiner gegründet, eine Gemeinschaft von Männern, die sich berufen fühlt, die Einheit der katholischen Kirche zu stärken.

Bischof Carafa ist streng mit sich selbst und mit seiner Umgebung, er ist für seine pedantische Lebensführung bekannt. Wenn er in seiner Studierstube arbeitet, darf man ihn unter keinen Umständen stören. Sein Diener fürchtet ihn, und doch tritt er diesmal zu später Stunde in sein Heiligtum.

«Ein Schreiben für Euch, Monsignore.»

Ohne eine Antwort auf sein Klopfen abzuwarten, hat der Diener die Türe geöffnet und steht mit dem Brief vor ihm.

«Was soll diese Störung um diese Zeit», herrscht ihn der Bischof an, «habe ich dich nicht angewiesen, mit solchen Dingen bis zum nächsten Tag zu warten, siehst du nicht, dass ich beschäftigt bin?»

Der Diener verbeugt sich und sagt zu seiner Entschuldigung: «Ein Eilbrief aus dem Herzogtum Camerino, ich dachte, ich müsse ihn Euch unverzüglich übergeben.»

«Wann hast du begonnen, selber zu denken? Zeig her.»

Carafa reisst dem Diener den Brief aus der Hand und deutet mit einer herablassenden Handbewegung an, dass er verschwinden solle. Dann öffnet er den Umschlag, setzt sich an den Tisch und liest. Was er liest, beunruhigt ihn.

Bericht aus Camerino

Caterina Cibo, geboren im Jahr 1501, Tochter des Francecesco Cibo, dem Sohn von Giovanni Battista Cibo, nachmaliger Papst Innozenz VIII. Die Mutter ist Maddalena de' Medici, Tochter des berühmten Lorenzo de' Medici.

Heirat der Caterina mit Giovanni Maria Varano, Herzog von Camerino.

Geburt einer Tochter.

Tod des Herzogs von Camerino im August 1527, Pest. Caterina Cibo regiert über Camerino stellvertretend für ihre minderjährige Tochter.

Die Herzogin hilft abtrünnigen Franziskanern. Für mehrere Monate beherbergt sie einige entlaufene Franziskaner in ihrem Palast und gewährt ihnen Schutz vor der gerechten Strafe.

Im Orden der Franziskaner zeigt sich eine gefährliche Unruhe. Trotzdem erlaubt der Papst den abtrünnigen Franziskanern, einen neuen Orden zu gründen. Es war die Herzogin von Camerino, die den Papst dazu gedrängt hat.

Der neue Orden ist wegen seiner Radikalität als Ketzerei einzustufen. Sie tun sich hervor in der Krankenpflege und kümmern sich um die Armen. Sie verstehen sich als die wahren Jünger des heiligen Franziskus und erheben damit den Vorwurf, dass die Franziskaner ihren Heiligen verraten haben.

Heimliche Verlobung der Tochter der Herzogin mit dem Sohn des Herzogs von Urbino. Die Herzogin gedenkt, die beiden Herzogtümer Camerino und Urbino gegen den Anspruch der römischen Kurie zusammenzuschliessen, gegen den Willen des Heiligen Vaters.

Gian Pietro Carafa lehnt sich auf seinem Sessel zurück und schüttelt missmutig den Kopf. Alles längst bekannt. Hat er diesen Paolo nicht instruiert und bezahlt? Auskundschaften soll der. Hat er vergessen, was das bedeutet? Dinge in Erfahrung bringen, die niemand weiss und niemand wissen darf. Aber doch nicht einfach allgemein Bekanntes zusammentragen.

Er liest weiter. Sieh mal einer an, dieser Paolo hat doch noch etwas herausgefunden: Die Herzogin von Camerino treibt es nicht nur mit Pietro Melli, ihrem Angestellten, sie verbindet sich auch noch mit diesem Franziskaner aus Siena. Unerhört, was Carafa liest:

Im Oktober 1533 hat die Herzogin Fra Bernardino von Siena empfangen. Er verbringt auf der Durchreise drei Tage und drei Nächte in ihrem Palast. Sie führen jeden Tag intensive Gespräche. Er ist stellvertretender Generalvikar der Franziskaner und hat Umgang mit einer Frau.

Umgang mit einer Frau, Umgang mit einer Frau. Verächtlich zieht Gian Pietro Carafa die Brauen hoch. Meint er, ihn belehren zu müssen. Als ob er diesen Ochino nicht kennt. Ein guter Mann, ernsthaft und fromm. Untadelig in seiner Lebensführung. Ein beliebter Prediger. Redet so, dass ihn die Leute verstehen. Wie ist er zusammengezuckt, als er ihm den Savonarola auf dem Scheiterhaufen unter die Nase gerieben hat. Hat wohl kalte Füsse bekommen. Oder schon heisse Füsse? Immerhin hat er den Mund gehalten, wie er ihm sagte, er solle ihm nicht mit diesen Kapuzinern kommen. Kein Wort in dieser Causa! Sein Riecher hat ihn nicht getäuscht. Ein guter Mann, aber er kann gefährlich werden. Er liest weiter:

Fra Bernardino: Geboren im Jahr 1487 in Siena. Sein Vater war Domenico Tommasini, Barbier. Die Mutter ist unbekannt. In seiner Jugend diente er dem Stadtfürsten von Siena, Pandolfo Petrucci, als Page. Eintritt ins Kloster La Capriola bei den Franziskaner-Observanten. Drei Jahre Studium der Medizin in Perugia, dann Rückkehr ins Kloster. Provinzial von Siena. Stellvertreter des Generalvikars der Franziskaner von Italien.

Wieder schüttelt Gian Pietro Carafa den Kopf. Alles bekannt. Was will er ihn belehren. Doch da. Aufgeregt liest er weiter:

Im Herbst 1533 und im Frühjahr 1534 reist die Herzogin von Camerino nach Rom. Sie wohnt im Palazzo Colonna und führt intensive Gespräche mit der adeligen Dichterin Vittoria Colonna.

Dichterin, Dichterin, will ihn dieser lausige Kerl belehren? Jeder Trottel weiss, dass die Colonna Gedichte schreibt. Intensive Gespräche, intensive Gespräche, immer sind die Gespräche dieser Herrschaften intensiv. Will er ihn ärgern?

> Der Palazzo Colonna ist ein Ort des Kommens und Gehens. Die Kaiserlichen gehen ein und aus, Bischöfe und Kardinäle, Geschäftsleute und Künstler aller Richtungen. Es ist jeweils nicht klar, wer wen empfängt. Ich hatte das Glück, eine Vertrauensperson unter dem Gesinde zu finden. So konnte ich ermitteln, dass folgende Personen regelmässig die Dichterin Vittoria Colonna aufsuchen: Pietro Carnesecchi, Sekretär des Papstes Clemens, ...

Gian Pietro Carafa ärgert sich wieder. Er muss diesem Hohlkopf beibringen, er soll ihn nicht dauernd belehren. Er liest weiter. Aha, interessant, interessant, wer alles im Palazzo Colonna verkehrt!

> ... der Spanier Juan de Valdés, ein Günstling des Kaisers, ein grosser Ketzer. Er musste bereits vor der Inquisition aus Spanien flüchten. Muss im Auge behalten werden. Bischof Reginald Pole aus dem englischen Königshaus. Er flüchtete aus England, weil sich der König von England von Rom abgewendet hatte. Der obengenannte Fra Bernardino aus Siena, auch er hat die Dichterin Vittoria Colonna besucht. Sie ist von ihm begeistert und sie hört seine Predigten, wo immer sie kann.
> Fra Bernardino hat die Herzogin von Camerino im Januar 1534 zum zweiten Mal besucht, er war wieder drei

Tage und drei Nächte im Palast der Herzogin. Intensive Gespräche. Er scheint ihr Beichtvater zu sein.

Die Herzogin hat die heimliche Verbindung zu ihrem Liebhaber Pietro Mellini in der Zwischenzeit abgebrochen.

Meine neueste Information ist ein Gerücht, das ich nicht belegen kann. Fra Bernardino scheint sich ernsthaft Gedanken zu machen, seinen Orden zu verlassen. Niemand weiss Näheres. Der Zulauf zu seinen Predigten ist gross. Wenn er in Rom predigt, sieht man viele bekannte Gesichter, darunter Bischöfe und Kardinäle. Sogar Papst Clemens war in einer Predigt anwesend. Er ist gross, breitschultrig und sieht gut aus. Er predigt anschaulich und verständlich. Es packt einen. Er hat ein gewinnendes Wesen. Er ist geistreich.

Camerino, 31. März 1534
Stets treu zu Diensten
Paolo

Wieder ärgert sich Carafa. Er wirft den Brief auf seinen Schreibtisch, kann seinen Blick jedoch nicht von ihm lösen. Er schüttelt den Kopf. Was er gelesen hat, lässt ihm keine Ruhe.

Er predigt anschaulich und verständlich. Er ist gross, breitschultrig und sieht gut aus. Es packt einen. Er hat ein gewinnendes Wesen. Er ist geistreich.

Hat es etwa diesen Paolo gepackt? Oder wen meint er damit?

Geistreich. Geistreich. Wie kommt dieser kleine Geist überhaupt auf diesen Gedanken? Was will er damit sagen? Er muss sich diesen Paolo vorknöpfen, der muss ihm Red und Antwort stehen. Das nimmt er sich fest vor.

Noch etwas nimmt sich Carafa vor. Er wird diesen Franziskaner aus Siena im Auge behalten.

Vittoria Colonna,
Zeichnung von Michelangelo Buonarroti, 1534

Vittoria Colonna und Michelangelo Buonarroti

To be on your own

1

Am 3. Oktober 1567 findet in Rom eine Hinrichtung statt. Der ehemalige päpstliche Sekretär Pietro Carnesecchi wird in der Frühe des Morgens auf die Brücke vor der Engelsburg geführt. Er legt bis zuletzt Wert auf einen gepflegten Stil, er besteht darauf, dass er bei seiner Hinrichtung frische Wäsche und neue Handschuhe tragen darf. In der Mitte der Brücke, mit Blick auf die Engelsburg und die wunderbare Kuppel des Petersdoms, wird er enthauptet, sein Leichnam wird verbrannt.

Das Inquisitionstribunal gewährte Pietro Carnesecchi die Gnade eines schnellen Todes, weil er bereitwillig ausgesagt hatte. Über ein Jahr dauerte die Vernehmung vor dem Tribunal der Inquisition. Sein Leidensweg hatte mit dem Tod seiner Freundin und Beschützerin, der Gräfin von Fondi, Giulia Gonzaga begonnen. Vergeblich hatte er Schutz bei seinem Landesherrn, Herzog Cosimo I. de' Medici, in Florenz gesucht.

An jenem Abend sass er bei Herzog Cosimo an der Tafel, als der päpstliche Nuntius mit einem Haftbefehl im Palazzo erschien. Der Schutzherr liess seinen Gastfreund vom Tisch aufstehen, um ihn dem Nuntius zur sofortigen Haft zu übergeben.

Er meinte achselzuckend: «Wenn Seine Heiligkeit, was Gott verhüten wolle, meinen Sohn auszuliefern befähle, würde ich keinen Augenblick zögern, ihn binden und ausliefern zu lassen.»

Pietro Carnesecchi wurde nach Rom gebracht und im Kerker des Heiligen Offiziums gefangengesetzt. Am 13. Juli 1566 fand das erste Verhör statt, weitere aufreibende Vernehmungen folgten, auch die Folter wurde angewendet. Er schrieb aus dem Kerker verzweifelte Briefe, er erleide Gewalt und die Richter hielten ihn für nicht aufrichtig.

Die Briefe wurden abgefangen und gegen ihn verwendet. Fünfzehn Monate dauerte die Untersuchungshaft, nach 119 Verhören und einer Prozessakte von achthundert Seiten erfolgte am 16. August 1567 das Urteil:

«Wir erklären und verurteilen dich als einen unbussfertigen Ketzer, der nur zum Schein sich bekehrt hat, und wir entkleiden dich aller kirchlicher Gnaden, Ehren und Würden. Wir bannen dich als eine unfruchtbare Rebe von unserem kirchlichen Forum und von dem Schutz unserer heiligen Kirche und übergeben dich dem weltlichen Gericht zur Bestrafung mit der gebührenden Strafe, indem wir den weltlichen Richter aufs Wärmste bitten, unseren Urteilsspruch zu mildern, soweit es deine Person betrifft, so dass dein Leben nicht gefährdet und dein Blut nicht vergossen werde.»

Der zum Tod Verurteilte wurde in eine Kellerzelle des furchtbarsten Kerkers von Rom, Tor di Nona gegenüber der Engelsburg, abgeführt, die er nur noch für seine Hinrichtung verlassen würde. Noch einmal versuchten seine Freunde vergeblich, ihm beizustehen und eine Begnadigung zu erlangen.

Der Prozess wurde als Schauprozess inszeniert, bei dem die Geschichte der innerkirchlichen Reformbewegung der Spirituali aufgerollt wurde. Pietro Carnesecchi gab vor dem Tribunal der Römischen Inquisition bereitwillig Auskunft über seine Verbündeten in der Gruppe der Spirituali. Er tat es mit gutem Gewissen, da er wusste, dass der Aufbruch längst niedergeschlagen war, die Protagonisten der Spirituali nicht mehr am Leben waren oder sich jenseits der Alpen in Sicherheit gebracht hatten.

Pietro Carnesecchi stammte aus einer vornehmen florentinischen Familie und kam schon als Jugendlicher in den päpstlichen Dienst nach Rom. Die Anklageschrift warf ihm vor, er habe das Wohlwollen, das ihm von der Kurie entgegengebracht wurde, missachtet und sei der protestantischen Ketzerei verfallen. Der Angeklagte gab ausführlich Auskunft über seine Kontakte zu Bernardino Ochino, wie er regelmässig dessen Predigten in der Basilika San Lorenzo in Damaso in Rom gehört habe, wie er ihm auch an anderen Orten persönlich begegnet sei. Er nannte prominente Namen: die adeligen Damen Caterina Cibo, Vittoria Colonna, Giulia Gonzaga, Renée de France, den spanischen Diplomaten Juan de Valdés, den Dichter Mercantonio Flaminio, die Kardinäle Gasparo Contarini und Reginald Pole. Was ihnen gemeinsam war: Sie alle waren von Bernardino Ochino begeistert, von seinen Predigten und von der Glaubwürdigkeit seiner Lebensweise, und sie pflegten zu ihm und untereinander einen regen Kontakt. Es war der harte Kern der Gruppe der Spirituali und Bernardino Ochino war ihr geistlicher Impulsgeber.

Er war der Hoffnungsträger des Frühlings der Kirche in ganz Italien geworden.

Nach den Protokollen des Inquisitionsprozesses Carnesecchi wurde der Umstand als besonders gefährlich gewertet, dass auch Papst Paul III. von Bernardino Ochino eingenommen war und ihn sogar zum Apostolischen Prediger ernannt hatte, so dass er in den Kathedralen der grossen Städte Italiens im Namen der heiligen Kirche predigen durfte. Als besonders gefährlich galt auch die Verankerung der Spirituali im Orden der Kapuziner und der grosse Rückhalt in der Bevölkerung.

Über Jahre hatte die Inquisitionsbehörde das Netzwerk der prominenten Persönlichkeiten, das den Kern der Spirituali bildete und sich in konspirativen Zusammenkünften in verschiedenen Städten versammelte, argwöhnisch beobachtet.

Wer sich da nicht alles zusammentut!

Die Herzogin von Camerino beherbergt in ihrem Palast abtrünnige Franziskanermönche und führt vertrauliche Gespräche mit Bernardino Ochino.

Der Palazzo Colonna mitten in Rom wird zum Treffpunkt der Aufrührer. Die Gastgeberin, die Dichterin Vittoria Colonna, zieht die Fäden. Sie sorgt gemeinsam mit der Herzogin von Camerino dafür, dass der Orden der Kapuziner vom Papst anerkannt wird.

In Neapel rotten sich die reformfreudigen Kräfte um die Gräfin von Fondi, Giulia Gonzaga, und den spanischen Diplomaten Juan de Valdés zusammen.

In Venedig, Florenz, Ferrara, Lucca, Viterbo und weiteren kulturellen und kirchlichen Zentren Italiens findet der Geist der Erneuerung guten Boden.

Die Zusammenkünfte folgen dem gleichen Muster: Man besucht die Predigt des Apostolischen Wanderpredigers Bernardino Ochino in der Kathedrale, es ist ein gesellschaftliches Ereignis, die Menschen sind von seinem Charisma und von seiner moralischen Integrität begeistert. Der innere Kreis der Spirituali trifft sich anschliessend und führt konspirative Gespräche.

Es rumort in der heiligen Kirche.

Eine besondere Freundschaft wird in den Prozessakten Carnesecchi nur angedeutet, weil sie eine Person betrifft, die in der heiligen Kirche einen prominenten Platz hat: Michelangelo Buonarroti. Das Zentrum der heiligen Kirche, die wunderbare Kuppel des Petersdoms und die Fresken in der Sixtinischen Kapelle, an der Decke die Schöpfung und an der Westseite das Jüngste Gericht, hat er geschaffen.

So kam es, dass man die Freundschaft zwischen ihm und Vittoria Colonna am liebsten totschwieg. Sie war berühmt, sie galt als göttliche Dichterin. Wie peinlich, wenn an den Tag gekommen wäre, dass die Freundschaft einer Protagonistin der Spirituali dem Kunstschaffen von Michelangelo eine Wende gegeben hatte.

Michelangelo, ein Ketzer – was für ein Skandal!

2

Er fühlt sich leer und ausgelaugt. Wo nur sind seine klaren Gedanken? Er schaut auf seine kräftigen Hände, sie sind weiss vom Marmorstaub.

Er seufzt, seine Bleibe ist karg, armselig, aber sie gefällt ihm, sie ist seine Höhle, wo er seine Ruhe hat. Er steht auf, öffnet die Tür und tritt ins Freie, vor ihm liegt die Piazza Macel de' Corvi, jenes Stadtviertel Roms, wo die armen Leute wohnen, lethargisch scheinen sie ihm, die Menschen leben in den Tag hinein.

Was er sieht, spiegelt ein Übel, das sich in der Stadt breitmacht, es ist die geistige Leere, die die Stadt zu verzehren scheint. Was fehlt den Menschen? Was ist los mit Rom?

Er schreitet durch die Dunkelheit, der Abend ist seine liebste Tageszeit, er ist allein mit sich und dreht seine Runde, Auslauf, wie ein Hund, denkt er. Seine Schritte führen ihn zum Kolosseum. Ihm gefällt die Ruine mit den leeren Rundbögen, den verfallenen Grotten, geisterhaft ist die dunkle Leere, ein Hort des Schreckens voller Dämonen, kein gastlicher Ort.

Michelangelo denkt an seinen Auftraggeber, den Papst, und er denkt an all den Pomp, in dem er und die Würdenträger, die ihn umgeben, leben. Auch kein gastlicher Ort, auch ein Hort des Schreckens, verfallene Grotten voller Vorspiegelungen, Täuschungen und Intrigen. Der ganze Vatikan kommt ihm geisterhaft vor, voller Dämonen. Die da wohnen sind selbst Ruinen, geistlose, seelenlose Wesen. Das ganze Gebilde bloss ein durchtriebener Machtapparat, der die Menschen mit seinen leeren Versprechungen wie ein Magnet anzieht.

Und er, Michelangelo Buonarroti, der gefeierte Künstler, ist sein Aushängeschild. Was für eine Ironie. Mit seiner Kunst der Offenlegung des blossen Menschen ist er zum Feigenblatt für die Kurie geworden, die damit ihre eigene Blösse bedeckt, ihre Verlogenheit, ihre Doppelmoral, ihre Geistlosigkeit.

Auf einem nächtlichen Gang zum Kolosseum war es ihm wie Schuppen von den Augen gefallen.

Was sollte er tun?

Er fand Gefallen am Gedanken, ihnen den Spiegel hinzuhalten. Die ganze Welt soll sie in ihrer Blösse sehen, all die machtbesessenen, geltungssüchtigen Funktionäre der heiligen Kirche. Die ganze Welt soll auch die Menschen sehen, die sich das gefallen lassen, eine Herde von Schafen, auch sie will er in ihrer Blösse darstellen.

Sie alle will er mit seiner Kunst zum Narren halten.

Das gewaltigste seiner Werke soll noch einmal ein verzweifelter Kampf werden gegen die Korruptheit der Mächtigen und die Lethargie der Masse. Es soll an der Westseite der Sixtinischen Kapelle entstehen, über dem Altar, mitten im Machtzentrum der heiligen Kirche, im heiligsten Raum, wo der Heilige Vater mit seinen Kardinälen die Messe zelebriert, wo im Konklave der neue Papst gewählt wird, da wird er das Jüngste Gericht darstellen.

Über dem Allerheiligsten werden sich die Narren im Spiegel erkennen.

Die hohen Herren Päpste und Kardinäle sollen nur weiter ihre Macht zelebrieren und ihre Intrigen vor dem Herrn schmieden, die Herde soll sich nur weiter alles gefallen lassen. Doch dann wird die Zeit des endzeitlichen Sturms kommen, der ihnen allen den Boden unter den Füssen wegziehen wird. Dann werden sie erkennen und es werden ihnen die Augen aufgehen: Auch du mit deinen Machenschaften, von denen du in deinem schäbigen

Leben nie genug bekommen hast, die du hinter den feinen Stoffen deiner liturgischen Gewänder versteckst, auch du wirst am Tag des Gerichts nackt und bloss vor dem Höchsten stehen, auch du wirst am Ende der Zeit in den Sog der Gerechtigkeit geraten, da wird kein sicheres Land mehr sein.

Michelangelo steht vor der Ruine des Kolosseums und denkt an sein Werk in der Sixtinischen Kapelle und wieder schaudert ihn, wenn er sich seinen Auftraggeber vor Augen führt. Nein, er steht im Dienst des Allerhöchsten, *soli deo gloria*. Oder ist er doch ein blosser Handlanger jener Person, die sich Göttliches anmasst?

Er hatte geglaubt, mit seiner Kunst dem Höchsten näherzukommen, aus Marmorblöcken Gottes Ebenbild, den göttlichen Menschen, herauszuschlagen, mit Pinsel und Farbe die höhere Ordnung abzubilden.

Das war sein Traum.

Nun ist alles zunichte. Die Ruine des Kolosseums hat ihm die Augen geöffnet, menschlichen Ruinen hat er seine Seele verkauft, zu deren Ehre und Ruhm hat er ihre Fassade vergoldet und ihre Blösse zugedeckt.

Zu dieser Erkenntnis gesellt sich das Brennen der Einsamkeit. All die Mühe, all die Entbehrungen, all die wunderbaren Skulpturen und Fresken, all die Erfolge und all der Reichtum – wozu?

Es sind nicht nur die abendlichen Gänge zum Kolosseum, die in ihm das Brennen auslösen. Es ist auch jene vornehme Frau, die berühmte Dichterin. Seit jener Begegnung im Palazzo Colonna lässt ihm seine Seele keine Ruhe mehr.

3

Der Palazzo Colonna an der Piazza dei Santi Apostoli wirkt auf den ersten Blick unscheinbar. Ein paar Schritte hinter dem Eingang offenbart er jedoch seine ganze Pracht, die Fülle an Glanz und Reichtum ist überwältigend. Er ist immer noch im Besitz der Familie Colonna, die ihren ganzen Familienstolz mit erlesenen Gemälden der Kunstgeschichte zum Ausdruck bringt.

Namhafte Staatsmänner und Kirchenfürsten entstammen der Familie Colonna. Allen voran Oddone Colonna, der in Konstanz zur Beendigung des abendländischen Schismas zum Papst gewählt wurde, sich Martin V. nannte und das Papsttum nach Rom zurückbrachte. Es war ein Triumphzug, als er mit seinem Gefolge in die ewige Stadt einzog, allerdings residierte er selber auch als Papst weiterhin in seinem prunkvollen Palazzo.

Vittoria Colonna, die grösste Dichterin Italiens, das weibliche Genie der Renaissance wird im Palazzo Colonna nur mit einem einzigen kleinen Bild, das sie in einem grünen Kleid, jedoch völlig unscheinbar zeigt, dargestellt. Was ist der Grund, dass die zu ihrer Zeit in ganz Italien gefeierte Dichterin in der Familiengeschichte kaum vorkommt?

Sie hörte Fra Bernardino predigen, seine Worte gingen ihr zu Herzen, sie wurde zu einer Protagonistin der Reformbewegung der Spirituali, die Erneuerung in der Verinnerlichung des christlichen Glaubens suchten.

Erst hat die Römische Inquisition Vittoria Colonna wegen des hohen Ansehens der Familie und ihrer Berühmtheit als geradezu göttliche Dichterin verschont, dann ist sie einer Vorladung vor das Tribunal der Römischen Inquisition mit ihrem frühen Tod im Jahr 1547 zuvorgekommen. Nach ihrem Tod betrieb die Inquisition ihre Verketzerung mit allen Mitteln.

Jahrhunderte nach ihrer Zeit wurden ihre Briefe im Geheimarchiv der Inquisition gefunden und publiziert. Auf den konfiszierten Briefen stehen Randbemerkungen des Zensors der Inquisition. Um sie der Ketzerei zu überführen, hatte man ihre Worte willkürlich verfälscht und aus dem Zusammenhang gerissen.

Nun legte die Familie Colonna immer grossen Wert auf gute Beziehungen zur Kurie. Die Begegnungen mit den jeweiligen Päpsten sind im Palazzo ausführlich und mit Stolz dokumentiert. Ein Sessel wird besonders zelebriert, der Heilige Stuhl, der immer bereitsteht für den Fall, dass der Papst zu Besuch kommt.

Eine Ketzerin in den eigenen Reihen passt nicht ins Bild. So wurde Vittoria Colonna aus der Familiengeschichte getilgt. Sie wird bei Führungen durch den Palazzo Colonna bis auf den heutigen Tag geflissentlich übergangen. Möglich, dass sich das in naher Zukunft ändert und die Familie Colonna einen Stolz auf ihre berühmte Ketzerin entwickelt.

Noch zu ihren Lebzeiten öffnete sich die Kluft zwischen ihr und ihrer Familie. Ihre Freundschaft mit Michelangelo war allen ein Dorn im Auge. Natürlich waren seine Kunstwerke, etwa die Skulptur des David vor dem Rathaus in Florenz, die Pietà im Petersdom und vor allem das Deckenfresko in der Sixtinischen Kapelle berühmt und galten als göttliche Kunst. Aber hinter vorgehaltener Hand wurde die Darstellung der dreihundert nackten Körper, die das Deckenfresko der Sixtinischen Kapelle bevölkern, beanstandet. Auch seine Person war suspekt, man munkelte über seine Vorliebe für männliche Körper.

4

«Du bist allein auf dieser Erde, mutterseelenallein.»

Sie hatte nicht ihn gemeint, sie sagte es von sich selber, in einer Offenheit, die er nicht kannte, dann hatte sie geweint.

Er wollte gar nicht hingehen. Es war der prächtigste Palazzo in Rom. Und sie galt als die vornehmste und einflussreichste Frau in Italien, ihre Familie zog in Politik und Kirche die Fäden. Über Jahrzehnte hatten sich die Colonna mit den Orsini eine blutige Familienfehde geliefert und damit das öffentliche Leben in Rom gelähmt. Dann hatten sie Frieden geschlossen und gemeinsame Sache gemacht, die Colonna und die Orsini, auf Kosten des Volkes.

Wenn Kaiser Karl V. nach Rom kam, war es selbstverständlich, dass er im Palazzo Colonna residierte und sich mit der eleganten und gebildeten Dichterin unterhielt.

Alt und schäbig war sich Michelangelo vorgekommen, als ihn Vittoria an jenem Abend zum ersten Mal in ihren Salon führte. Sie war eine wunderschöne Frau, ihre Haltung zeugte von ihrem weltoffenen Geist, ihre Gedichte hatten sie in ganz Italien berühmt gemacht, sie trug den Titel Marquise von Pescara, sie war die Witwe des Marquis von Pescara, der im Kampf gegen die Franzosen im Dienst des Kaisers gefallen war.

Beim ersten Treffen im Palazzo Colonna war Vittoria zweiundvierzig, Michelangelo neunundfünfzig Jahre alt.

«Seit vielen Jahren bin ich im Geist mit Euch verbunden, ich schätze Eure Kunst und weiss, was sie bedeutet. «Die Erschaffung der Welt» hat sich mit meiner Seele verwoben, ich kenne Euch und Euer Leben und mache mir grosse Sorgen um Euch.»

So begann sie das Gespräch. Michelangelo erschrak. Was wusste sie von ihm, was wollte sie von ihm? Kannte sie seine verborgenen Leidenschaften, kannte sie seine Einsamkeit? Erst einmal liess er sie reden, er schwieg, sie schien Gefallen daran zu finden. Sie vertraute sich ihm an.

Sie sprach von ihrer Einsamkeit. Sie tat ihm leid, die arme Frau, mitten im Reichtum ihrer Welt. Sie hatte alles, was man sich wünschen konnte, und hatte doch nichts, was ihre Seele nährte, ihr blieb der Hunger nach dem Leben. Wohl stand sie mit ihren Gedichten in der Gunst des Publikums, aber Michelangelo wusste nur zu genau, dass das Schaffen von Kunst nicht glücklich macht, vielmehr den gefährlichsten aller Dämonen weckt, den Geltungsdrang, der unersättlich ist und einen noch mehr in die Einsamkeit treibt.

Wie kann man glücklich sein, wenn das eigene Innere dem Kolosseum gleicht, dieser monumentalen Ruine aus dem Altertum, die nur noch von Gespenstern und Dämonen bewohnt wird?

«Sagt nichts, mein lieber Michelangelo, ich weiss, dass Ihr sie kennt, die dunkle Seite von Ehre und Ruhm, die Einsamkeit. Sie verbindet uns.»

Sie hat etwas gemeinsam mit Caterina Cibo, der Herzogin von Camerino. Auch Vittoria Colonna sehnt sich nach dem einfachen Leben, auch sie empfindet Überdruss mitten im gesellschaftlichen Leben der Reichen und Mächtigen, auch ihr sind die wohlgenährten und verkleideten Priester und Bischöfe ein Gräuel, auch sie entwickelt eine Schwäche für die radikale Lebensweise der Kapuziner.

Vittoria Colonna hatte nach dem Tod ihres Ehemanns, des Markgrafen von Pescara, das Tabu des Schweigens gebrochen, das Witwen in der damaligen Gesellschaft auferlegt war. Sie hüllte sich nicht in Schweigen, sie schrieb ihre Trauer aus sich heraus und formte ihren Schmerz in Gedichte. Sie widersetzte sich einer Wiederverheiratung und entwickelte sich als eigenständige Dichterin und Intellektuelle.

Sie näherte sich Gott nicht nach kirchlichem Brauch auf den Knien, sondern aufrecht über ihre Kunst des Dichtens.

Dann hörte sie Bernardino Ochino predigen. Es war eine Wohltat, ihm zuzuhören, er sprach ihr aus dem Herzen, sie fühlte sich verstanden, sie war begeistert. Nun hatte sie den Namen für das, was ihr fehlte, was sie vermisste. Sie beschrieb das innere Feuer, sie erinnerte sich an den Felsen mit dem Castello Aragonese auf der Insel Ischia, wo sie viele Jahre verbracht hatte. Plötzlich war ihre Heirat wieder da, die Jahre der Erfüllung, die Jahre der Entbehrung, da ihr Ehemann im Krieg war, und schliesslich die Zeit ihrer Trauer, als er einer Verletzung erlag.

Den Aragoneser Felsen auf Ischia hat sie in einem Gedicht verewigt.

«Wenn das aufgewühlte Meer umtost
mit wütendem Ansturm den starken Felsen, bleibt er fest.
Der hochmütige Sturm bricht sich und
in sich zusammen fällt die Woge.

So ich! Wenn auf mich trifft das abgrundtiefe,
wütende Wasser der Welt wie eine Fontäne,
erhebe ich die Augen zum Himmel und je stärker die Wogen
toben, desto mehr entziehe ich ihnen ihre Kraft.»

Vittoria begann, ihre Gedichte mit Worten aus den Predigten von Bernardino Ochino anzureichern. Sie freundete sich mit Caterina Cibo an, sie sprachen über Fra Bernardino und spannen gemeinsam am feinen Gebilde der unsichtbaren Kirche. Vittoria fand vorübergehend einen Weg aus ihrer Einsamkeit, sie reiste an die Orte, wo Bernardino predigte, sie sog seine Worte auf, sie führte vertrauliche Gespräche mit Michelangelo, sie wurde die Protagonistin der Gruppe der Spirituali.

Ihre Gedichte bekamen eine spirituelle Note, sie wurden später unter dem Titel «Rime Spirituali» gedruckt. Auf ihren Reisen, in den Gesprächen, Gedichten und Briefen pries sie das Feuer der göttlichen Liebe, das in jedem Menschen darauf wartet, entfacht zu werden, und sie pries den Segen der Freundschaft.

Sie liess sich nicht vertrösten, sie blieb bei sich selber und beim Anspruch, die göttliche Gegenwart im Schreiben zu skizzieren.

> «Di gioia in gioia e d'una in altra schiera
> di dolci e bei pensier l'Amor superno
> mi guida fuor del freddo arido verno
> a la Sua verde e calda primavera.»

5

«Ich habe ein Gedicht für Euch geschrieben», Vittoria strahlt Michelangelo an.

Der zuckt mit den Schultern. «Ach, ich bin dessen nicht würdig, ich bin nur ein verlorener Sohn.»

Versonnen schaut Vittoria in sein raues Gesicht. Es scheint ihr, dass sie beide verwaiste Seelen sind, die sich angenähert haben, um die Last der Einsamkeit zu teilen, so hat sie es im Gedicht an Michelangelo in Worte gefasst. Sich selbst schildert sie als eine Einsame im Gefängnis ihrer angesehenen und einflussreichen Familie. Von klein auf hat sie gelernt, sich so zu verhalten, wie es sich für eine Colonna schickt, wir sind es den Menschen von Rom und der heiligen Kirche schuldig, wir leben nicht für uns, wir leben für die Familie, für Italien, *fare una bella figura*.

Die Familie hatte die Ehe mit dem Markgrafen von Pescara für sie arrangiert. Die Heirat galt als guter Schachzug für die Familie, für die Politik, für die heilige Kirche, darum auch für die junge, gebildete, hübsche und lebenshungrige Vittoria.

War sie verliebt, empfand sie Liebe?

Die Ehe war für sie Pflicht. Nicht nur. Was sollte sie tun, es war das Leben, ihr Leben. Sie begann den älteren Mann zu schätzen, der mitten im Leben stand und sich geschickt für die Sache des Heiligen Stuhls stark machte und bereit war, dafür sein Leben hinzugeben. Ein Gefühl von Liebe entwickelte sich allerdings erst nach seinem Tod, da sie um ihn trauerte. Sie betrauerte auch ihre verlorene Jugend.

Was blieb ihr? Die Familie wurde ihr immer fremder, die heilige Kirche empfand sie als geistloses Gebilde, nur im Schreiben fühlte sie sich zu Hause. Worte aneinanderfügen, Reime bilden, Sinn herstellen, wo keiner ist.

Die Gedichte fanden Anklang, sie fühlte sich geschmeichelt, sie genoss den Ruhm. Bis sie realisierte, dass sich kaum jemand wirklich für die Gedichte interessierte.

Wohin mit dem Lebenshunger, wohin mit der Leere? Sie hatte immer beides empfunden, schon als junges Mädchen. Die Familie, all das Gehabe, die gespielte Frömmigkeit, all die Empfänge, all die dummen Gespräche, nur um sich die Zeit zu vertreiben, all der Prunk, all die Konventionen, wie hasste sie die schalen Worte, die herablassende Ernsthaftigkeit der kirchlichen Würdenträger, die vortäuschten, sich für das junge Mädchen zu interessieren.

Mit den Jahren sah sie hinter ihrem Gehabe die Angst, es könnte jemand hinter den Prunkgewändern die Blösse entdecken, das schäbige Leben, die Armut der Seele, die Geistlosigkeit der Theologie, die Korruptheit der heiligen Kirche.

«Wisst, lieber Michelangelo, ich habe die kirchlichen Würdenträger beim Beobachten Eurer Fresken beobachtet. Wie heftig sie ab den nackten Körpern erschrocken sind, wie sie blitzschnell ihre Irritation beiseiteschoben, um Eure göttliche Kunst zu preisen. Ich lachte sie heimlich aus, wenn sie sich über die Ästhetik Eurer Kunstwerke fachmännisch ausliessen, bis sie es merkten und damit aufhörten.»

Michelangelo betrachtet Vittoria. Wie bezaubernd sie aussieht, das kastanienbraune Haar, ihr lebhaftes Gesicht mit den leuchtenden Augen, darin er eine geheimnisvolle Melancholie wahrnimmt, die Perlenkette, ihre würdige Haltung. Zum ersten Mal in seinem Leben fühlt er sich zu einer Frau hingezogen.

«Wenn Ihr mich verführen wollt, nur zu», lacht sie, als sie wahrnimmt, wie aufmerksam er sie betrachtet.

Michelangelo winkt ab: «Ach, ich bin ein alter Mann.» Er stockt. «Ihr kennt mich und meine Natur, die verstehe ich selber nicht, aber ich gestehe, dass ich noch nie im Leben solche Gefühle der Liebe und Freundschaft gegenüber einer Frau empfunden habe.»

Er nimmt sie liebevoll in seinen Arm.

«Es freut mich, dass ich Euch gefalle, so kann ich Euch endlich gestehen, dass Ihr mein einziger, wahrer Freund seid. Ihr versteht mich, Ihr vertraut mir, mit Euch kann ich offen sprechen. Was für eine Wohltat.»

«Es geht mir auch so», Michelangelo schaut Vittoria lange an. «Meine Welt ist voll von Ränkespielen, Eifersucht, Korruption, jeder missgönnt es dem andern, wenn ihm etwas gelingt. Es gibt keine Geheimnisse, jeder plaudert, jeder redet den andern schlecht, jeder zieht jeden in den Sumpf. Wie froh bin ich, dass ich Euch habe. Euer Vertrauen stärkt mich.»

«Sprecht weiter», Vittoria freut sich, dass er sich öffnet.

Er zögert, das Sprechen fällt ihm schwer.

«Ich merke, wie sich mein Geist klärt, wenn ich mit Euch spreche. Ich sehe die Dinge immer deutlicher, meine Auftraggeber, meine Kunst, mich selber. Nun weiss ich auch, warum mir der Auftrag, das Grabmal von Papst Julius II. zu vollenden, so schwerfällt.»

Er hebt seine Ledertasche vom Boden auf und zieht eine Schrift heraus.

«Jemand hat sie mir zugesteckt, wohl um mich zu plagen, er weiss genau, wie mir das Grabmal zu schaffen macht. Diese Schrift hat mir die Augen geöffnet. Seht, nur schon der Titel sagt alles: ‹Papst Julius vor der verschlossenen Himmelstür›. Es ist eine Geschichte voller Ironie. Der Schlüssel zum Himmel passt nicht und Petrus öffnet dem verstorbenen Papst Julius die Himmelspforte nicht, er kennt ihn nicht einmal und so lässt er ihn nicht in den Himmel ein. Es ist eine bitterböse Abrechnung mit dem Papsttum von Julius, der vielmehr ein Kriegsherr und Territorialfürst war, denn ein geistliches Oberhaupt.»

Vittoria nimmt die Schrift in die Hand, dreht und wendet sie, auf der Titelseite steht unter dem Titel *Lector, risum prohibe* – «Leser, verkneif dir das Lachen». Sie runzelt die Stirn: «Wer hat sie geschrieben?»

«Sie ist anonym gedruckt worden, der Autor wird kalte Füsse bekommen haben, auch der Drucker ist nicht angegeben.»

«Ich werde sie trotzdem anschauen. Es interessiert mich, vor allem aber möchte ich dann wissen, wie es weitergeht mit Eurem Lebenswerk, dem Grabmal von Papst Julius.»

Michelangelo verschweigt, dass er die Schrift erst gar nicht lesen konnte, da er die lateinische Sprache nie gelernt hat. Er empfindet es als Makel, den er geflissentlich verdeckt. Er weiss sich zu helfen, er hat Freunde, die für ihn übersetzen.

6

Vittoria Colonna ist in die Schrift vertieft, die ihr Michelangelo mitgebracht hat. Was sie liest, erschreckt und fasziniert sie zugleich.

Der verstorbene Papst Julius II. grölt und randaliert betrunken an der Spitze einer Geisterarmee von Tausenden von toten Kriegern, die seine endlosen Kriege das Leben gekostet hat. Ihnen allen hat er für den Kriegsdienst eine Eintrittskarte in den Himmel versprochen. Was für eine Blamage, dass er nun wortbrüchig dasteht, einem Söldnerführer gleich, der den versprochenen Sold nicht auszuzahlen vermag. Nicht nur im Diesseits, auch im Jenseits unter Toten eine peinliche Lage. Kommt dazu, dass nicht einmal er selbst, der Heilige Vater, in den Himmel eingelassen wird.

Was für eine Komik! Ein gespenstisches Grauen erfasst Vittoria. So etwas hat sie noch nie gelesen:

Petrus   Wenn ich dich betrachte, sehe ich nichts von Heiligkeit, keine Spur von einem Apostel. Angefangen mit der Ungeheuerlichkeit, dass du aussen einen Priesterrock trägst, darunter aber von blutigen Waffen nur so starrst und klirrst. Christus hat mir aufgetragen, dieses Tor für Leute zu öffnen, die Nackte gekleidet, Hungrige gespeist, Durstigen zu trinken gegeben, Gefangene besucht und Fremde eingeladen haben.

Julius II.   Wenn ich das gewusst hätte!

Petrus	Ich verstehe. Wenn dir einer berichtet hätte, der aus der Hölle zurückgekehrt wäre, hättest du mir sicher den Krieg erklärt.
Julius II.	Auch exkommuniziert hätte ich dich.
Petrus	Also war deine Schreckensherrschaft gemeint mit dem, was Christus uns beten lässt: «Dein Reich komme!»

Wie gebannt liest Vittoria weiter, welch ein Abgrund in diesen Worten an den Tag kommt! Sie ist in die Lektüre vertieft, als Michelangelo erscheint. Er geht auf sie zu und umarmt sie. Sie schaut ihm in die Augen: «Ihr seht müde aus. Ihr arbeitet zu viel, und für mich habt Ihr keine Zeit. Habt Ihr mir darum die Ketzerschrift gegeben, um mich abzulenken?»

«Wie du mir gefällst, kleines Mädchen», Michelangelo lächelt, «gerade so, wie du es sagst, ist es. Ich wollte dich mit dieser Ketzerschrift von dir selber ablenken. Du musst die Welt und die Kirche sehen, wie sie sind, auch mit all dem Schrecklichen.»

«Du hast recht», seufzt Vittoria, «aber es ist eine schwere Kost, die Welt, zu der wir beide gehören, kommt schlecht weg. Sie ist in Abgrund, wo es keine Sicherheit gibt, alles gerät durcheinander. Was soll einem da noch Halt geben?»

Michelangelo hatte befürchtet, Vittoria würde die Schrift entrüstet von sich weisen. Nun ist er erleichtert. «Gott sei Dank. Es ist genau die Frage, die mich seit vielen Jahren plagt, sie nagt an mir und an meiner Kunst.»

«Und doch bist du unglaublich kreativ und erfolgreich in all den Jahren gewesen!»

Gerade das ist es, was ihn plagt, seitdem ihm die Augen aufgegangen sind und er erkannt hat, dass er sich von Papst Julius hat blenden lassen. Sein Erfolg hatte ihm die klare Sicht genommen, sein wunderbares Werk hatte ihn blind gemacht.

Er denkt an seine Darstellung der Erschaffung der Welt an der Decke der Sixtinischen Kapelle. Papst Julius war von der Pracht seiner Fresken überwältigt gewesen und hatte anerkennend zu ihm gesagt: «Michelangelo, gemeinsam schaffen wir das Kunstwerk einer starken Kirche in einem geeinten Italien, Ihr werdet sehen, wir werden in die Geschichte eingehen.»

Wie Schuppen ist es ihm von den Augen gefallen, dass er sich von einem Wahnsinnigen, einem Kriegstreiber hat hinters Licht führen lassen. Das nackte Grauen erfasst ihn, wenn er an jene Zeit denkt. Er stutzt. Ist es heute anders? Ist er nicht immer noch bloss eine Marionette im Machtspiel seiner Auftraggeber, ist er nicht immer noch verblendet, dass er meint, mit seiner Kunst dem Höchsten zu dienen?

«Ich werde das Grabmal von Papst Julius bearbeiten», sagt Michelangelo nach langem Schweigen.

«Wirklich? Ich bin gespannt, was dabei herauskommt.»

«Was rede ich immer nur von mir und meinen Dingen. Erzähl mir von dir», er wendet sich Vittoria zu, die ihn aufmerksam anschaut.

«Letzte Woche war die Herzogin von Camerino auf Besuch bei mir. Wir konnten offen miteinander reden, sie hat mir erzählt, wie ihr das Leben schal vorkommt und sie es an ihrem Hof fast nicht mehr aushält.»

«Hat sie dir nicht von ihrem Liebhaber erzählt?», unterbricht sie Michelangelo.

«Macht dich nur lustig über einsame Frauenherzen.» Sie schaut ihn böse an.

«Entschuldige, das wollte ich nicht, ich habe es nicht so gemeint.»

«Wie hast du es denn gemeint?», beharrt Vittoria. «Caterina sucht einen Ausweg, sie hat die Politik mit all den Ränkespielen satt. Zudem ist sie der verlogenen Kirche überdrüssig, die nichts tut, als gute Miene zu machen zum bösen Spiel der Mächtigen und Reichen. Sie träumt vom einfachen Leben. Ach, sie hat mir aus der Seele gesprochen.»

«Ja, der Traum vom einfachen Leben ist stark», sinniert Michelangelo, «ich trage ihn auch in mir. Was hat er nicht schon alles mit mir angestellt, er hat mich in die Steinbrüche von Carrara geführt, viele Monate verbrachte ich da, es war eine karge, harte Zeit voller Entbehrungen. Jedoch, wie soll ich es sagen, das einfache Leben ist gar nicht so einfach. Jedenfalls bin ich in die Zivilisation zurückgekehrt, bevor aus mir selber ein Marmorblock wurde. Hat dir die Herzogin von Camerino erzählt, wie sie sich das einfache Leben vorstellt?»

«Sie kümmert sich um die Kapuziner», berichtet Vittoria, «sie hat sogar ein paar Brüder im Palast in Camerino beherbergt und sie vor dem Zugriff der Häscher beschützt. Sie hat den Brüdern geholfen, den Orden der Kapuziner zu gründen.»

«Ich habe davon gehört. Will sie etwa selber in ein Kloster eintreten?»

«Das kann ich mir nicht vorstellen», Vittoria schüttelt den Kopf, «aber sie schwärmt von guten Gesprächen, die sie mit einem Klosterbruder führt.»

Michelangelo unterdrückt eine boshafte Bemerkung, meint dann nur: «Ich habe nicht gewusst, dass man mit Klosterbrüdern gute Gespräche führen kann.»

Vittoria betrachtet ihn traurig, schweigt, dann sagt sie: «Du hattest recht, als du dich einmal als verbitterten alten Mann bezeichnet hast. Das bist du wahrhaft.»

7

Es heisst von Michelangelo Buonarroti, er habe von Jugend an einen verbitterten Charakter gehabt. Wurde er ihm in die Wiege gelegt? Seine Familie übergibt ihn nach der Geburt einer Amme, der Frau eines Steinmetzes. Die Milch, die er trinkt, soll mit Marmorstaub versetzt gewesen sein, der Bub wächst zwischen kalten Marmorblöcken auf. Der Mangel an mütterlicher Fürsorge lässt im Knaben eine Leere zurück, er leidet zeitlebens unter der Kälte seiner Familie. Der Stern der einst stolzen Florentiner Adelsfamilie Buonarroti ist in jener Zeit im Sinken begriffen, so dass dem jungen Michelangelo eine höhere Schulbildung versagt bleibt. Man schickt ihn in eine Handwerkslehre, was für einen Patriziersohn nicht standesgemäss ist. Lesen und schreiben lernt er, nicht aber die lateinische Sprache. So wird aus ihm ein Handwerker, ein ganz besonderer allerdings.

Er beginnt als Lehrling in einer Bildhauerwerkstatt. Bald wird sein Talent entdeckt, er kommt in den Kunstgarten von Lorenzo dem Prächtigen aus dem Hause Medici, dem Herrscher über Florenz mit Sinn für Kunst.

Der Hang zur Überheblichkeit gehört zum Leben von Michelangelo. Hin und wieder eckt er damit an, einmal bekommt er einen Faustschlag auf die Nase, sein Gesicht bleibt für den Rest seines Lebens entstellt.

David wird sein erster künstlerischer Höhenflug. Mit dieser Skulptur schafft Michelangelo in seiner Heimatstadt das Symbol der republikanischen Freiheit. Dann tritt Papst Julius II. in sein

Leben, der sich eher als römischer Kaiser denn als Papst gebärdet. Er nennt sich nach Julius Cäsar und will Rom zur Hauptstadt eines neuen Römischen Reichs machen: ebenso gerecht, mächtig und unbesiegbar, dabei soll die heilige Kirche die geistliche Kraft sein, die Italien eint. Um seinen Traum zu verwirklichen, weist er die lokalen Machthaber der mittelitalienischen Städte in die Schranken und hält die Spanier, die Franzosen und die kaiserlichen Truppen, die Teile des Landes besetzt halten, in Schach. Er lässt den Vatikan zur päpstlichen Residenz ausgestalten mitsamt einem neuen, monumentalen Petersdom.

So kommt es, dass Papst Julius II. den aufsteigenden Stern am Kunsthimmel Italiens nach Rom kommen lässt und ihn beauftragt, die Decke der Sixtinischen Kapelle mit einem Fresko auszugestalten. Zehn Jahre, nachdem Michelangelo mit dem David in der Bildhauerkunst neue Massstäbe gesetzt hatte, tut er dies in der Malerei mit dem wunderbaren Deckengemälde in der Sixtinischen Kapelle. Im Alter von siebenunddreissig Jahren ist er mit diesem prächtigen Werk zum lebenden Mythos geworden. Alle Welt pilgert nach Rom und will seine Deckenfresken in der Sixtinischen Kapelle sehen.

Nach dem Tod von Papst Julius II. zieht es Michelangelo zurück nach Florenz. Er bekommt den Auftrag, die Fassade von San Lorenzo, der Familienkirche der Medici, zu gestalten. Um den nötigen Marmor zu beschaffen, hält er sich über Monate in den Steinbrüchen von Carrara auf, er haust im Feldlager ohne jeden Komfort, es ist ein entbehrungsreiches, raues Leben. Der Aufenthalt in den Steinbrüchen von Carrara endet in einem Fiasko, das Brechen und Abtransportieren der Marmorblöcke misslingt gründlich, immer wieder stürzen Marmorblöcke in die Tiefe und zerbersten.

Mit fünfundfünfzig Jahren vermittelt Michelangelo den Eindruck eines gescheiterten Künstlers, der an Projekte gekettet ist, die er nicht zur Vollendung bringen kann. Die Medici-Grabmäler in Florenz und das Grabmal für Papst Julius II. in Rom überfordern ihn. Es ist ihm, wie wenn er sich sein eigenes Grab schaufeln müsste.

Äusserlich bleibt er der unermüdlich arbeitende Künstler und Handwerker, sein Ruhm nimmt kontinuierlich zu. Trotz des Erfolgs und des zunehmenden Reichtums bleibt er im kleinen Haus nahe der Ruine des Kolosseums wohnen. Er schert sich einen Deut um das gesellschaftliche Leben, er bleibt sein Leben lang ein Florentiner im Exil, ein Künstler, der nichts hat, wo er sein Haupt niederlegen kann, der nur in seinem Schaffen zu Hause ist.

Wie er gelebt hat, so stirbt er. Unter dem Bett findet man eine Truhe voller Goldstücke versteckt, die genügt hätten, den prächtigen Palazzo Pitti zu erwerben. Er traute niemandem, auch nicht den Banken, überall witterte er Verrat und Betrug, er lebte wie ein armer Schlucker, hortete Unsummen von Geld, das er seiner Familie zukommen liess oder in einer Holzkiste unter dem Bett versteckte.

Was hatte Vittoria zu ihm gesagt?

«Du hattest recht, als du dich einmal als verbitterten alten Mann bezeichnet hast. Das bist du wahrhaft.»

Der Verbitterung ist er zeitlebens treu geblieben, bis zu seinem Tod, er starb einsam und verbittert, obschon er der weltweit bekannteste Künstler war und bereits zu Lebzeiten vergöttert wurde.

Sein Leichnam wurde heimlich bei Nacht und Nebel nach Florenz gebracht. Dort verbreitete sich die Nachricht von der Ankunft des toten Künstlers wie ein Lauffeuer. In einer nächtlichen Prozession defilierten erst die Künstler, dann die andern in Tränen aufgelöst am Leichnam vorbei, es sollen Tausende gewesen sein. Es war eine spontane Sympathiekundgebung, wie sie keinem Menschen je zuteilwurde.

In Florenz atmete man nach seinem Tod auf. Nachdem sich Michelangelo zu seinen Lebzeiten von keiner Macht, weder von der Kirche noch vom Papst und auch nicht von den florentinischen Herrscherfamilien der Medici hatte vereinnahmen lassen, konnten sie ihn doch noch für ihre Sache einspannen. Er bekam in San Lorenzo ein Staatsbegräbnis, wobei es mehr um das Image des Herrschers von Florenz, Cosimo de' Medici, ging, als um den Verstorbenen, und gleich setzte die Verklärung seines Lebens und die Legendenbildung ein.

Auch in Rom gab es Grund zum Aufatmen. Einige Monate nach Michelangelos Tod bekamen die anstössigen Nackten auf der Darstellung des Jüngsten Gerichts in der Sixtinischen Kapelle ihr Feigenblatt verpasst, sie wurden allesamt mit Kleidungsstücken übermalt.

Die Freundschaft mit Vittoria Colonna hat seinem Leben eine Wende gegeben. Er erkannte, dass er mit seinen ketzerischen Gedanken nicht allein war. Mit seinem Kunstschaffen nahm er Teil am Aufbruch der Spirituali, was eine neue Sicht auf sein Leben und sein Werk ergibt.

Antonio Forcellino schreibt darüber in seiner Michelangelo-Biografie. Er hat an den Restaurierungsarbeiten des Grabmals von Julius II. in der Basilika San Pietro in Vincoli teilgenommen und dabei festgestellt, dass Michelangelo aufgrund seiner religiösen Wandlung die Skulptur des Moses noch einmal überarbeitete: Er drehte dessen Kopf um neunzig Grad, so dass dieser nicht mehr zum Altar schaut, sondern zum Fenster hinaus. Moses schaut Gott nicht mehr im kultischen Zentrum der heiligen Kirche, sondern im Licht der Welt.

Ein Zeitzeuge berichtet: «Und als ich hinging, um ihn mir anzusehen, fand ich, dass er ihm den Kopf gedreht hatte, was nun wirklich wundersam war; und hätte ich es nicht mit eigenen Augen gesehen, hätte ich es nicht für möglich gehalten.»

Antonio Forcellino hat zudem nachgewiesen, dass die Frauenfigur am Fuss der Skulptur nicht, wie bisher angenommen, einen Spiegel hält, sondern eine Fackel, das Symbol der Spirituali.

8

Vittoria geht in ihrem Salon unruhig auf und ab, hin und her. Warum kommt Michelangelo nicht, warum lässt er sie warten? Dabei hat sie ihm so viel zu berichten. Sie denkt an Caterina Cibo, was sie ihr von ihren Gesprächen mit Bernardino Ochino erzählt hat. Die beiden scheinen einen Draht zueinander zu haben, der sie stark macht. Beide wollen aus ihrem bisherigen Leben ausbrechen. Caterina ist erfüllt von der Sehnsucht nach einem einfachen Leben und trifft Vorbereitungen, ihr Herzogtum zu verlassen. Fra Bernardino scheint dem zerstrittenen Franziskanerorden nichts mehr abgewinnen zu können. Was wird aus ihm werden? Caterina macht sich Sorgen um ihn. Jedenfalls sind beide vom gleichen Geist erfüllt. Es ist nicht der Glaube der kirchlichen Dogmen und Rituale. Was ist es? Sie ahnt es mehr, als dass sie es weiss.

Ist es das, was im vertraulichen Gespräch spürbar wird?

Vittoria erfährt es im Zusammensein mit Michelangelo, es ist eine Art von Liebe, die die Seele in Schutz nimmt, dass sie sich öffnen kann. Es ist wie eine dunkel leuchtende Höhle, die Wärme und Zuflucht gibt bei Feuer und Freunden. Wie wenn Gott selber zu Gast wäre und sie wüsste es nicht. Für einen Moment löst sich das Brennen der Einsamkeit in ihrer Seele auf. Die Zeit auf Ischia kommt ihr in den Sinn, sie verdichtet sich zum Sinnbild des Glaubens als unerschütterlicher Aragoneser Fels in der Brandung.

Wo Michelangelo nur bleibt? Sie möchte ihm anzuvertrauen, dass sie nicht dabeibleiben will, schöne Gedichte zu schreiben und einen guten Eindruck zu hinterlassen. Der prächtige Palast und das Gehabe der Familie wird ihr immer mehr zum Gefängnis, sie fühlt sich in Ketten gelegt, lebenslänglich. Sie hat sich vorgenommen, ihm zu erzählen, wie sie des Nachts im Schutz der Dunkelheit, mit einer Mönchskutte verkleidet, unerkannt durch Rom läuft, wie sie sich dann frei fühlt – wie neugeboren. Es ist höchste Zeit, ihm zu sagen, dass sie daran denkt, den goldenen Käfig zu verlassen.

Sie denkt daran, wie Michelangelo das Leben mit einer Skulptur verglichen hat, die man mit Hammer und Meissel bearbeitet, indem man alles Unnötige abschlägt, bis die blosse Figur in ihrer ursprünglichen Schönheit freigelegt ist. Es hat ihr eingeleuchtet: Alles Überflüssige abtragen statt immer mehr anzuhäufen. Wie glücklich war er, als er ihr erzählte, wie er das Grabmal von Papst Julius umformen würde. Sie hat sich vorgestellt, wie er mit Hammer und Meissel an der Arbeit ist, wie er Moses den Kopf dreht, dass er nicht mehr zum Altar, sondern zum Fenster hinaus ins Licht schaut. Wunderbar, sinniert Vittoria weiter, dann wäre der Glaube nicht das Mittel, um sich Verdienste für ein späteres Glück im Himmelreich anzuhäufen, sondern das Werkzeug wie Hammer und Meissel des Künstlers, um den Menschen umzuformen, damit er sich nach dem Licht ausrichtet. Dann wäre der Glaube das Werkzeug, damit man alles Überflüssige abträgt, bis der ursprüngliche Mensch, das Ebenbild Gottes freigelegt ist.

Ihr Werkzeug ist die Feder, die sie mit der Hand führt, um Wort an Wort aneinanderzufügen. So bearbeitet sie ihre Gedanken, verdichtet die Sprache, nähert sie dem Ewigen an, bis die ursprüngliche Form freigelegt ist und sie zum Gebet wird.

Vittoria macht sich nichts vor: Michelangelo interessieren ihre Gedichte kaum. Sie will er sehen und bewundern, von ihrem Äusseren und von ihrer Persönlichkeit ist er fasziniert, von ihrer Dichtkunst allerdings weniger. Bei ihr ist es anders. Sie fühlt sich von seiner rauen Persönlichkeit angezogen, es ist aber auch sein Kunstschaffen, das sie fasziniert.

Maria Musiol schreibt in ihrer Biografie über Vittoria Colonna: «Michelangelo war leidenschaftlich in Vittoria verliebt. Dieser seiner leidenschaftlichen, letztlich unerwiderten Liebe verlieh er in seinen Liebesgedichten ergreifenden Ausdruck. Auch Vittoria war bei aller schicklichen Distanz, die sie ihm und sich auferlegte, und ihrem bisweilen gönnerhaften Ton, den die Aristokratin dem Künstler gegenüber anschlug, nicht nur von seiner Kunst, sondern zutiefst von Michelangelos Persönlichkeit ergriffen.»

Vittoria denkt daran, dass Michelangelo nicht nur die Moses-Skulptur, sondern auch diejenige von Papst Julius umformen will. Er wird den mächtigen Kirchenfürsten so lange mit dem Hammer bearbeiten, bis aus der Kriegsgurgel ein Philosoph geworden ist, mit schlichter Tiara und mit Sandalen an den Füssen, wie ein lebenssatter, friedlicher Etrusker möge er auf seinem Grab liegen.

Waren es seine, waren es ihre Worte? «Wenn das gelingt, dann schaffen wir gemeinsam eine neue Kirche. Wir befreien sie vom Ballast von Macht und Zynismus, Hochmut und Eitelkeit und formen sie um, bis ihre ursprüngliche Gestalt zum Vorschein kommt und sie sich nach dem Licht ausrichtet.»

Vittoria denkt daran, wie schlecht Michelangelo über die Stadt Rom spricht, die er selber mit seinen Kunstwerken ausstaffiert hat. Er nennt es Blendwerk, das er erschaffen habe, das zur Beute von Verrätern und Dieben, von Mördern und Lügnern verkommen sei. Er habe gehofft, dass es mit einem neuen Papst anders würde, immer habe er das gehofft, bei jedem neuen Papst. Und immer sei es gleich herausgekommen, jedes Mal habe er sich getäuscht, das Petrusamt habe noch jeden verdorben.

Wie verbittert er ist und wie trotzdem für Momente sein inspirierender Geist aufblitzt, wenn er einen Weg findet, wie er der Welt ein Schnippchen schlagen kann. Vittoria erinnert sich, wie verschmitzt er sie anschaute, als er ihr über den Auftrag seines Lebens, wie er es nannte, berichtete: «Stell dir vor, Papst Clemens hat mich beauftragt an der Westwand der Sixtinischen Kapelle das Jüngste Gericht darzustellen. Ha, ich werde es ihnen zeigen, im heiligsten Raum der heiligen Kirche, werde ich gleich über dem Altar den Eingang zur Hölle platzieren.»

Er wird Christus darstellen, wie er mit schwungvoller Geste dem göttlichen Gericht eine Dynamik verleiht, dass alle in den Sog des endzeitlichen Sturms geraten. Keiner wird verschont. Kirchliche Ämter und Verdienste gelten dann nichts mehr, gerettet wird nicht, wer in der Kirche etwas gilt, sondern wer sich Gott hingegeben hat.«Ich habe Papst Clemens die Skizzen gezeigt, er war begeistert. Er gibt mir bei der Ausführung des Jüngsten Gerichts in der Sixtinischen Kapelle freie Hand. Er hat mir versprochen, dass mir niemand bei der Arbeit dreinreden wird, nicht einmal er selber.»

Vittoria lächelt. Nun ist Michelangelo also nicht gekommen, aber sie haben trotzdem miteinander gesprochen.

9

Michelangelo nähert sich dem Palazzo Colonna. Heute würde er rechtzeitig erscheinen. Er hat das Sonntagsgewand angezogen, es wird ein ganz besonderer Besuch werden. Heute muss er Vittoria beibringen, dass es zwischen ihnen so nicht weitergehen kann. Es ist ein schwerer Gang, es wird ein schwieriges Gespräch. Er will es mit Würde über die Bühne bringen.

«Schön hast du dich gemacht, was hast du im Sinn?», Vittoria lächelt verführerisch.

«Für dich habe ich mich schön gemacht», erwidert Michelangelo, «heute habe ich viel vor mit dir, aber es wird dir nicht gefallen.»

«Heraus mit der Sprache», bittet Vittoria ängstlich. «Was ist los?»

«In der letzten Nacht war ich auf meinem Gang zum Kolosseum ...»

Er stockt, hat Mühe, die richtigen Worte zu finden.

«Es waren zwei Männer», Michelangelo sucht den Faden, «zwei vermummte Gestalten haben mich gepackt und zu Boden geworfen. Sie haben mich nicht geschlagen, sie haben mir nur gedroht.»

«Was, du bist überfallen worden, man hat dir gedroht?» Vittoria ist ganz aufgeregt. «Erzähl weiter!»

«Erst dachte ich, es wäre nicht weiter schlimm», berichtet er, «zwei Betrunkene, das habe ich auch schon erlebt. Aber diesmal waren es keine Betrunkenen, sie hatten mir eine Botschaft auszurichten: Ich hätte im Haus der Colonna nichts verloren, meine ketzerischen Gedanken interessierten niemanden, die solle ich für mich behalten. Dann drohten sie mir, ach, darüber will ich nicht sprechen, das ist nichts für dich.»

«Was haben sie gesagt?», Vittoria ist ganz aufgeregt, «sag es mir, ich will es wissen.»

«Wenn ich je wieder den Palazzo Colonna beträte», Michelangelo schaut sie traurig an, «dann würden sie mich totschlagen wie einen Hund. So sagten sie es und …»

«Und was?» Vittoria ist bleich geworden. «Und was sagten sie dann noch?»

Michelangelo überlegt und sagt dann: «Gut, du sollst alles wissen. Sie sagten: ‹Auch deine feine Freundin wird nicht mehr schön aussehen, wenn du sie nicht in Ruhe lässt.› Das haben sie gesagt. Nach einer wüsten Beschimpfung sind sie abgehauen.»

Beide fühlen in diesem Moment deutlich: Die Freundschaft zwischen ihnen, zwischen der eigenständigen Dichterin und dem genialen Künstler, rührt an die Grundfeste der heiligen Kirche. Sie sind erschüttert, sie schweigen, bis Vittoria als Erste den Faden wieder aufnimmt.

«Trotzdem bist du heute gekommen.»

«Ja, dieses eine Mal werden sie uns noch gewähren lassen», beschwichtigt Michelangelo, «nach meiner Einschätzung gehen sie planmässig vor. Der Plan kommt von oben. Sie werden Rücksprache nehmen und auf weitere Befehle warten.»

Vittoria schweigt und sagt dann schnell: «Wer steckt dahinter, was meinst du?»

«Es muss jemand sein, der sich bedroht fühlt, wenn ich dich in deinem Palazzo besuche.»

«Wer kann das sein?» Vittoria ist entsetzt.

«Es ist jemand, der sich bedroht fühlt, wenn wir Gespräche führen, die Folgen haben auf meine Kunst und auf deine Lebensführung.»

Vittoria denkt nach, zuckt mit den Schultern.

«Meine ketzerischen Gedanken seien in ganz Rom bekannt», fügt Michelangelo bei, «so sagten es die beiden vermummten Gestalten. Möglich, dass das der Schlüssel ist. Dann kommt das Umfeld meines Auftraggebers infrage. Ist etwa Papst Julius statt durch die Himmelstür auf die Erde zurückgekommen, um Rache zu üben, weil er gesehen hat, welche Schadenfreude uns die Geschichte bereitet hat? Im Ernst Vittoria, ich bin sicher, dass es jemand von der Kurie ist, der realisiert hat, dass unsere Gespräche meinen Kunstwerken eine gefährliche Richtung geben könnten.»

«Das ist es», nickt Vittoria nachdenklich, «die haben Angst, dass ich dich zum Ketzer mache. Ja, das ist es, sie sehen die Gefahr, dass in deiner Kunst die Wahrheit an den Tag kommt und dass ich die treibende Kraft dahinter bin. Was machen wir nun? Es muss einen Ausweg geben, wir dürfen uns das nicht gefallen lassen. Wir müssen jemanden finden, der uns aus der Misere hilft.»

«Da hilft weder der Kaiser noch der Papst.» Michelangelo schüttelt traurig den Kopf. «Wem wir uns auch anvertrauen, der würde uns sagen, es wäre vernünftig, unsere Freundschaft zu beenden. Weisst du, sie alle denken so. Sie kennen dich, sie kennen mich, nun können sie auch noch darauf beharren, dass es zu unserem Besten wäre zu kuschen und zu allem zu schweigen. Ich höre sie schon reden und Ratschläge erteilen, sie meinen es nur gut. Weisst du, wenn die Guten schön reden und kuschen, hat das Böse leichtes Spiel.»

«Was schlägst du vor?»

«Ich komme in einer Woche wieder, dann schauen wir, was passiert. Wir treffen uns dann besser im Garten hinter dem Palazzo, Vittoria, hast du den Mut?»

«An mir soll's nicht liegen. Ich bete für uns, ich will nicht, dass unsere Freundschaft auseinanderbricht. Ich werde darüber nachdenken, was zu tun ist. Aber versprich mir, dass du acht gibst auf dich.»

10

Die Nacht ist sternenlos, kein Mond gibt Licht, die Dunkelheit hat die Stadt Rom eingehüllt. Durch eine Seitentür gelangt Michelangelo in den Garten hinter dem Palazzo Colonna, Vittoria eilt ihm entgegen, sie umarmen sich.

Sie weicht zurück: «Dies ist doch nicht unser letztes Gespräch? Sag, was sich zugetragen hat.»

«Ich habe keine gute Nachricht.» Michelangelo atmet tief: «Gestern Abend lief mir vor dem Kolosseum ein Vermummter über den Weg ‹Lass dir das gesagt sein, noch einmal, dann gilt's.› Und schon war er wieder verschwunden, wie vom Erdboden verschluckt. Weisst du, es hat mich nicht überrascht, vielmehr in der Vermutung bestärkt, dass wir es mit jemandem zu tun haben, der nach einem Plan handelt.»

Vittoria nickt bekümmert: «Was machen wir nun?»

«Ich bin kein Held.» Michelangelo schaut betrübt vor sich hin. «Ich bin nur ein wehrloser Mensch, ich habe Angst vor der Gewalt. Meine einzige Waffe ist meine Kunst, sie ist mein Leben. Mit meiner Kunst wehre ich mich gegen den Verrat, den Rom begeht. Ich will nicht, dass jemand zu Schaden kommt. Ich werde mich zurückziehen. Kommt hinzu, dass du in einer anderen Welt lebst, in deiner Welt habe ich keinen Platz.»

Vittoria schüttelt heftig den Kopf: «Weisst du, auch ich selber habe in meiner Welt keinen Platz mehr. Dieser Palast und meine Familie sind mir längst fremd geworden, da gehöre ich nicht mehr hin.»

Sie weint, fasst sich aber sogleich wieder: «Du hast schon recht, mir ist auch klar, dass wir uns hier nicht mehr treffen werden.»

«Wir machen eine Pause und geben zu erkennen, dass wir uns fügen, dann schauen wir weiter.»

«Weisst du», gibt Vittoria zu bedenken, «ich will nicht, dass diese Dunkelmänner triumphieren, weil sie die Macht haben, unsere Freundschaft zu zerstören.»

«Dann schlage ich vor, dass wir uns in einem Monat um Mitternacht vor der Basilika San Pietro in Vincoli treffen», lenkt Michelangelo ein. «In der Dunkelheit wird uns niemand sehen.»

«Erschrick nicht, wenn ich in der Mönchskutte erscheine.»

Es gibt einen Hinweis im Leben von Michelangelo für die explosive Situation, in die er mit der Freundschaft zu Vittoria Colonna hineingeraten ist. Eine aussergewöhnliche Skulptur zeugt davon, die Pietà mit Nikodemus. Zur Linken bemüht sich die kniende Mutter, den Sohn zu halten, auf der rechten Seite ist es Maria Magdalena, die den Leichnam stützt, von hinten hält eine kräftige Gestalt den Gekreuzigten in den Armen. Es ist die biblische Figur des Nikodemus, der die Züge des Künstlers trägt. Michelangelo wollte die Pietà mit Nikodemus auf sein eigenes Grab stellen lassen, als Zeichen seiner Verehrung für Christus.

Seine Identifikation mit Nikodemus verrät, dass er wie dieser seine Verehrung für Christus allerdings nur heimlich leben konnte und dass er unter Schuldgefühlen litt, weil er den Mut nicht aufbrachte, seinen Glauben offen zu bekennen und die Missstände in der heiligen Kirche zu benennen.

Es muss ein Akt der Selbstzerstörung gewesen sein, der Michelangelo Ende der 50er Jahre dazu trieb, den schweren Hammer zu nehmen, um damit den Nikodemus der Pietà, und damit seinen eigenen Körper, zu traktieren. Es war die Zeit, da der Inquisitor Gian Pietro Carafa als Papst Paul IV. auf dem

Heiligen Stuhl sass und das Joch der Römischen Inquisition besonders schwer auf Rom lastete. Auch Michelangelo bekam es zu spüren: Sie strichen ihm die Pension und ein guter Freund wurde eingekerkert.

Die Pietà mit dem beschädigten Nikodemus lässt sich deuten als Symbol der Wut des Nikodemiten Michelangelo darüber, dass er nur im Verborgenen Christus verehren konnte und nur heimlich zur Gruppe der reformfreudigen Gruppe der Spirituali gehört hatte. Dass es ihm mit seinem Kunstschaffen nicht gelungen war, das Schlimmste zu verhindern: die Römische Inquisition.

11

Der Platz vor der Basilika San Pietro in Vincoli ist menschenleer. Ein Mönch im Habit eines Kapuziners steuert auf die Treppe zu, steigt hoch und setzt sich auf das Mäuerchen unter den Eingangsbogen und wartet. Ein paar Minuten später kommt Michelangelo von der anderen Seite, vom Kolosseum her, und setzt sich dazu.

«Willst du mich nicht umarmen, Bruder?» Vittoria schlägt die Kapuze zurück.

«So weit haben sie uns gebracht.» Michelangelo schaut sie traurig an. «Die bekannteste Dichterin Italiens läuft als Klosterbruder verkleidet durch die Strassen von Rom und trifft sich klammheimlich mit dem berühmt-berüchtigten Künstler des Jüngsten Gerichts. Was für eine Schande für die einst so stolze Stadt.»

«Weisst du, seit der Plünderung Roms vor sieben Jahren bringt mich nichts mehr aus der Fassung», winkt Vittoria ab, «ich habe das Vertrauen in die Regierung von Kirche und Staat seit jenen Wochen verloren, da in den Strassen von Rom die Willkür herrschte. Es war so schrecklich, du kannst dir keine Vorstellung davon machen.»

«Ja, es muss schrecklich gewesen sein», gibt Michelangelo zu. «Immerhin wurde Euer Palazzo damals verschont. Und jetzt das! Ich werde Tag und Nacht überwacht, heute Abend bin ich meinen Häschern nur entkommen, weil sie mich auf meinem abendlichen Rundgang wähnen. Wenn sie realisieren, dass ich sie getäuscht habe, werden sie mich gar nicht mehr aus den Augen lassen, dann wird es noch schwieriger für uns. Aber erzähl mir aus deinem Leben, ich erfahre wenig, weil ich immer an der Arbeit bin.»

«Hast du vom Auszug der Kapuziner aus Rom gehört?», will Vittoria wissen. «Nein? Dann erzähl ich es dir. Es ist für Rom allerdings auch kein Ruhmesblatt. Seit ein paar Monaten haben sich die Kapuziner im verlassenen Kloster Ephemia eingerichtet. Ich habe mich beim Papst für sie eingesetzt und erreicht, dass sie während der Fastenzeit in San Lorenzo in Damaso Gottesdienst feiern dürfen. Am ersten Abend kam es zum Eklat. Stell dir vor, es stand, für alle überraschend, Bernardino Ochino auf der Kanzel.»

«Das ist doch der Franziskaner aus Siena, der Vertraute der Herzogin von Camerino!», ruft Michelangelo überrascht aus. «Was macht der bei den Kapuzinern?»

«Eben, das ist es ja», Vittoria lächelt verschmitzt. «In aller Heimlichkeit hat er seinen Orden verlassen und ist bei den Kapuzinern untergekommen. Wenn die Kurie das rechtzeitig erfahren hätte, hätten sie ihn ins Gefängnis gebracht, aber er hat sich in Camerino versteckt.»

«Aha, dann hat ihn die Herzogin von Camerino, die Liebhaberin der Kapuziner, doch noch herumgebracht.»

«Nicht so schnell.» Vittoria schüttelt unwirsch den Kopf. «Caterina hat mir im Vertrauen erzählt, sie beide hätten einander versprochen, ihr Leben zu ändern.»

«Wie will die Herzogin ihr Leben ändern?»

«Sie hat im Sinn, sich so schnell wie möglich aus ihrem Amt zurückzuziehen und ihr Herzogtum zu verlassen. Wo sie dann leben wird, weiss sie noch nicht.»

«Das hätte ich nie gedacht.» Michelangelo ist beeindruckt. «Sie hat den besten Ruf, alle rühmen, wie gerecht und klug sie ihr Herzogtum regiert und wie beherzt sie sich gegen alle zur

Wehr setzt, die ihr das Herzogtum wegnehmen wollen. Auch gegen all die Freier, die ihr auf den Leib rücken wollten, hat sie sich behaupten können. Ausgerechnet sie, die noch so jung ist, will sich freiwillig zurückziehen und ihr Herzogtum im Stich lassen?»

«Sie ist eine gute Regentin, das finde ich auch. Sie hat viel Geschick und viel Mut, aber sie kommt an ihre Grenzen», ergänzt Vittoria. «Denk an all die Ränkespiele und an die Korruption, sie selber hat auch schon Gewalt erlitten, als sie entführt wurde. Aber höre, wie sie den Coup mit Fra Bernardino in Rom inszeniert hat.»

«Da bin ich aber gespannt.»

«Fra Bernardino trägt nun den Habit der Kapuziner. Sogleich schickten die Franziskaner Häscher aus, um seiner habhaft zu werden. Du kannst dir vorstellen, was sie mit ihm im Sinn hatten.»

«Gefängnis, Strafe, dann zurück ins Kloster mit ihm. Was für eine Schande für die Christenheit Italiens, dass sie die besten Jünger des heiligen Franziskus so traktiert.»

«Darum hat ihn Caterina bei sich im Palazzo versteckt und den Plan ausgeheckt, ihn heimlich nach Rom zu bringen, um ihm im Schutz der Gottesdienstgemeinde seine Zukunft als Kapuziner zu sichern.»

«Ein genialer Plan. Hat es geklappt?»

12

Vittoria schweigt und mustert aufmerksam den Platz vor der Kirche, horcht in das Dunkel der Nacht:

«Wir müssen vorsichtig sein, Bruder», flüstert sie, «die Gefahr lauert überall. Lass uns leise sprechen. Ich erzähle es dir der Reihe nach, Caterina ist mit Fra Bernardino in einer geschlossenen Kutsche durch Rom gefahren und hat ihn unerkannt zur Basilika San Lorenzo in Damaso gebracht. Die Überraschung gelang, natürlich auch dank der Kapuze, hinter der er sich versteckte. Erst auf der Kanzel hat er sein Gesicht gezeigt, und dann hat er zwei Stunden lang so packend gepredigt, dass die ganze Gemeinde bewegt war und ihn in Schutz genommen hat. Niemand von der Kurie hat es gewagt, Hand an ihn zu legen.»

«Wie ging es weiter?», will Michelangelo wissen.

«Die Sache hat sich herumgesprochen. In der Karwoche hat Fra Bernardino jeden Abend in einer anderen Kirche gepredigt, jedes Mal hat sich eine noch grössere Schar um die Kapuziner versammelt.»

«Dieses Zusammenlaufen um einen Prediger erinnert mich an die Geschichte mit Girolamo Savonarola, damals, als ich noch in Florenz lebte», gibt Michelangelo zu bedenken. «Am Anfang hat er mir gefallen. Wie ein Prophet aus dem Alten Testament hat er den Florentinern den Spiegel hingehalten, aber dann wurde er immer fanatischer. Es hat dann bös mit ihm geendet.»

«Fra Bernardino ist kein Savonarola», sagt Vittoria schnell. Er ist kein Fanatiker, er spricht, wie soll ich es sagen, er spricht von den Wohltaten Christi so, dass es jeder versteht. Niemand fühlt sich ausgeschlossen, jeder spürt, so hat es Jesus gemeint, das ist christliche Kirche.»

«Ich sehe», sagt Michelangelo belustigt, «der Bettelmönch hat auch die vornehme Adelige um den Finger gewickelt.»

«Ja, das hat er», Vittoria lacht. «Ich mag ihn sehr, er spricht mir aus dem Herzen, er weiss, was mir fehlt, was ich schon immer vermisste.»

«Dann springt er über den eigenen Schatten», sinniert Michelangelo, «er führt die Kamele durchs Nadelöhr und ebnet den Reichen den Weg ins Himmelreich. Das überrascht mich, er ist ja doch zu dem strengen Orden der Kapuziner übergelaufen, die das Armutsideal des heiligen Franziskus ernster nehmen als die Franziskaner.»

«Du hast recht, es scheint ein Widerspruch zu sein», gibt Vittoria zu. «Die Kapuziner leben auf den Spuren des heiligen Franziskus. Aber es ist nicht die Einhaltung ihrer strengen Regeln, die sie besonders macht, es ist ihre Frömmigkeit, ihr Glaube ist ein inneres Feuer.»

«Das, was uns fehlt», sagt Michelangelo traurig.

«Nein, nein», beschwichtigt Vittoria, «es ist das gleiche Feuer, das dich zu deinen Kunstwerken antreibt, das ich in mir spüre, wenn mir ein Gedicht gelingt.»

«Du wolltest mir erzählen, wie es mit den Kapuzinern in Rom weitergegangen ist.» Michelangelo wird ungeduldig. «Ich habe gar nichts mitbekommen, ich war immer in der Sixtinischen Kapelle bei der Arbeit.»

«Es war ein richtiger Propagandafeldzug, den die Kapuziner veranstaltet haben», fährt Vittoria in ihrem Bericht fort. «Es waren in der Zwischenzeit immer mehr Kapuziner nach Rom gekommen, vielleicht hundertfünfzig an der Zahl, auch die Schar der Gottesdienstbesucher wurde immer grösser, darunter waren viele Priester und Bischöfe. Sogar Kardinäle waren dabei, ein richtiger Aufbruch, ein Frühling der Kirche und und das mitten in Rom.»

Michelangelo unterbricht sie: «Das konnte der Papst natürlich nicht zulassen.»

«Eben», Vittoria verwirft die Hände, «Papst Clemens hat am Gründonnerstag die Kapuziner aus der Stadt verwiesen. Was sollte er tun? Zu guter Letzt hätte die Menschenmenge an Ostern den Vatikan gestürmt. Es war dann am Karfreitag in aller Herrgottsfrühe, da zogen die hundertfünfzig Kapuziner immer zwei nebeneinander durch die Strassen von Rom. Stell dir diese unheimliche Prozession vor, die Männer in der Kutte mit der Kapuze, alle waren sie barfuss, ohne jegliche Habe, mit leeren Händen, so zogen sie schweigend zwischen all den sprachlosen Menschen von Rom hindurch und schritten feierlich den Corso hinunter durch die Porta San Lorenzo aus der Stadt. Sie erregten grosses Aufsehen bei der Bevölkerung. Die Häscher waren in die leeren Klöster gedrungen und hatten nichts gefunden, keine Habseligkeiten, keinen Wein, nur die schmale Kost, in den Zellen nur die harten Lagerstätten. Die Menschen von Rom mögen die Kapuziner, sie spüren, dass sie es ernst meinen, anders als die Kurie. Der Auszug der Kapuziner aus Rom wurde immer länger, viele Menschen haben sich ihnen angeschlossen, einige skandierten: ‹Wehe dir, o Rom! Dirnen und Schlemmer birgst du, Hunde ernährst du und die Kapuziner willst du verstossen!›»

«Eine gute Geschichte, sie gefällt mir.» Michelangelo ist beeindruckt. «Es wäre ein gutes Thema für die Seitenwand der Sixtinischen Kapelle, diese düstere Prozession der Männer, in ihre Kutte gehüllt, das Gesicht hinter der Kapuze verborgen, wie sie barfuss feierlich aus der Stadt schreiten. Unter den unheimlichen Kapuzenmännern wäre auch die adelige Dame aus dem Haus Colonna zu erkennen, aus einer Kapuze schauten ihre schönen Gesichtszüge.»

«Ich werde bei Papst Clemens in dieser Sache vorsprechen», lacht Vittoria.

«Wie ist es dann weitergegangen mit dem Exodus der Kapuziner aus Rom?», will Michelangelo wissen.

«Ich habe alle Hebel in Bewegung gesetzt, um die Kapuziner zu unterstützen.»

«Bisweilen ist es doch von Vorteil, der Familie Colonna anzugehören.»

Vittoria runzelt die Stirn, schüttelt den Kopf, denkt nach, lenkt ein: «Stimmt, in diesem Fall habe ich die Unterstützung meiner Familie gebraucht, um gegen das Unrecht, das den Kapuzinern angetan wurde, anzukämpfen. Gemeinsam mit Caterina haben wir es geschafft.»

«Ich vermute, ihr habt die Arbeit wie gewohnt aufgeteilt», lächelt Michelangelo ironisch. «Caterina hat bei Papst Clemens, ihrem Onkel, vorgesprochen, und du hast dich beim höchsten Herrn beschwert, dem du jeweils in eurem prächtigen Palazzo eine aufmerksame Gastgeberin bist, wenn er die Gnade aufbringt, in Rom zu weilen.»

«Spotte nur über mich, nun kennen wir ja den Preis.» Vittoria ärgert sich. «Aber du hast recht, wir haben bei den höchsten Instanzen interveniert, Caterina beim Papst und ich beim Kaiser, und siehe da, es hat gewirkt: Clemens hat nachgegeben, er ist ja nicht dumm. Er hat seinen Entscheid zurückgenommen, die Kapuziner werden morgen nach Rom zurückkehren. Allerdings wird der Fall Bernardino Ochino Konsequenzen haben. Ihm selbst können sie nichts antun, er ist in der Zwischenzeit der Liebling der Bevölkerung Roms und er hat grosse Sympathie in der Kurie. Aber vorläufig dürfen die Kapuziner keine Novizen mehr in ihren Orden aufnehmen, diese Einschränkung konnten wir nicht verhindern.»

Michelangelo macht ein Zeichen, dass er genug gehört habe, und macht sich zum Gehen bereit: «Keine Tränen, meine Liebe, wir sind tapfer, wir schreiben uns und wir werden uns wiedersehen.»

«Bestimmt werden wir uns schreiben und uns wiedersehen.»

Sie umarmen sich. Zuerst entfernt sich Vittoria, in die Mönchskutte gehüllt, das Gesicht tief in der Kapuze versteckt, dann geht auch Michelangelo seinen Weg an den Trajan-Thermen vorbei zum Kolosseum hinunter und dann zur Piazza Macel de' Corvi, wo in der Dunkelheit sein Haus steht.

Sein Pferd ist das einzige Wesen, mit dem er seine Bleibe teilt.

Sie hat mich aus dem dunklen Kerker meines Lebens befreit, denkt er bitter, doch auch das ist jetzt vorbei. Er fühlt die Einsamkeit, sie brennt in seiner Seele.

13

In seinem Amtssitz in der Via Ripetta am Ufer des Tiber wartet Gian Pietro Carafa ungeduldig. Noch ist er Bischof und gekleidet in Bischofsornat mit Mozetta, scharlachrotem Scheitelkäppchen und gleichfarbigem, golddurchwirktem Zingulum. Schmächtig, aber kerzengerade sitzt er auf dem Stuhl und wartet auf das Oberhaupt der heiligen Kirche, Papst Clemens VII.

Gian Pietro Carafa hat sich vorgenommen, dem Heiligen Vater reinen Wein einzuschenken. So kann es nicht weitergehen. Wenn die Welt schon ein unentwirrbares Durcheinander ist, dann muss wenigsten in der Kirche Ordnung herrschen. Dazu braucht es eine klare Haltung von oben.

«Wir müssen die Kirchenspaltung rückgängig machen und die schwarzen Schafe einbinden», hört er den Papst lavieren. «So haben wir es immer gehalten. Die heilige Kirche hat ein grosses Herz und ein weites Dach. Hat uns der heilige Franziskus mit seiner Armutsbewegung nicht bis aufs Äusserste provoziert? Was haben wir gemacht? Wie eine gute Mutter das störrische Kind umarmt, so hat die heilige Kirche den störrischen Franziskus umarmt und gefügig gemacht. Nicht von heute auf morgen, es brauchte Zeit. Aber wir haben alle Zeit der Welt. Sind sie in der Zwischenzeit nicht unsere treusten Kinder, die Franziskaner? Und erst noch unsere besten Pferde im Stall. Natürlich, es hat immer wieder schwierige Brüder darunter, Schwarmgeister, Fanatiker, Radikale, die meinen, sie seien der heilige Franziskus selbst. Aber da haben wir noch immer eine Lösung gefunden. Bleiben wir also bei der bewährten Taktik und halten wir es mit den Aufrührern von jenseits der Alpen ebenso. Wir kommen ihnen entgegen, wir nehmen sie unter unsere Fittiche und wenn wir sie mal so weit haben, dann ist es immer noch Zeit, andere Saiten aufzuziehen.»

Gian Pietro Carafa schüttelt den Kopf. So geht das nicht. Er wird es ihm heute sagen, dass das so nicht geht. Das Unkraut muss ausgerissen werden, bevor es die Frucht erstickt. Er muss es ihm heute beibringen, heute oder nie, notfalls muss er dem Alten drohen. Es gibt Situationen, wo mit Milde nichts zu erreichen ist, da braucht es andere Mittel.

Wenn er nur endlich kommen würde, er hat ihn auch schon sitzen lassen. Doch wenn er kommt, dann wird er es dem Alten sagen!

Gian Pietro Carafa erschrickt: Er hat doch nicht etwa seine Gedanken laut gedacht? An seiner Seite steht er plötzlich, ganz nah, er schaut ihn prüfend an und nickt, wie wenn er seine Gedanken lesen würde. Er ist einfach gekleidet wie ein Priester.

«Bischof Carafa, was ist es, das Ihr mir sagen wollt? Was für eine unchristliche Hektik hat Euch ergriffen? Ich habe zu tun, tausend Geschäfte warten auf mich. Da kommt Ihr und setzt mir das Messer an den Hals. Was für ein Verhalten für einen Musterknaben, wie Ihr vorgebt, einer zu sein.»

Gian Pietro Carafa geht in die Knie und küsst dem Papst die Hand.

«Eminenz, verzeiht: Nicht ich dränge», beginnt er unterwürfig, «es ist die Sache, das Unheil der Ketzerei droht an allen Ecken und Enden. Es muss gehandelt werden.»

Kühl mustert Papst Clemens den vor ihm knienden Bischof. «Wer den Teufel an die Wand malt», sagt er betont nachsichtig, «der sieht überall nur noch Teufel. Ist das christlich, mein lieber Bischof?»

Gian Pietro Carafa ist der Ärger anzusehen, es ist ihm anzusehen, wie er ihn, ohne etwas zu sagen, in sich hineinwürgt.

«Seht, mein Guter», der Papst lächelt milde, «es gilt die Linie, die wir festgelegt haben. Erst führen wir Gespräche mit den Ketzern, erst kommt die Güte, das Zuckerbrot, und dann, Ihr wisst schon.»

«Und wenn es dann zu spät sein wird?», wendet Carafa ein. Er schöpft neuen Mut. «Was dann?»

«Es ist immer zu spät», ungehalten schliesst Papst Clemens das Gespräch. Säuselnd fügt er hinzu: «Aber die heilige Kirche ist gütig und langmütig, wer einstimmt, über den freuen sich die Engel, nicht wahr, Bischof Carafa!»

Er erhebt sich, hält Carafa die rechte Hand hin, damit er sie küsse, dann verlässt er wortlos den Raum. Zurück bleibt der gekränkte Gian Pietro Carafa. Er hatte sich viel vorgenommen, jetzt diese schroffe Rückweisung. Ruhelos läuft er auf und ab. Dann bleibt er stehen, gibt sich einen Ruck: «Das Unkraut muss mit der Wurzel ausgerissen werden. Wer das nicht begreift, muss es erfahren!»

Allegorie des Hügels der Weisheit,
Marmorboden im Dom von Siena, 1505

Ein Netzwerk von Frauen in Ferrara und Florenz

To be without a home

1

Am 3. August 1528 findet in Paris eine königliche Hochzeit statt. Die Ehe wird in der Sainte Chapelle geschlossen, die Festlichkeiten dauern mehrere Tage und sind ausgesprochen prunkvoll. Die Braut Renée ist die zweite Tochter des französischen Königs Louis XII. und seiner Frau Anne de Bretagne, der Bräutigam ist weniger prominent, aber schillernd. Ercole ist der Sohn von Alfonso d'Este, Herzog von Ferrara und von Lucretia Borgia, der berühmt-berüchtigten Tochter des Papstes Alexander VI. und seiner Geliebten Vanozza de' Cattanei.

Auch Renée de France, Prinzessin von Frankreich und Herzogin von Ferrara, gehört zu den *Networking Early Modern Women*. Die amerikanische Soziologin Julie Campbell hat diesen Begriff geprägt, sie bezeichnet damit die gebildeten, einflussreichen Frauen in Italien und später in England, die den Klosterbruder und Starprediger Bernardino Ochino förderten. Dank dem Einfluss dieser kultivierten und religiös interessierten Frauen stieg er in Italien und in England zum Stern des Frühlings der Kirche auf.

Was Renée de France besonders macht, ist neben ihrer Herkunft ihre Gesinnung. Sie ist katholisch, hat jedoch grosse Sympathie für die Reformierten. Zudem ist sie im Unterschied zu den anderen *Networking Early Modern Women* verheiratet. Doch, wie könnte es anders sein, ihr Engagement führt sie in eine Ehekrise.

Renée meinte zu ihrem Schicksal als Königstochter, als Knabe wäre sie bestimmt König von Frankreich geworden. Stattdessen beginnen mit ihrer Geburt die Überlegungen, mit wem sie verheiratet werden könnte. Die beste Partie wäre der spätere Kaiser Karl V. gewesen, doch die Heirat kam nicht zustande. Renée ist klein und ihre Wirbelsäule leicht verkrümmt. Sie entspricht weder dem Schönheitsideal ihrer Zeit, noch legt sie die im höfischen Leben üblichen weiblichen Qualitäten an den Tag. Man ist sich darüber einig, dass sie trotz ihrer grossen Mitgift keine gute Partie ist. Alle Pläne schlagen fehl, für sie ein gekröntes Haupt zu finden.

Sie muss sich mit Ercole d'Este, dem künftigen Herzog von Ferrara, zufriedengeben. Als der zwanzigjährige Ercole seine Braut zum ersten Mal sieht, soll er fast in Ohnmacht gefallen sein. Auch Renée ist von ihrem Bräutigam nicht begeistert. Er würde solch derbe und befremdliche Worte ihr gegenüber benutzen, dass man sich wundern müsse, sie zu hören, beklagt sie sich in einem Brief.

Renée nimmt einen grossen Hofstaat mit sich nach Ferrara, gegen zweihundert Bedienstete. Sie bezieht das schönste Gemach im Castello Estense, das mitten in Ferrara liegt, sie verfügt frei über die Besitztümer der Familie d'Este.

Trotz des Prunks bedeutet Ferrara für Renée eine Existenz in der Verbannung. Der französische Königshof ist zur Zeit ihrer Geburt ein Zentrum der Modernität. Aus diesem Klima wird die siebzehnjährige Renée in eine ganz andere Welt verpflanzt. Die Stadt Ferrara ist klein und ganz vom Kirchenstaat abhängig. Solange Ferrara Rom treu ist, floriert es. Es hat eine international anerkannte Universität, die Gelehrte und Studenten aus ganz Europa anzieht, auch das Handwerk und der Handel blühen. Aus Spanien vertriebene Juden finden in Ferrara eine neue Bleibe, was sich für den Handel und die Kultur positiv auswirkt. Es findet ein rabbinischer Kongress in Ferrara statt, zwei Jahre später kommt es zur Gründung einer jüdischen Universität. Die Gesetze, die Herzog Ercole zum Schutz der Juden einführt, sind die fortschrittlichsten in ganz Italien.

Doch im Vergleich mit Paris ist Ferrara für die junge Renée eine hinterwäldlerische Provinz. Sie wähnt sich im Exil, sie spricht auch in Ferrara nur Französisch. Sitte, Sprache und Kultur Italiens bleiben ihr fremd. Sie bewegt sich fast ausschliesslich innerhalb ihres Hofstaats. Dann findet sie einen Weg, ihrem Schicksal immerhin ein Stück weit etwas entgegenzusetzen.

Sie entwickelt ein Flair für Ketzer.

Es spricht sich herum, das Castello Estense wird zum Anziehungspunkt für Glaubensflüchtlinge aus Frankreich. Der bekannteste unter ihnen ist Johannes Calvin.

Der Herzog beobachtet das Engagement seiner Ehefrau mit Argwohn, schliesslich ist er von Rom abhängig. Es bleibt ihm nichts anderes übrig, er muss einschreiten. Die Ehekrise erreicht den Höhepunkt, als sich der Herzog in seiner Verzweiflung mit der Bitte um Unterstützung an den König von Frankreich wendet. König Heinrich von Frankreich reagiert so, wie Ercole es sich erhofft hat: Er betraut Ignatius von Loyola, den Gründer des Jesuitenordens, mit der Lösung des Problems. Dieser entsendet den Generalinquisitor von Frankreich an den Hof von Ferrara. Erst bleibt Renée standhaft, sie weigert sich, den Generalinquisitor zu empfangen. Da reisst dem Herzog der Geduldsfaden, er verordnet seiner Frau Hausarrest. Sie widerruft und wirft sich in die Arme der *una santa cattolica*. Nur zum Schein? Sobald sie nicht mehr im Mittelpunkt der allgemeinen Aufmerksamkeit steht, beschränkt sie ihre Teilnahme am katholischen Ritus auf ein Minimum.

In den Protokollen des Inquisitionsprozesses von Pietro Carnesecchi steht, dass Vittoria Colonna ein halbes Jahr zu Gast am Hof der Herzogin von Ferrara war. In den Augen von Gian Pietro Carafa, der sie überwachen lässt, verbindet die beiden eine gefährliche Freundschaft. Im Prozessprotokoll ist vermerkt, dass Renée von Fra Bernardinos Predigten begeistert ist und dass sie ihn und die Kirchenreform tatkräftig unterstützt, zum Beispiel indem sie in Ferrara ein Kloster für Kapuzinerinnen gründet.

2

Glaubensflüchtlinge erlösen Renée aus ihrer Einsamkeit im italienischen Exil. Verwandte Seelen, sie bringen Abwechslung in ihren öden Alltag. Als sie den berüchtigten Johannes Calvin am Hof von Ferrara aufnimmt, ist sie plötzlich im Zentrum des Weltgeschehens. Er berichtet über seine Flucht aus Frankreich, über seine Zeit in Basel und über seine Schrift «Institutio Religionis Christianae», die in diesem Jahr 1536 in Basel gedruckt wird. Die Herzogin hängt an seinen Lippen, und wenn sie ihn unterbricht und besorgt fragt, ob es in Frankreich nicht zum Aufruhr und zum Religionskrieg kommen wird, beschwichtigt er und spricht von der Milde, die in jedem Fall das beste Mittel sei und die einzig wahre christliche Medizin.

Clementia, die Tugend der Milde, steter Tropfen höhlt den Stein.

Die Herzogin lächelt, er spricht schön, er spricht gut, der junge Theologe aus ihrer Heimat, sie könnte ihm stundenlang zuhören, er spricht ihr aus der Seele. Sie unterbricht ihn, wenn es Essenszeit ist, fragt, ob er nicht an ihrer Tafel speisen möchte, er sei herzlich eingeladen. Sie weiss, dass er ablehnen wird, er müsse arbeiten, lesen, Briefe schreiben. Sie schüttelt den Kopf, sie macht sich Sorgen. Wie streng er mit sich selber ist, er redet oder er liest oder er schreibt, dabei ist er nur Haut und Knochen. Der Mensch braucht Speis und Trank, Gesellschaft, Frohsinn, Freundschaft, Liebe. Mit ihr spricht er artig, weiblichen Reizen scheint er jedoch abhold zu sein. Er scheint alles Menschliche zu verachten, auch ihr gegenüber lässt er seine Verachtung durchblicken. Oder täuscht sie sich?

Er schenkt ihr kein Lächeln, kein gutes Wort, keine Dankbarkeit.

Höflinge und Adelige leben gern bequem und lassen es sich gutgehen. Wenn es aber um den Glauben geht, lavieren sie. Das hat er ihr ins Gesicht gesagt, ausgerechnet ihr, die ihn, den Glaubensflüchtling, gegen den Willen ihres Gatten beherbergt. Ahnt sie, dass er recht hat, dass sie ihrem Glauben abschwören wird?

Die Allerschlimmsten sind die Nikodemiten, die verderben den wahren Glauben, so doziert Johannes Calvin. Er belehrt sie auch über Dinge, die sie bereits weiss. Nikodemiten? Man nennt sie nach jenem jüdischen Schriftgelehrten namens Nikodemus, der nach dem Neuen Testament im Schutz der Nacht zu Jesus kam, um ihm zuzuhören. Bei Tag liess er sich nichts anmerken und lebte weiter als jüdischer Gelehrter, in der Nacht mutierte er jeweils zum Jesusjünger.

Dabei weiss sie genau, was Nikodemiten sind.

Aber warum sind sie die Allerschlimmsten? Weil sie ihren Glauben bloss im Verborgenen leben und sich damit mit den gegebenen Verhältnissen abfinden. Johannes Calvin will etwas anderes: Wer einen reformierten Glauben hat, der muss ihn in der Öffentlichkeit bekennen.

Das Licht gehört auf den Leuchter, damit alle es sehen.

Johannes Calvin will klare Verhältnisse. Er treibt es auf die Spitze, er ist militant, er ist ihr unheimlich. Es ist ihr unangenehm, wie er sie belehrt, wie er ihr unterstellt, sie würde ihren Glauben verraten, wenn es ans Lebendige ginge.

Was masst er sich an? Immerhin ist sie die Tochter des Königs von Frankreich, sie ist Herzogin von Ferrara, sie ist Mutter von vier Kindern. Immerhin hat sie ihn in ihrem Palast aufgenommen und sie schenkt ihm ihr Ohr.

Sie ist froh, als er ihr mitteilt, dass er am nächsten Tag aufzubrechen gedenkt.

Im folgenden Jahr ist es ein anderer Besuch, der die Herzogin von Ferrara zum Nachdenken bringt. Erst ist es eine Person, zu guter Letzt ist es eine ganze Schar, die sie aufsucht.

Erst ist es die Marquesa di Pescara aus dem angesehenen römischen Haus der Colonna, Witwe, Dichterin. Vittoria Colonna ist zwanzig Jahr älter als sie. Auch sie ist auf der Flucht, auch sie sucht Schutz bei der Herzogin von Ferrara. Aber sie ist anders als die Glaubensflüchtlinge aus ihrer Heimat.

Was ist es?

Renée de France bedauert zum ersten Mal, dass sie die italienische Sprache nicht beherrscht. Sie kann sich zwar mit Vittoria Colonna verständigen. Diese ist sehr sprachgewandt und versteht etwas Französisch, aber ein richtiges Gespräch ist schwierig. Sie versuchen es mit einem Übersetzer, das braucht Geduld.

Renée findet Vittoria interessant, sie bewundert sie. Wie lebhaft und anschaulich sie erzählt, mit welch interessanten Persönlichkeiten sie verkehrt, mit dem verstorbenen Papst Clemens bestand ein gutes Einvernehmen, mit Kaiser Karl V. ist sie vertraut. Sie erzählt von ihrer Freundschaft mit dem gebildeten und beliebten Kardinal von Venedig, Gasparo Contarini, und immer wieder erzählt sie von ihren Gesprächen mit dem berühmten Michelangelo.

Es geht ein Reiz von Vittoria aus, der Renée geradezu bezaubert. Etwa wenn Vittoria ihr eines ihrer wunderbaren Sonette vorträgt, die sie zwar nicht versteht, die ihr aber umso geheimnisvoller erscheinen.

Es ist noch etwas anderes, das sie an ihr fasziniert.

Erst nach vielen Wochen der Gemeinschaft wird ihr bewusst, was es ist. Es ist die Frömmigkeit von Vittoria. Bisher war für Renée die althergebrachte Religion eine Angelegenheit der Priester mit ihren Ritualen. In Ferrara kommt die Nähe zum Kirchenstaat, dem Papst, den Kardinälen und Bischöfen dazu, alles hat seine Ordnung. Ihr Ehemann, der Herzog, will mit ihr nicht über ihren Glauben sprechen, er winkt ab, sie solle doch einfach gute Miene machen, *fare una bella figura*, sag dem Priester, was er hören will, zeig dich am Sonntag in der Messe, dann kannst du denken und glauben, was du willst.

Und nun entpuppt sich Vittoria als katholisch und als religiös interessiert. Mehr noch, sie ist erfüllt von einer eigenen, inneren Frömmigkeit. Es scheint ihr, als hätte Vittoria eine Lichtquelle in sich, die sie erleuchtet. Das befremdet Renée. Vittoria nimmt an der Messe teil und betont, dass sie erst dann richtig betet, wenn sie ein Gedicht schreibt.

Vittoria erzählt ihr von ihren Ideen einer Reform der heiligen Kirche: «Weisst du, wir wollen keine Kirchenspaltung, wir wollen die heilige Kirche von innen erneuern. Wir wollen keinen Aufruhr, wir wollen eine Wiedergeburt der Kirche durch die Menschen, die ihr inneres Licht nach aussen tragen.»

«Wer seid ihr?»

Vittoria erzählt ihr von der Reform des Franziskanerordens, von den Kapuzinern und vom Klosterbruder aus Siena, der nach dreissig Jahren bei den Franziskanern zu den Kapuzinern übergelaufen ist.

«Fra Bernardino ist unser Hoffnungsträger.»

Vittoria schwärmt von Bernardino Ochino, er sei erfüllt vom inneren Feuer, er predige wie der heilige Franziskus selbst, er spreche einem aus dem Herzen. Man fühle sich in seiner Nähe verstanden, als Mensch, als Frau, mitsamt Adelsfamilie und Reichtum, erstaunlich für einen Bettelmönch.

«Du meine Güte, Ihr seid ganz vernarrt in diesen Klosterbruder.»

Erschrocken weicht Vittoria zurück. Dann lacht sie und erzählt weiter von seinen Predigten und von den Gesprächen mit ihm.

«Dann möge er doch nach Ferrara kommen und hier predigen und Gespräche führen!»

Vittoria ist begeistert, ja, natürlich, er soll nach Ferrara kommen, dass sie selber nicht darauf gekommen ist.

Doch da ist etwas an der Sache, das Vittoria nicht gefällt. Was ist es? Hat es mit Johannes Calvin zu tun? Renée hat von seinem Aufenthalt bei ihr erzählt. Sie hat zwar ihre Vorbehalte ihm gegenüber geäussert und doch spürt Vittoria, dass Renée im Grunde ihres Herzens nicht katholisch ist. Sie ist keine von ihnen. Ist sie eine Protestantin? Ob es vernünftig ist, wenn Fra Bernardino nach Ferrara kommt?

Er soll nur kommen und auch die anderen, René will sie kennenlernen, sie alle sind ihre Gäste. Warum denn eigentlich nicht?

So kommt es, dass die ganze Clique der Spirituali an den Hof nach Ferrara pilgert, alles gute Katholiken, aber erfüllt vom inneren Feuer der Erneuerung der heiligen Kirche. Bernardino predigt in der Kathedrale von Ferrara. Selten kommen so viele Menschen zum Gottesdienst. Alle sind gerührt von seinen Worten, von seiner Haltung, er spricht den Menschen von Ferrara aus dem Herzen und entfacht in ihnen für einen Moment das Feuer des Glaubens.

Anschliessend lädt die Herzogin zum Mahl in den grossen Saal des Castello Estense. Der Herzog hat, wie immer bei solchen Einladungen seiner Gattin, taktvoll das Feld geräumt und sich aufs Land begeben.

Vittoria Colonna begrüsst die Gäste im Namen der Herzogin. Man ist euphorisch, man träumt vom Frühling der Kirche. Die Begeisterung ist gross, als die Herzogin verspricht, in Ferrara ein Kloster für Kapuzinerinnen zu eröffnen. Man nimmt es als Zeichen des Himmels. Die französische Königstochter hat ein Herz für die Kapuziner, es läuft gut für die Sache der Reform. Doch der Schein trügt.

3

Der neue Papst hat ihn zum Kardinal ernannt. So sitzt er nun, gekleidet in Kardinalspurpur mit scharlachrotem Birett und golddurchwirktem Zingulum, an seinem Schreibtisch. Im Raum ein grosser Kamin und eine Bücherwand, sonst nichts. Ein glänzender Parkettboden, eine mit Holz verzierte Decke. Der Kardinal steht auf, geht zum Bücherregal und nimmt einen kleinen Band heraus, blättert geistesabwesend darin, er stellt das Buch zurück an seinen Ort, betrachtet die Bücherwand.

Gian Pietro Carafa ist schlecht gelaunt. In der Nacht hat er kaum geschlafen und sich auf dem Lager missmutig hin und her gewälzt. Geduld gehört nicht zu seinen Tugenden. Hat er nicht schon vor fünf Jahren dem Heiligen Stuhl eine Denkschrift geschickt, worin er mit feurigen Worten vom Überhandnehmen der Ketzerei des Protestantismus in den eigenen Reihen berichtet hat?

Eindringlich hat er vor der Gefahr gewarnt. Wie ein Flächenbrand, so hat er es formuliert, wie ein Flächenbrand würde sich der Protestantismus im katholischen Italien ausbreiten, er würde zu Aufruhr führen wie in Deutschland, es würde Bürgerkrieg bedeuten. Gott bewahre Italien vor dem Bürgerkrieg.

Was tut die Kurie?

Sie macht gute Miene zum bösen Spiel. Sie verharmlost die grosse Gefahr, das Gift der Ketzerei. Die Ketzerei des Protestantismus ist ein giftiger Spaltpilz, er zerstört die heilige Kirche, er verwirrt die Herde, davon ist Carafa überzeugt.

Er hat gerufen, er hat geschrien: «Wollt ihr Aufruhr wie in Deutschland, wollt ihr den Bürgerkrieg?»

Er hat ihnen ein Aktionsprogramm für den Ernstfall vorgelegt. Für den Ernstfall, der längst eingetreten ist.

Sein Rezept ist einfach: Ketzer muss man wie Ketzer behandeln.

Wie hat der Heilige Stuhl auf seine Denkschrift reagiert? Gar nicht. Man hat ihm bedeutet, er solle Namen nennen und Beweise vorlegen. Was bleibt ihm zu tun, wenn die da oben schlampen, was bleibt ihm übrig, als halt das zu tun, was sie vorschlagen: Namen nennen und Beweise vorlegen.

Das tut er nun, er lässt verdächtige Personen überwachen, er sammelt Beweismaterial. Dazu setzt er Späher ein, die ihm regelmässig Bericht erstatten. Er lässt Revue passieren, was sie bisher berichtet haben.

Zuoberst liegt die Akte Vittoria Colonna. Er blättert und überfliegt die vollgeschriebenen Papiere. Marquesa von Pescara, aus gutem Haus, hohes Ansehen und viel Geld, römischer Adel.

Vorsicht! Sie hat persönliche Verbindung zu Kaiser Karl V.

Sie gilt in Italien als die bedeutendste Dichterin und auch als ein Vorbild an Bildung und Frömmigkeit. Gerade das macht sie gefährlich.

Ja, wer dichten kann, der gilt etwas, denkt Carafa. Es sind nicht die Dümmsten unter den Kardinälen, die sie schätzen, er kennt sie. Da ist Kardinal Gasparo Contarini von Venedig. Er zitiert ihre Gedichte und lobt sie bei jeder Gelegenheit. Das gefällt ihm gar nicht, mehr noch, er hasst es. Was ist es nur? Contarini hat doch tatsächlich gesagt, das Motto der Sonette von Vittoria Colonna sei, dass die Seele Italiens zum Zug komme.

Sie treibt sich mit Künstlern und Mönchen herum. Sie möge doch bitte bei ihren Gedichten bleiben und sich nicht in die kirchlichen Angelegenheiten einmischen. Er schreibt ja auch keine Gedichte. Soll sie die Führung der Kirche denen überlassen, die etwas davon verstehen. Aber nein, sie kann es nicht lassen. Für die Kapuziner hat sie sich eingesetzt, sie gelangte in dieser Sache gar an den Kaiser. Carafa schüttelt den Kopf.

So geht das nicht. Letzthin soll sie gesagt haben, dass schliesslich auch die Kirche eine Seele habe und sie sich wünsche, dass auch diese Seele endlich zum Zug komme. Dann soll sie gar noch beigefügt haben, die Männer im Vatikan würden allerdings alles tun, um das zu verhindern. Lächerlich. Die Weiber sollen schweigen in der Kirche, hat schon der heilige Paulus im Brief an die Römer geschrieben.

Neuerdings macht sie ihren Einfluss bei Michelangelo geltend, ausgerechnet bei diesem verstockten Bock. Sie will ihn mit ihrer Weiblichkeit erlösen, heisst es, lächerlich. Er habe bereits angefangen, unter ihrem Einfluss einige seiner Kunstwerke zu verändern. Wenn sie mit Michelangelo gemeinsame Sache machen will, dann hat sie die Rechnung ohne ihn gemacht.

Nun, diese Angelegenheit ist bereinigt.

Kardinal Gian Pietro Carafa blättert in der Akte Vittoria Colonna, er nimmt das letzte Blatt in seine rechte Hand und liest mit zunehmendem Interesse.

Bericht aus Ferrara.

Aha, da haben wir es, die Colonna besucht die Herzogin von Ferrara. Kein Wunder! Gleich und gleich gesellt sich gern, ein Ketzer zieht den andern an.

Er stutzt. Da steht, dass sie über mehrere Monate in Ferrara bleibe. Sie lebe zurückgezogen, schreibe an ihren Gedichten und führe intensive Gespräche mit der Herzogin. Manchmal zu zweit, manchmal sei eine Übersetzerin dabei. Ja, ja, die Tochter des Königs von Frankreich ist sich zu gut, unsere Sprache zu lernen! Carafa schüttelt abschätzig den Kopf. Ah, sie gehen zusammen zur Messe. Die Herzogin gibt sich katholisch, dabei ist sie eine Protestantin, eine Ketzerin, dafür hat er Beweise.

Hätte Renée de France ihren christlichen Glauben diskret gelebt, wäre sie mit der Inquisition gar nicht in Berührung gekommen. Aber sie ist keine Nikodemitin, die ihren Glauben nur im Verborgenen praktiziert. Sie tut es öffentlich, indem sie sich für Glaubensflüchtlinge einsetzt. Ihr Widerruf anlässlich der Ehekrise in Ferrara ist ein Akt des Überlebens. Johannes Calvin hat diesen Widerruf aufs Heftigste verurteilt und sie mit Spott und Hohn überzogen.

Jahre später übt Renée de France in einem Brief an dessen militanter Haltung Kritik: «Monsieur Calvin, ich bin erschüttert, was in Frankreich bei den Reformierten geschieht, auch wenn Sie das nicht wissen wollen. Wie sie sich aufführen! Selbst einfache Frauen werden dazu angestachelt, zu töten und zu meucheln. Das ist nicht das Gesetz Christi. Ich sage dies aus der grossen Verbundenheit heraus, die ich der reformierten Religion entgegenbringe.»

4

Gian Pietro Carafa liest weiter im Bericht aus Ferrara. Seit fünf Monaten ist Vittoria Colonna nun bereits in Ferrara. Es ist immer das gleiche Muster: Sie schreibt an ihren Gedichten, sie unterhält sich mit der Herzogin, sie macht einsame Spaziergänge, sonst nichts. Doch halt, hier steht es, schwarz auf weiss: Besuch von Fra Bernardino, er predigt in der Kathedrale, viel Volk, die Leute sind begeistert, loben seine geistreichen Worte.

Carafa steht auf und läuft in seiner Studierstube hin und her.

Er ärgert sich, geistreiche Worte, geistreiche Worte. Will er sich lustig machen über mich? Doch da: Es kommen weitere Besucher aus Florenz, Pietro Carnesecchi, Caterina Cibo. Kardinal Reginald Pole kommt. Der hat gerade noch gefehlt, ein schöner Kardinal! Aus Neapel kommen die Gräfin von Fondi, Giulia Gonzaga und der spanische Diplomat Juan de Valdés.

Da haben wir es! Das ganze Ketzerpack Italiens versammelt sich bei der Herzogin von Ferrara!

Sie besuchen die Predigt von Fra Bernardino und gehen anschliessend ins Castello Estense. Sie speisen gemeinsam und führen Gespräche. Und der Herzog? Der Schwächling ist auf Reisen. Gönnt sich wohl eine Auszeit mit seiner Kammerzofe. Na, die Französin soll nicht die Schönste sein. Der Arme ist zu bedauern, ist Herzog von Ferrara und muss sein Bett mit einer krummen Ketzerin teilen. Aber Ordnung muss sein. Ferrara gehört zum Kirchenstaat, und der duldet keine Ketzereien an der Spitze seiner verbündeten Städte. Er wird sich den Herzog vorknöpfen.

Aber halt. Carafa schlägt sich mit der Hand an die Stirn. Ist das nicht der Beweis, nach dem er so lange gesucht hat? Dass er nicht früher darauf gekommen ist! Die Herzogin von Ferrara öffnet den Protestanten aus Frankreich Tür und Tor. Wie sagen sie ihnen in Frankreich? Egal. Jedenfalls ist sie selber eine solche französische Ketzerin. Hat sie nicht sogar diesen Calvin bei sich beherbergt? Wenn das nicht Beweis genug ist! Und nun gehen unsere noblen Katholiken zu ihr und verbünden sich mit dieser Protestantin.

Wenn das kein Beweis ist, will er kein Inquisitor sein!

Erst verbringt die Colonna ein halbes Jahr bei der Ketzerin und führt konspirative Gespräche. Dann lassen sie die anderen kommen, das ganze Ketzerpack, die Leuchte von einem abtrünnigen Klosterbruder, den Dolce-far-Niente Carnesecchi, die in die Kapuziner vernarrte Herzogin von Camerino, den feinen englischen Kardinal, und natürlich muss auch jene aus Neapel dabei sein, das schönste Weib Italiens. Wenn es nach ihm ginge, hätte man die ruhig dem Sultan überlassen können. Wie dem auch sei. Wenn das nicht der Beweis ist, nach dem er gesucht hat, wenn das nicht nach protestantischer Verschwörung riecht, wenn das nicht Aufruhr ist! Wartet nur, bis ich den Papst so weit habe, dann wird eine ordentliche Waffenschmiede gegen das Ketzerpack eingerichtet, dann haben die nichts mehr zu lachen, dann werden wir aufräumen mit ihnen.

5

Caterina Cibo legt am 28. März 1535 ihr Amt als Herzogin von Camerino nieder, verlässt ihr Herzogtum und zieht nach Florenz, um im Palazzo Pazzi, einem mächtigen Renaissancepalast in der Nähe des Doms, der im Besitz der Familie Cibo ist, Quartier zu beziehen.

Eines Tages steht Fra Bernardino am Tor des Palazzo.

«Seid gegrüsst, Caterina», ruft er fröhlich, «ich bin in Florenz und habe gedacht, ich schaue bei Euch vorbei.»

Caterina geht auf ihn zu, will ihn umarmen, besinnt sich anders. Sie schaut ihn an mit einem bezaubernden Lächeln, darin etwas liegt, das sich Bernardino nicht erklären kann.

«Wie ich mich freue, Fra Bernardino», sagt sie nachdrücklich, «ich habe oft an Euch gedacht. Kommt, wir haben einander viel zu erzählen.»

Sie führt ihn die Treppe hinauf durch den Gang in ihren Salon zu einer Bank, wo sie sich nebeneinandersetzen wie damals im Innenhof des Palazzo Ducale in Camerino. Sie hat sich verändert. Was ist es?

«Erzählt mir von Eurem neuen Leben!» Caterina streicht sich eine Strähne aus dem Gesicht.

Bernardino ist verwirrt. Ist das noch die Herzogin der vertraulichen Gespräche in Camerino? Ihre Haut hat einen matten Glanz, ihre Augen sind dunkler geworden. Die wiederkehrende Geste, mit der sie ihre Strähne hinters Ohr streicht und ihn dabei anlächelt, verwirrt ihn.

Sie scheint es zu geniessen, lässt sich aber nichts anmerken.

Sie ist weltlicher geworden, geht es Bernardino durch den Kopf.

«Seitdem ich bei den Kapuzinern bin, geht es mir viel besser. Ich fühle mich wie neu geboren. Im letzten halben Jahr haben wir sechs neue Klöster gegründet, Ihr habt uns dabei sehr geholfen. Was wären wir Kapuziner ohne Eure Hilfe! Wir sind Euch zu grossem Dank verpflichtet. Doch erzählt mir von Euch. Was war das für eine Überraschung, als ich erfuhr, dass Ihr die Stadt auf dem Berg und euren wunderbaren Palazzo Ducale verlassen habt.»

«Eine traurige Geschichte, wahrhaft. Ich will sie in aller Kürze erzählen. Im vergangenen Oktober haben wir mit dem Herzog von Urbino beschlossen, dass die Hochzeit unserer Kinder unter grösster Geheimhaltung bei uns in der Festung von Camerino gefeiert werden soll.»

«Eure Tochter ist doch erst dreizehn Jahre alt», unterbricht sie Bernardino.

«Was denkt Ihr, sie haben die Heirat natürlich nicht vollzogen», antwortet Caterina unwirsch, «wir haben bloss den Ehevertrag unterzeichnet. Wir wussten, sobald der neue Papst auf dem Heiligen Stuhl sitzt, wird er seine gierige Hand nach dem Herzogtum Camerino ausstrecken. So war es dann auch. Kaum war das Konklave vorbei, kam die Vorladung nach Rom. Papst Paul III. hat uns persönlich zu sich eingeladen – eine zweifelhafte Ehre! Wir haben der Vorladung natürlich keine Folge geleistet. Umgehend erreichte uns die Verurteilung vom Heiligen Stuhl. Das bedeutete, dass der neue Papst uns enteignet und uns aus der heiligen Kirche ausgeschlossen hat.»

«Was, er hat Euch exkommuniziert? Wie ist das möglich!», ruft Bernardino entsetzt.

«Ich hatte damit gerechnet», Caterina winkt ab, «es war für mich keine Überraschung, als es dann so weit war. Er hat uns das

Lehen entzogen und uns wegen unrechtmässigen Besitzes von Kirchengut exkommuniziert.»

«Ich dachte, dass der Farnese es dann schon recht machen wird, wenn er erst einmal Papst ist», sagt Bernardino nachdenklich.

«Das dachte ich am Anfang auch», nickt Caterina. «Ich ging davon aus, dass er ein offenes Ohr für die Anliegen seiner Herde hat. Das hat er wohl. Jedoch schenkt er sein Ohr allererst seinen eigenen Schafen. Es ist immer das Gleiche. Statt für alle zu schauen, bevorzugen sie ihre Familie. Sein Sohn liegt ihm in den Ohren. Er will unbedingt Herzog von Camerino und Urbino werden.»

«Da haben wir es. Und das ist unser geistliches Oberhaupt, der Nachfolger Petri!»

«Es ist eine grosse Schande, aber keine Überraschung. Wir sollten es längst wissen, dass Macht die Person korrumpiert. Es blieb mir jedenfalls nur noch, die Regierung meinem Schwiegersohn und meiner Tochter zu übergeben und nach Florenz zu ziehen. Hier wohne ich nun mit meinem Bruder, seiner Frau und seiner Schwägerin, wir haben es gut.»

«Das freut mich. Ich habe mir grosse Sorgen um Euch gemacht. Ich finde es grossartig, dass Ihr Euren Weg gefunden habt. Jedoch, dass Ihr exkommuniziert worden seid, das ist ein Skandal!»

Caterina winkt ab, steht dann auf: «Bruder, Ihr seht müde aus, Ihr seid weit gereist. Ich will, dass Ihr Euch erholt, kommt, es warten grosse Aufgaben auf Euch.»

«Danke, Schwester», Bernardino wehrt ab, «meine Brüder warten auf mich in unserem Kloster vor der Stadt.»

«Ihr seid so streng mit Euch und auch mit mir», sagt sie traurig, «aber geht nur Euren steinigen Weg, ich werde Euch bestimmt nicht aufhalten.»

Bernardino umarmt sie heftig, erschrickt, dann geht er schnell weg. Caterina schaut ihm nach. Hat er nicht gesagt, dass er sich wie neu geboren fühlt, seitdem er bei den Kapuzinern ist? Neu geboren ist anders, denkt sie. Er kommt ihr verschlossen vor, wie wenn er in eine Rüstung gestiegen wäre. Die Ordensregel der Kapuziner ist sehr streng. Kommt hinzu, dass er die Verantwortung für den ganzen Orden übernehmen soll.

Warum hat er das verschwiegen?

Warum hat sie nicht darüber gesprochen, dass sie es war, die ihm den Weg zum Amt als Generalvikar der Kapuziner geebnet hat?

*Handschriftliches Manuskript des ersten Kapitels
der «Sieben Dialoge» von Bernardino Ochino
in der Biblioteca Medicea Laurenziana, Florenz, 1538*

6

In der Biblioteca Nazionale Centrale von Florenz neben der Franziskanerkirche Santa Croce ist es aufbewahrt, das kleine Buch «Sieben Dialoge», das im Jahr 1542 in Venedig gedruckt wurde. Das Büchlein hat die Grösse eines Taschenbuchs. Auf dem Umschlag ist das typisierte Porträt eines Kapuzinermönchs zu sehen, wie er zu einem Kruzifix aufschaut. Diese mittelalterliche Darstellung passt nicht zum Inhalt, einem Dialog auf Augenhöhe.

In der Biblioteca Medicea Laurenziana, neben der Basilika di San Lorenzo liegt gar ein handschriftliches Manuskript des ersten Kapitels der «Sieben Dialoge». Es sind zwölf von Hand beschriebene Blätter. Die Überschrift lautet: «Dialogo di F. Bernardino da Siena dove si contiene il modo dello mamorarsi di Dio». Dann heisst es: Der erlauchtesten und geistlichen Herzogin von Camerino, für sie gesandt im Jahr unseres Herrn 1538.

Es ist kaum die Handschrift von Bernardino Ochino, es wird eine Abschrift sein. Es war damals üblich, Schriften abzuschreiben, um sie in Kreisen Gleichgesinnter zirkulieren zu lassen. Es ist denkbar, dass Caterina Cibo selbst das erste Kapitel abgeschrieben und es im Familienarchiv im Palazzo Pazzi aufbewahrt hat. Schliesslich ist es ihr gewidmet, und es enthält die wunderbare Passage über die Liebe zu Gott.

Caterina Cibo ist in die Schrift vertieft. Der erste Dialog gefällt ihr am besten, er ist persönlich gestaltet und doch allgemein formuliert. Da sprechen sie über die Schwierigkeit, Gott zu lieben.

Bernardino unterscheidet zwischen der sinnlichen Liebe, der man ausgeliefert ist, und der geistlichen Liebe, zu der sich der Mensch frei entschliessen kann. Es liegt also in der Hand des Menschen, ob er Gott lieben will und ob er dem Feind verzeihen kann.

Dann liest sie den Abschnitt noch einmal, den Bernardino besonders anschaulich formuliert hat. Sie staunt, es ist, wie wenn die Worte aus ihrem eigenen Herzen kämen:

> «Die Frage ist, ob wir in Gottes klarem Tag wohnen und ihn im Mittagslicht sehen können oder ob wir ihn im Dämmerlicht nur erahnen oder ob wir in unserer Nacht verweilen und gar nichts von ihm wahrnehmen. Manchmal kommt es mir vor, als ob die Menschen die Wohltaten Christi vergessen hätten. Sie haben ihren Glauben verloren, weil sie Gott nicht sehen können. Sie leben in ihrer Nacht. Sie leben nur für das Jetzt, wie wenn es keinen anderen als diesen einen Moment gäbe. Sie sind Nachtfalter. Sie meiden das Licht. Dabei hat sich Gott den Menschen zu erkennen gegeben. Er hat sich im Licht des klaren Tages gezeigt und seinen Jüngern das Licht sogar zugesprochen: ‹Ihr seid das Licht der Welt.› Lernen wir ihn also im Licht unserer Erkenntnis kennen und denken über ihn nach!»

Er hat diese Worte für sie geschrieben, denkt Caterina. Sie hat ihm einmal gesagt, dass sie sich wie ein Nachtfalter vorkäme, der am liebsten im Dunkeln lebt und nichts so sehr flieht, wie das Tageslicht. Er hat sie damals bekümmert angeschaut und geschwiegen. Wie wahr seine Worte sind, wie gut er ihr Gespräch aufs Papier gebracht hat.

Sie nimmt sich vor, das erste Kapitel aus den «Sieben Dialoge» abzuschreiben und es bei sich aufzubewahren.

Caterina hält den Bund Papiere noch in der Hand, als Bernardino in den Salon tritt. Sie führt ihn zur Bank und bittet ihn, sich zu setzen. Dann setzt sie sich auch, schlägt die Beine übereinander, lächelt ihn an, streicht die Strähne hinters Ohr und zeigt ihr Profil. Es ist wie ein Ritual, geht es Bernardino durch den Kopf. Was ist bei ihr anders geworden? Man hat ihm hinter vorgehaltener Hand zugetragen, dass die Herzogin in ihrem Palazzo sündige Beziehungen pflegen würde. Ach, was für eine üble Verleumdung. Aber, wenn doch etwas dran wäre …

«Ich habe die ‹Sieben Dialoge› gelesen», unterbricht sie seinen Gedankengang, «ich bin froh, dass Ihr den geistlichen Kern unserer Gespräche beschrieben habt. Die anderen Dinge gehen nur uns beide etwas an, sie sind ein ewiger Schatz in unseren Herzen. Wann geht die Schrift in den Druck?»

Sie geniesst es, ihn mit ihrem Charme und ihrer direkten Art zu verwirren. Er weiss nicht, was er antworten soll. Sie wartet, sie gibt ihm Zeit.

«Gut Ding will Weile haben, wie man so sagt.»

«Ihr zögert, die Zeit ist reif», antwortet Caterina entschlossen, «der christliche Glaube meint nicht die Unterwerfung unter die heilige Kirche, sondern eine geistliche Entwicklung, die im Gespräch angeregt und gefördert wird. Das habt Ihr in diesen Dialogen sehr schön beschrieben. Sie gehören an die Öffentlichkeit, sie müssen jetzt gedruckt werden.»

«Es wäre ein grosser Schritt», Bernardino ist nicht wohl bei der Sache, «ich zögere, weil ich die Welt der Kurie und der Klöster kenne. Sie ist mächtig, sie wird diese Schrift ablehnen, sie wird unseren Dialog in den Schmutz ziehen.»

«Bruder, wovon sprecht Ihr?», sie schaut ihn gross an. «Wir haben nichts zu verbergen. Wir streben nach einer besseren Zukunft, wir wollen den Geist Jesu aus der Macht der verdorbenen Kirche befreien, dass die Menschen wieder Zugang zu ihm haben und aus der Quelle ewigen Lebens schöpfen können.»

«Ihr habt recht, Schwester», Bernardino gibt halb nach, «wir sollten das Wagnis eingehen. Doch denkt daran, wie die Kurie Euch verstossen hat.»

«Denkt darüber, was Ihr wollt», Caterina ist aufgebracht, «sie haben mich zwar exkommuniziert, aber das beeindruckt mich in keiner Weise. Ihre niederträchtige Politik hat für mich keine Bedeutung. Ich betrachte mich nach wie vor als Teil der heiligen Kirche, ich fürchte die Herren von der Kurie nicht. Wir müssen den Spiess umdrehen, wir müssen sie das Fürchten lehren. Ja, sie sollen sich fürchten, wenn sie so weitermachen und den reinen Glauben in den Schmutz ziehen!»

«Wir wollen keine Macht ausüben», entgegnet Bernardino.

«Nein, das tun wir bestimmt nicht», antwortet Caterina geduldig, «aber wir wehren uns gegen ihre Übermacht. Wir setzen dabei auf unsere Kraft, sie gründet auf dem Ursprung des christlichen Glaubens. Es ist, was Jesus gelehrt und gelebt hat: die Liebe zu Gott. Im Gespräch nähern wir uns dieser Liebe, in der Gemeinschaft feiern wir sie und nehmen ihre Wohltat in uns auf, in der Freundschaft geben wir sie einander weiter, so habe ich unser Gespräch verstanden.»

Wieder spielt Caterina gekonnt mit ihrem Charme, dem sich Bernardino nicht entziehen kann, er schaut sie begeistert an.

«Wie schön Ihr das sagt, Schwester», sagt er feierlich, «genauso ist es. Es ist die Gemeinschaft, die ich mit meinen Brüdern im Kloster erfahre, und es ist, was ich in der Freundschaft mit Euch erlebe. Es ist die Kraft der Liebe, sie ist mein Leben. Darum predige ich, dafür habe ich unser Gespräch aufgeschrieben, dafür setze ich mein Leben ein.»

«Halt, mein Lieber, nicht so schnell», lacht Caterina, «jetzt braucht Ihr grosse Worte. Aber wir sind uns einig, Ihr werdet die ‹Sieben Dialoge› drucken lassen. Es ist unser gemeinsames Werk, es ist das Zeugnis unserer Freundschaft. Es ist für die Menschen geschrieben, um sie dazu zu bringen, dass sie auch miteinander darüber sprechen, wie sie Gott lieben können und worin das Glück besteht. Auch sie mögen im gemeinsamen Nachdenken die Wohltat Christi erfahren und sich von den Fesseln der Welt lösen.»

Sie will noch etwas beifügen, sie lässt sich Zeit. Wie soll sie es nur sagen, dass er es richtig versteht? Dann sagt sie: «Die ‹Sieben Dialoge› sind auch für die hohen Herren in der heiligen Kirche geschrieben, damit sie die Rüstung ihrer Verlogenheit ablegen.»

«Schwester, was Ihr sagt, erinnert mich an das wunderbare Fresko im Rathaus meiner Heimatstadt Siena. Es trägt den Titel ‹Die gute Regierung›.»

«Ich habe Euch noch nicht erzählt», beginnt Caterina, «dass ich diesen Sommer nach Siena reiste und mir dieses Fresko im Saal des Friedens des Rathauses angesehen habe. Es ist wunderbar, am schönsten ist die Pax. Sie hat ihre Rüstung abgelegt und sie neben sich gelegt. Sie braucht sie nicht mehr, schutzlos sitzt sie, halb liegt sie auf der Bank mit dem durchsichtigen Kleid. Die Hand am Ohr, hört sie den Menschen zu. Als ich vor ihr stand und zu ihr aufschaute, war mir, als warte sie darauf, dass ich ihr mein Herz ausschütte, was ich dann auch ausgiebig getan habe. Da habe ich an Euch gedacht, Bruder, was Ihr mir damals in Camerino erzählt habt, und ich habe mir vorstellt, wie Ihr mit Eurem Vater zur Pax aufschautet und wie Euer Vater von Eurer Mutter schwärmte. Da musste ich weinen.»

«Ihr habt Euch selbst, die Herzogin von Camerino beweint, die kein Zuhause mehr hat», spricht Bernardino nachdenklich, «Ihr habt Eure Rüstung abgelegt und seid nun selbst die Frau Pax.»

«Es fehlt nur noch das durchsichtige Kleid», Caterina lacht. «Wenn wir nun schon beim Thema sind: Ich habe den grossen Dom von Siena besucht, von dem Ihr mir damals so begeistert erzählt habt.»

Bernardino strahlt: «Dann habt Ihr sicher den schönsten Mosaikboden aller Zeiten bewundert!»

«Bei der ‹Allegorie des Hügels› der Weisheit habe ich an Euch gedacht», meint Caterina schelmisch.

«Wirklich?» Bernardino ist verunsichert. «Unten am Berg steht Frau Fortuna mit einem Bein auf einer Kugel, mit dem anderen Bein auf einem Segelschiff, dessen Mast geknickt ist. Die klugen Männer und Frauen wenden sich von ihr ab und gehen den steilen, steinigen Weg der Tugend bergan. Oben auf dem Gipfel des Berges steht wieder Frau Fortuna, sie reicht dem weisen Sokrates die Palme, Krates von Theben, der die irdenen Schätze ins Meer schüttet, reicht sie ein Buch.»

«Ihr habt ein gutes Gedächtnis. Dann könnt Ihr mir sicher sagen, worin sich die Fortuna unten am Berg und die Fortuna oben am Berg unterscheiden.»

Bernardino überlegt angestrengt, dann lächelt er, entwaffnet: «Ich weiss, worauf Ihr hinauswollt, meine Liebe. Die Fortuna unten am Berg steht als die Verführerin auf unsicherem Grund, sie ist nackt. Oben am Berg ist sie gut gekleidet als sittsame Frau dargestellt, die geistliche Gaben verteilt. Es ist das klassische Muster, das sie uns im Kloster eingetrichtert haben. Die Frau ist entweder Heilige oder Hure. Die eine wird verehrt und vergöttlicht, die andere verachtet und verteufelt.»

«Seht Ihr, in Siena habt Ihr am Tag die Heilige Katharina verehrt und in der Dunkelheit der Nacht die nackte Fortuna, die mit einem Bein auf einer Kugel, mit dem andern beim Schiff steht, die Verführerin, die Hure.»

Was soll er dazu sagen und wie soll er es sagen? Soll er Caterina von seinen nächtlichen Träumen erzählen? Wie sie ihn verfolgt haben, alles Wachen und Beten konnte sie nicht vertreiben, das Begehren war stärker. Was sollte er tun, dem Begehren nachgeben? Wie schäbig er sich fühlte.

Die nächtlichen Träume kamen in den Tagträumen mit doppelter Kraft zurück, sie verfolgten ihn, es war zum Verzweifeln.

Caterina unterbricht seine Gedanken: «Fra Bernardino, sagt nichts. Ich kenne die Not der Männer, ich weiss, dass das Gelübde der Keuschheit eine viel zu schwere Last ist.»

Caterina verstummt. Gespräche mit ihrer Mutter kommen ihr in den Sinn, wie sie sich darum bemüht hat, das ausschweifende Leben ihres Vaters zu entschuldigen: «Er sieht in mir eine Heilige, darum geht er in der Nacht auf die Strasse zu den Huren. Weisst du, er ist seiner Natur ausgeliefert, sie ist stärker als er.» So hat sie sein Verhalten sich selber und ihrer Tochter gegenüber zurechtgelegt. War es nicht das gleiche Lied, das sie von ihrem Ehemann, dem Herzog von Camerino, zu hören bekam? Einmal hat er ihr an den Kopf geworfen:

«Du bist halt eine Medici, eine Bessere, eine Heilige!»

Dann zog er in die Dörfer zu den Weibern und soff und hurte mit ihnen herum, dass Gott erbarm. Nach ein paar Tagen kam er wie ein geschlagener Hund zu ihr zurück. Wie schäbig das war ...

Wie sehnte sie sich nach Liebe und nach Nähe. Wie genoss sie die Nächte mit Pietro, bis – ja, bis sie sich eingestehen musste, dass die nächtlichen Liebesspiele sie auf die Dauer leer zurückliessen und sie noch einsamer machten.

Bernardino betrachtet sie und lacht: «Schaut nicht so gequält, Caterina. Ihr seid ja doch keine Heilige und auch Herzogin von Camerino müsst ihr nicht mehr sein. Für mich seid Ihr die Frau Pax, die ihre Rüstung abgelegt hat und zu ihrer Blösse steht und darum ihre geistlichen Gaben in voller Kraft entfalten und verteilen kann.»

«Seid auf der Hut, Fra Bernardino», sagt Caterina schnippisch, «das nächste Mal ziehe ich ein durchsichtiges Kleid an.»

7

Sie haben vereinbart, sich Mitte September in Florenz zu treffen. Man schreibt das Jahr 1538, Bernardino predigt in der Basilika San Lorenzo. Vittoria Colonna ist in einer Kutsche angereist, sie ist schlicht gekleidet. Kardinal Gasparo Contarini aus Venedig ist wie zufällig in Florenz, ebenso der Dichter Marcantonio Flaminio. Pietro Carnesecchi ist da, Giulia Gonzaga und Juan de Valdés lassen sich entschuldigen.

Die Leute stehen eng beieinander. Sie freuen sich auf Bernardino Ochino.

«Kommt auch, er predigt gut, es ist eine Wohltat ihm zuzuhören, kommt, es wird euch guttun.»

Er predigt über das Gleichnis vom verlorenen Sohn: «Liebe Gemeinde, lasst uns essen und trinken und fröhlich sein, ‹denn dieser mein Sohn war tot und ist wieder lebendig geworden. Er war verloren und ist wieder gefunden worden›. So heisst es im Gleichnis. Wie können wir das Glück des gemeinsamen Lebens fassen, wenn wir vom andern erwarten, dass er uns liebt, wir jedoch nur wenig zur Mehrung der Liebe beitragen? Warum fällt es uns so schwer, den andern von Herzen zu lieben und an das Gute in ihm zu glauben? Warum betrachten wir uns selber im Spiegel so intensiv und sind ins eigene Bild verliebt? Kein Wunder werden wir uns selber fremd. Wie der verlorene Sohn im Gleichnis hungert und dürstet die sich selbst fremd gewordene Seele und sehnt sich danach, erlöst zu werden.»

«Wie schön er predigt. Er spricht einem aus dem Herzen. Er spricht so, dass man es versteht.»

«Er spricht unsere Sprache, kein Kirchenlatein.»

«Was er gesagt hat? Halt, was alle predigen, dass wir an Gott glauben und einander lieben sollen. Wenn das so einfach wäre!»

Sie gehen nach dem Gottesdienst in den Palazzo Pazzi, wo sie im grossen Saal eine reich gedeckte Tafel erwartet. Sie essen und trinken und sind fröhlich, sie spüren, dass in diesem Beisammensein etwas Besonderes mitschwingt. Was ist es?

Die Geschichtsschreiber haben die Bewegung der Spirituali als elitäre Salonkultur der Renaissance beschrieben. Diese Einschätzung hat ihre Berechtigung, es sind die gebildeten Damen aus einflussreichen Familien, die zusammen mit Künstlern und Humanisten dem Frühling der Kirche Schwung verleihen.

Doch zur Salonkultur kommt etwas hinzu, das die Spirituali für die Kirche gefährlich macht. Es ist der Rückhalt beim Orden der Kapuziner und es sind ihre Verbindungen zu den reformfreudigen Kräften in der Kurie. Für einen Moment sieht es nach einem Flächenbrand aus.

Caterina Cibo ist in ihrem Element. Sie geniesst es, wieder einmal im Mittelpunkt zu stehen und als Gastgeberin die Fäden zu ziehen. Sie weiss, dass Kardinal Gasparo Contarini es gewohnt ist, den Ton anzugeben. Mag er das erste Wort haben. Sie achtet ihn, sie schätzt seine Klugheit und seine Aufgeschlossenheit. Er ist anders als die anderen hohen Herren der Kirche.

In diesem Moment klatscht jemand in die Hände und bittet um Aufmerksamkeit. Natürlich, wie könnte es anders sein, es ist Gasparo. Ich werde ihn nicht lange reden lassen, nimmt sich Caterina vor.

«Wir haben treffende Worte gehört», Kardinal Casparo Contarini spricht würdevoll, «unser Fra Bernardino hat für den heutigen Tag ein passendes Gleichnis gewählt. Ja, wir sind verlorene Söhne und verlorene Töchter, wir haben auf dieser Welt kein Zuhause, die Füchse haben Gruben, die Vögel des Himmels haben Nester, der Mensch aber hat nichts, wo er sein Haupt niederlegen kann.»

«Halt Gasparo», unterbricht ihn Caterina Cibo und lacht, «wir haben die Predigt schon hinter uns, wir wollen jetzt miteinander ins Gespräch kommen.»

Der Kardinal nimmt ihr die Belehrung nicht übel, unverdrossen fährt er fort: «Leider ist es so weit gekommen, dass wir auch in unserer Kirche kein Zuhause mehr haben. Wir sind im eigenen Haus Fremde geworden, denn die heilige Kirche hat sich verkauft, sie ist zur Hure geworden, dem Höchsten sei's geklagt. Heute haben wir uns gefunden, bei Fra Bernardino im Gottesdienst und nun bei Euch, Herzogin an der Tafel, wo wir essen und trinken und fröhlich sind und nun miteinander besprechen wollen, wie es mit der Erneuerung der Kirche weitergehen soll.»

Wie trefflich er spricht, denkt Caterina, auf ihn ist Verlass. Wenn nur alle Kardinäle so wären wie er, dann würde der Frühling in der Kirche anbrechen.

Vittoria Colonna erhebt sich. Sie wird ein Gedicht vortragen, sie kann es nicht lassen, Caterina schmunzelt. Sie ist freundschaftlich mit ihr verbunden, sie können gut reden miteinander, sie vertrauen einander. Es ist in den letzten Jahren einige Male vorgekommen, dass sie sich in der Not an Vittoria gewendet hat. Vittoria hat sie jeweils tatkräftig unterstützt, indem sie ihre Beziehungen spielen liess. Häufig bestand ihre Hilfe darin, dass sie Caterina ihr Ohr schenkte, so dass sie sich bei ihr aussprechen konnte. Mit ihren Gedichten kann Caterina allerdings wenig anfangen. Ist sie eifersüchtig, weil die Dichterin so viel Anerkennung bekommt?

Nun, heute trifft es Vittoria mit ihrem Gedicht gut. Es gefällt Caterina so gut, dass sie es in ihr Notizheft schreibt:

«Von Freude zu Freude und von einer ganzen Schar
süsser und schöner Gedanken führt mich
die übernatürliche Liebe aus dem kalten Winter
in ihren grünen, warmen Frühling.»

Wie schön wäre es, wenn die göttliche Liebe die heilige Kirche aus der Kälte des Winters in ihren grünen, warmen Frühling führen würde ...

Totus scopus authoris libri, de beneficio Christi nuncupati, est tollere omne meritum operum nostrorum, et omne iustitiam nostram, totumque fiduciae et fidei, Christi iustitiae, qua pro peccatis nostris satisfecit, tribuere, quam quidem fidem ita extollit, ut dicat eam totius boni nostri esse causam, solamque nos à peccatis liberare, et iustificare, nunquamque à spiritu s.to, quae gratia separari; certioresque nos facere de nostra praedestinatione; Et ita miris laudibus sanctae suae fidei, quam aliquando fiduciam appellat, effert; ut non solum salutis nostrae exordium, ad ea...

Gutachten zur Schrift «Beneficio di Cristo»
auf der ersten Seite des Index der verbotenen Bücher
der Römischen Inquisition von 1559,
aufbewahrt im Archiv der Inquisition
im Palazzo del Sant'Uffizio, Vatikanstadt

8

Caterina Cibo bittet Pietro Carnesecchi, über seine Zeit in Paris zu berichten. Mit viel Gespür schildert dieser, wie über Frankreich ein gefährliches Gewitter aufzieht. Die Reformierten feiern ihre Gottesdienste an geheimen Orten. Das gibt ihnen eine besondere Kraft. Der konspirative Geist schweisst sie zusammen.

Pietro Carnesecchi spricht vom Zwiespalt, den er in Paris empfunden habe: die Bewunderung für den Mut der Reformierten, ihr Leben für ihren Glauben aufs Spiel zu setzen, auf der anderen Seite habe gerade dieser Mut seine Abscheu erregt, weil er unweigerlich in Hass und Gewalt münde.

Caterina pflichtet ihm bei, dass der militante Glaube ein Spiel mit dem Feuer sei. Sie sind sich alle einig, dass sie in Italien eine friedliche Kirchenreform anstrebten. Sie wollen keinen Aufruhr, keine Absonderung, keine Kirchenspaltung.

Dem Bericht von Vittoria Colonna über die Reform des Franziskanerordens hört Caterina nur mit halbem Ohr zu. Sie kennt die Geschichte und weiss um die Bedeutung der Kapuziner. Ihre Gedanken schweifen in die Zukunft. Die Kapuziner werden mit ihrem inneren Feuer und ihrer tätigen Nächstenliebe eine Quelle der Erneuerung sein.

Es ist das, was Fra Bernardino predigt und verkörpert. Er wird überall mit offenen Armen aufgenommen, er ist beliebt, er hat den Draht zu seinen Brüdern im Orden und auch zum Volk. Zum Glück hat sie dafür gesorgt, dass er Generalvikar der Kapuziner wird.

Während Vittoria Colonna von ihrem Besuch bei Renée de France in Ferrara erzählt und zu bedenken gibt, dass man sie im Auge behalten müsse, weil deren Herz auf der Seite der Reformierten schlage, träumt Caterina weiter vom Frühling der Kirche. Erst gewinnen sie mit Fra Bernardino die Kapuziner, dann machen sie ihren Kardinal Gasparo Contarini zum Papst, auch er ist allseits beliebt, auch er ist unbestechlich. Er ist gebildet, er kennt die Schriften des Erasmus von Rotterdam auswendig und verkörpert dessen humanistische Gesinnung in Italien. Er ist die Persönlichkeit, die dem Heiligen Stuhl seine Würde zurückgeben wird. Vittoria wird Überzeugungsarbeit beim Kaiser leisten, sie selber bei ihrer Familie in Florenz. Mit Gasparo Contarini und Fra Bernardino wird in der heiligen Kirche eine neue Epoche anbrechen. Sie wird sich von der schmutzigen Kirchenpolitik verabschieden und sich zu einer geistlichen Macht wandeln, die dem freien Glauben und der Menschlichkeit Raum gibt. Und nicht zuletzt wird sich die Kirche mit den Protestanten versöhnen ...

Inzwischen hat Vittoria Colonna geendet, Caterina bedankt sich für ihren Bericht. Sie schaut erwartungsvoll in die Runde: «Wie Ihr wisst, hat der Buchdruck für die Reformation jenseits der Alpen eine grosse Rolle gespielt. Auch für uns wird der Buchdruck entscheidend sein. Ihr habt die Schrift ‹Die Wohltat Christi› gelesen: Sie fasst unseren Glauben zusammen. Lasst uns darüber austauschen, wann wir mit der Schrift in die Öffentlichkeit gehen.»

Die Schrift «Die Wohltat Christi» zirkuliert in handschriftlichen Kopien in humanistischen und reformorientierten Kreisen in den kulturellen Zentren Italiens. Ein Benediktinermönch schrieb sie in den 1530er Jahren, der Dichter Marcantonio Flaminio hat sie überarbeitet. Nach einigen Verzögerungen wurde sie schliesslich im Jahr 1543 in Venedig gedruckt und kam einige Jahre später auf den ersten Platz im Index der verbotenen Bücher der Römischen Inquisition. In gestochen scharfer Handschrift wird auf den ersten Seiten des Index auf Lateinisch begründet, warum die Römische Inquisition «Die Wohltat Christi» verbietet.

> «Das Hauptziel des Autors des Buches über die Wohltat Christi besteht darin, jedes Verdienst unserer Werke für nichtig zu erklären und damit unsere ganze Gerechtigkeit, unser Vertrauen und den Glauben und die Gerechtigkeit Christi, die er für unsere Sünden gegeben hat ...»

Obschon Tausende von Exemplaren gedruckt wurden und in ganz Italien zirkulierten, gelang es der Römischen Inquisition, das Manifest der Spirituali zum Verschwinden zu bringen. Die Schrift wurde geradezu ausgerottet. Erst viel später kam ein einziges Exemplar zum Vorschein, in der Universitätsbibliothek von Cambridge, im Jahr 1843.

Der Kirchenhistoriker Diarmaid MacCulloch schreibt dazu: «Das Verschwinden der Bekenntnisschrift der Spirituali ist ein trauriger Beweis für die enorme Energie, die die Inquisition entfalten konnte, wenn sie es für nötig hielt. Ihr Verschwinden ist ein beredtes Zeichen für den Ausschluss der Spirituali aus der Zukunft der katholischen Kirche.»

Warum hat die Gruppe der Spirituali gezögert und das Manifest ihres Glaubens erst 1543 in den Druck gegeben?

9

Caterina wendet sich an Kardinal Contarini: «Was meint Ihr, Gasparo?»

Dieser holt aus. In Venedig sind viele Dinge möglich, protestantische Schriften werden gedruckt, es zirkulieren Bibeln in der Volkssprache. Wenn Fra Bernardino in Venedig predigt, läuft das ganze Volk zusammen. Es herrscht Aufbruchstimmung, der Frühling der heiligen Kirche hat begonnen.

Aber Venedig ist nicht Italien.

Zwar liegt die Kirchenreform in vielen Städten in der Luft, sie ist mit Händen zu greifen. Zwar hat auch der Kaiser selbst grosses Interesse an einer Versöhnung mit den Protestanten, schliesslich ist er auf die protestantischen Fürsten angewiesen, um im Kampf gegen die Türken zu bestehen. Er drängt schon seit einiger Zeit auf ein Konzil, um die beiden Konfessionen zusammenzuführen. Auch Papst Paul ist einer Verständigung mit den Protestanten nicht abgeneigt. Allerdings machen ihm Carafa und seine Leute im Vatikan das Leben schwer. Sie drängen ihn immer vehementer, gegen die reformfreudigen Kräfte durchzugreifen. Der Papst laviert geschickt, er ist ein gewiefter Kirchenpolitiker, der genau darauf achtet, was seiner Kirche dient.

Kardinal Gasparo Contarini empfiehlt der Gruppe der Spirituali, sich in Geduld zu üben. Er weist auf die Religionsgespräche mit den Protestanten in Regensburg hin. Papst Paul hat ihn beauftragt, als Abgeordneter des Vatikans an diesen Gesprächen teilzunehmen. Er setzt grosse Hoffnungen auf diese Gespräche.

Im Vorfeld scheint es ihm angezeigt, die Konservativen im Vatikan nicht zu provozieren, vor allem darf man ihnen kein Beweismaterial liefern. «Wir müssen mit der Drucklegung der Schrift ‹Die Wohltat Christi› zuwarten.»

Caterina schaut in die Runde, alle sind einverstanden, alle pflichten dem besonnenen Kardinal bei. Man will Rom nicht provozieren und keine Beweismittel liefern. Sie schüttelt unmerklich den Kopf. Soll sie sich zur Wehr setzen und sich dafür stark machen, Farbe zu bekennen? Hat sie sich nicht vorgenommen, mutig zu sein und ihr Leben für die Sache des Glaubens einzusetzen? Hat sie nicht der Politik und der Diplomatie der Kompromisse abgeschworen, als sie Camerino hinter sich liess?

Gespannt schauen alle Caterina an. Sie kennen ihre Geschichte und wissen, dass sie mehr erwartet. Einer um den andern senkt unwillkürlich den Blick, als schämte er sich seiner zögerlichen Haltung.

Caterina sagt nur: «Freunde, ich verstehe eure Zurückhaltung.»

Sie verbirgt ihre Enttäuschung. Sie denkt an den reichen Mann im Gleichnis von Jesus, der traurig hinwegging, weil er viele Güter hatte.

Caterina ist es gewohnt, gute Miene zu machen, *fare una bella figura*. Sie hatte sich auf das Gespräch gefreut. Nun stellt sie bitter fest, dass niemand den Mut aufbringt, den entscheidenden Schritt zu wagen. Das Manifest der Spirituali in den Druck zu geben, wäre ein solcher Schritt gewesen, um den Menschen in Italien die Augen für den freien Glauben zu öffnen. Sie schaut zu Bernardino. Der hebt ein wenig die Schultern. Was sollen sie tun? Immerhin hat sie in ihm einen Verbündeten, der weiss, wie ihr zumute ist. Sie nickt ihm zu, sie weiss, was er denkt.

Gemeinsam sind sie stark, das tröstet sie.

Caterina gibt sich einen Ruck und erzählt von den Gesprächen, die sie mit Fra Bernardino in Camerino geführt hat. Sie betont, welche Wohltat es für sie bedeutet hatte, in einer persönlich schwierigen Situation jemanden zu haben, mit dem sie sich offen habe aussprechen können.

Bernardino nimmt den Faden auf: Er habe die persönlichen Gespräche mit Caterina so bearbeitet, dass sie allgemein verständlich seien, dass sie gleichermassen Menschen ansprächen, die im Kloster leben und Menschen, die ein weltliches Leben führten. Denn nicht die äussere Lebensgestaltung sei entscheidend, sondern die geistliche Entwicklung: Im Inneren des Menschen müsse das Feuer der Liebe entfacht werden.

Während Bernardino über seine Schrift «Sieben Dialoge» spricht, kommt es Caterina vor, wie wenn er ihr gemeinsames Geheimnis preisgeben würde. Sie beobachtet die Gruppe genau. Sie spürt das Unbehagen, das sich breitmacht. Zwinkern sie sich spöttisch zu, als Bernardino vom Feuer der Liebe spricht, oder kommt es ihr nur so vor? Sie gibt Bernardino ein Zeichen und beendet schnell die Zusammenkunft.

«Ich danke euch, dass Ihr nach Florenz gekommen seid, und ich wünsche euch Gottes Segen auf eurem Weg.»

Die Tafel wird aufgehoben, zu zweit oder zu dritt sprechen sie eifrig weiter. Bernardino Ochino wird dafür sorgen, dass seine «Sieben Dialoge» in Venedig gedruckt werden. Mit der Drucklegung der Schrift «Die Wohltat Christi» jedoch wird noch zugewartet.

10

Der Orden der Theatiner wird im Jahr 1524 auf Initiative von Gian Pietro Carafa in Neapel gegründet. Neben den Jesuiten werden die Theatiner im Verlauf des 16. Jahrhunderts zur wichtigsten Kraft der Gegenreformation.

Der neu zum Kardinal ernannte Gian Pietro Carafa instruiert seine Mitbrüder vom Orden der Theatiner. Er überzeugt sie, dass die Stunde geschlagen hat, gegen die Spirituali vorzugehen. Eine lange Zeit hat er nach einem Beweis für die Ketzerei gesucht und nichts gefunden. Nun ist es so weit. Er hat den Beweis.

«Was für einen Beweis, wer ist es?»

«Der Kapuziner, der meint, er sei der neue Savonarola?»

«Ist es die Dichterin? Der feine englische Kardinal?»

«Ist es der Spanier in Neapel, der Lakai des Kaisers?»

«Ihr fehlt, liebe Brüder», Carafa sieht sich triumphierend um, «der Beweis ist keine Person. Menschen sind vergänglich, wie selbst der Heilige Vater vergänglich ist, der Höchste sei gepriesen. Wir hoffen auf den nächsten. Seht, was ich euch mitgebracht habe.»

Er hat ein Bündel loser Papiere in der Hand, sorgfältig ordnet er sie. Dann hält er die erste Seite in die Höhe, aber niemand kann etwas erkennen, es sind handschriftlich beschriebene Seiten. Er liest: «Dies ist der Glaube, ohne den nichts gottgefällig sein kann, durch den die Menschen des Alten und des Neuen Testaments ihr Heil erfahren haben, wie Paulus es von Abraham bezeugt, über den die Schrift sagt: ‹Abraham hat Gott geglaubt, und das wurde ihm zur Gerechtigkeit angerechnet. Wir glauben daher, dass der Mensch sich durch den Glauben rechtfertigt und nicht durch die Werke nach dem Gesetz.›»

Betretenes Schweigen legt sich über die Versammlung. Jeder weiss genau, was diese Worte bedeuten. Zwar sind es Worte des heiligen Apostel Paulus, jedoch wissen alle, dass sich Martin Luther bei seinem Aufruhr genau auf diese Worte berufen hat. Er hat damit die Bedeutung des Glaubens begründet. *Sola fide*, der Glaube allein. Es kommt nur auf den Glauben an, nicht auf die guten Werke, nicht auf die Verdienste, nicht auf das Einhalten der kirchlichen Rituale. Der Mensch hat den direkten Draht zu Gott, es geht ohne priesterliche Vermittlung.

Gian Pietro Carafa sieht glasklar, was das für die heilige Kirche bedeutet. Sie verliert die Kontrolle über die Menschen. Es ist, wie wenn man dem Hirten den Stab wegnehmen würde. Was bleibt ihm noch, wie soll er die Herde zusammenhalten?

Gian Pietro Carafa weiss, dass er die Fassungslosigkeit seiner Mitbrüder ausnützen muss, die diese wenigen Worte ausgelöst haben. Darum spricht er davon, dass diese Ketzerschrift so gefährlich ist, wie kein Mensch gefährlich sein kann. Sie enthält das Gift der Ketzerei, sie muss ausgerottet werden, sonst vergiftet sie ganz Italien. Es liegt klar vor Augen. Ketzer muss man wie Ketzer behandeln. Eine Aussage, die Gian Pietro Carafa über seine Zeit hinaus berühmt-berüchtigt gemacht hat: Ketzer muss man wie Ketzer behandeln.

Niemand wagt es, das Wort zu ergreifen. Carafa geniesst das Schweigen seiner Ordensbrüder sichtlich.

Er räuspert sich und fährt fort: «Da wir nun die Ketzerschrift vor uns haben und wissen, dass es die Bekenntnisschrift derjenigen ist, die in Italien den protestantischen Aufruhr suchen, haben wir alle Zeit der Welt, um gegen die betreffenden Personen vorzugehen. Ich kann euch versichern, mir ist mit diesem Beweisstück ein Stein vom Herzen gefallen.»

An welche Personen er denke?

Zunächst denke er an bedeutende Persönlichkeiten, die grossen Einfluss hätten.

Renée de France, Herzogin von Ferrara, Königstochter von Frankreich. Sie sei eine Protestantin und habe nichts anderes im Sinn, als mit anderen Ketzern Hof zu halten. Johannes Calvin war bei ihr. Vittoria Colonna war ein halbes Jahr bei ihr und hat alle andern nach Ferrara gelockt. Weil der Herzog von Ferrara gut katholisch ist und sein Herzogtum umsichtig führt, lässt man sie vorläufig in Ruhe, aber man hat sie im Auge.

Juan de Valdés, der spanische Gelehrte in Neapel, und seine Vertraute, die Gräfin von Fondi, Giulia Gonzaga, die auch in Neapel weilt. Sie organisieren Salongespräche, einmal in einem Palazzo in Neapel, dann wieder im Castello Aragonese auf Ischia und immer in feiner Gesellschaft. Sie haben Gäste aus aller Welt, Kardinäle, Ordensleute, Künstler, Dichter. Vittoria Colonna ist oft dabei und auch Pietro Carnesecchi.

Die Theatiner nicken eifrig, sie kennen die Situation in Neapel aus eigener Anschauung.

Die Dichterin Vittoria Colonna, Marquesa von Pescara. Sie treibt sich des Nachts in einer Mönchskutte in den Strassen Roms herum, ein verrücktes Weib. Sie umgarnt Michelangelo mit ihren Ketzereien. Es wäre besser, sie würde beim Dichten bleiben. Sie steht unter dem Schutz des Papstes und des Kaisers. Das wird ihr allerdings wenig nützen. Die Sache mit Michelangelo ging einfach zu weit. Man hat die nötigen Massnahmen eingeleitet.

Was für Massnahmen? Niemand versteht, was Carafa damit meint, aber alle nicken eifrig. Sie sind beeindruckt von seiner Umsicht, sie sind davon überzeugt, dass es richtig ist, mit starker Hand durchzugreifen.

Fra Bernardino Ochino, der abtrünnige Franziskaner, der bei den Kapuzinern grosstut. Unermüdlich eilt er von Stadt zu Stadt und verbreitet seine Ketzereien. Er tut das als Apostolischer Prediger im Auftrag des Papstes und überall, wo er predigt, kommt das ganze Ketzerpack zusammen. Auch aus den Klöstern kommen sie, um seine Predigt zu hören.

Anstatt sich um seinen Orden zu kümmern, beglückt er adelige Damen.

Ein Raunen geht durch die Reihen, dann ertönt Gelächter. In der Versammlung der Theatiner macht sich Unruhe breit, sie rufen durcheinander:

«Unerhört, er hat doch das Armutsgelübde abgelegt.»

«Wie hält er es mit dem Keuschheitsgelübde?»

«Er ist ein ansehnlicher Mann.»

«Er wird auf den Geschmack gekommen sein.»

«Die adeligen Damen brauchen das halt auch.»

11

Gian Pietro Carafa lässt sich Zeit, er lächelt, die Aufregung seiner Mitbrüder kommt ihm gelegen. Er lässt sie noch einen Moment werweissen, dann greift er beschwichtigend ein: «Brüder, eure Fantasie gibt mir zu denken. So geht das nicht. Zudem, wäre es so, wie ihr denkt, und Fra Bernardino würde sich von den vornehmen Damen verführen lassen, den fleischlichen Begierden nachzugeben, dann hätten wir leichtes Spiel und die Sache wäre erledigt. Nach meinen Informationen ist dem nicht so. Leider ist es viel schlimmer. Ich will es so sagen, dass ihr es begreift: Man denkt, ein Ketzer sei ein Charakterlump, weil er sich nicht an die göttliche Ordnung der Kirche hält. Das stimmt nicht, der Ketzer ist kein Charakterlump. Der Ketzer braucht mehr Moral als die anderen, die Normalen, die Angepassten. Fra Bernardino hat mehr Moral als ihr alle zusammen.»

Die Theatiner erstarren, wieder betretenes Schweigen im Raum. Gian Pietro Carafa lässt sich Zeit. Sie tuscheln untereinander, dann beginnen sie zu murren.

«Halt, bedenke, was du da sagst!»

«Wer sind wir, dass du das von uns behauptest.»

«Hältst du uns für dumme Schafe?»

«Das lassen wir uns nicht bieten!»

Wieder beschwichtigt Carafa seine Brüder und weist darauf hin, dass Fra Bernardino ein wirklich gefährlicher Ketzer ist, von dem eine geradezu magische Kraft ausgeht. Er hat sich mit der Herzogin von Camerino zusammengetan, der Apostolische Prediger pflegt mit der Exkommunizierten eine geistliche Freundschaft, die eine besondere Dynamik entwickelt. Sie drängt ihn dazu, ihre Gespräche, die er aufgeschrieben hat, in die Druckerei zu geben, dass ganz Italien den Ketzerdialog lesen könne. Zudem war sie es, die ihn zum Generalvikar der Kapuziner gemacht hat. Was sollen wir gegen diese gefährliche Ketzerei tun? Alles Volk verehrt Fra Bernardino, aus allen Ständen wollen sie ihn predigen hören, weil er ihnen aus dem Herzen spricht und weil seine Lebensführung untadelig ist.

Carafa lächelt maliziös: «Wer von euch kann das von sich behaupten?»

Wieder geniesst er die Entrüstung seiner Ordensbrüder. Sein bitterböses Lächeln zeigt, wie gewiss er sich ist: Bald hat er sie so weit.

«Freunde, ich will euch nur verständlich machen, dass wir es mit einem durchtriebenen Ketzer zu tun haben. Da gibt es keine Weibergeschichten, wie ihr sie euch gern auszumalen scheint. Es sind geistliche Gespräche, man schenkt dem andern das Ohr, man spricht sich in aller Freiheit und Offenheit aus, man vertraut dem andern, dass er es für sich behält, es ist eine Art gegenseitige Beichte.»

Die Theatinerbrüder hören mit offenem Mund zu. Geistliche Gespräche, gegenseitige Beichte? Der Kapuziner mit der eleganten Herzogin von Camerino, der Spanier mit der jungen Herzogin von Fondi, die Dichterin mit dem berüchtigten Künstler?

Wieder errät Carafa ihre Gedanken: «Jetzt seid ihr auf der richtigen Spur, ihr begreift langsam, dass ihr noch überhaupt nichts begriffen habt. Allerdings ist es auch gar nicht so einfach. Seit langer Zeit denke ich Tag und Nacht über diese Sache nach.»

«Darum findest du in der Nacht keinen Schlaf mehr», ruft einer dazwischen, «und bist am Tag so unerträglich.»

Gian Pietro Carafa verstummt. Wer hat den Mut, so zu ihm zu sprechen? Muss er sich das gefallen lassen? Er, der dazu bestimmt ist, das Unkraut in der heiligen Kirche auszurotten? Er weiss: Wenn er vom Zorn überwältigt wird, ist es für alle zu sehen. Er schluckt dreimal leer, dann setzt er seine schärfste Waffe ein: Er spielt den leidenden Gerechten.

«Das Unkraut der Ketzerei ausreissen ist eine schwere Last, die Gott mir aufgebürdet hat», beginnt er sein Klagelied. «Ich bin bereit, alles dafür zu geben, sogar mein Leben. Jemand muss es tun, jemand muss die Trägheit überwinden, jemand muss die heilige Kirche vor dem Abgrund bewahren. Jemand muss des Hirten Stock sein, um die verlorenen Schafe zur Herde zurückzutreiben. Dafür gebe ich alles, auch den ruhigen Schlaf. Aber ich kann es nicht allein. Ihr seid dazu bestimmt, mir dabei zu helfen, die Kirche vom Gift der Ketzerei zu säubern. So helft mir doch, liebe Brüder, ich zähle auf euch.»

Alle nicken zustimmend. Aber ein jeder macht sich so seine Gedanken über ihren Anführer, dass er sich mächtig grosstut in seiner Rolle als Retter der heiligen Kirche.

Er bleibt ihnen fremd.

Giulia Gonzaga, Gräfin von Fondi,
16. Jahrhundert, Städelsches Museum, Frankfurt

Treffen der Spirituali in Neapel, Viterbo und Venedig

Like a complete unknown

1

In der Nacht auf den 9. August 1534 kommt es in Fondi, einer kleinen Stadt zwischen Rom und Neapel, zu einem blutigen Überfall. Der Oberbefehlshaber der osmanischen Flotte, Chaireddin Barbarossa, landet mit achtzig Schiffen im Küstenort Sperlonga und zieht mit seinen Truppen die drei Wegstunden nach Fondi. Mitten in der Nacht überfällt er die Stadt, seine Truppen richten ein Blutbad an. Auch in den Palast der Gräfin von Fondi dringt die Horde ein. Es gelingt einem Diener, seine Herrin über das Dach zu retten. Dass er der Gräfin von Fondi nicht habhaft werden kann, soll Chaireddin Barbarossa dazu gereizt haben, in der Stadt und in umliegenden Klöstern, wo man sie versteckt wähnt, noch mehr Unheil anzurichten. Die Bevölkerung wird geschändet, die Überlebenden als Sklavinnen und als Galeerensklaven auf die Schiffe abgeführt.

Was steht hinter jener Nacht des Schreckens von Fondi?

Dichtung und Wahrheit vermischen sich zur Geschichte der misslungenen Entführung der Gräfin von Fondi, Giulia Gonzaga. Sie stammt aus dem adeligen Haus der Gonzaga von Mantua. Sie wird als dreizehnjähriges Mädchen dem Herzog von Fondi, Vespasiano Colonna, versprochen und nach dem Erreichen der Volljährigkeit mit ihm verheiratet. Nach nur zwei Jahren Ehe stirbt Vespasiano. Sie tritt seine Nachfolge an und verwaltet sein Erbe, die Grafschaft Fondi, souverän. Sie zieht als selbstbewusste Frau mit ihrer Intelligenz, ihrer Kultiviertheit und mit ihrer Schönheit die Aufmerksamkeit bedeutender

Dichter, Künstler, Humanisten und Kirchenpolitiker ihrer Zeit auf sich. Giulia Gonzaga lädt sie alle ein und macht Fondi zu einem kulturellen Zentrum. Vittoria Colonna und Mercantonio Flaminio tragen an ihrem Hof ihre Gedichte vor. Es gibt musikalische Darbietungen, Tanzaufführungen, Schauspiele, Ausstellungen, aufstrebende Porträtkünstler finden hier ihre Auftraggeber. Man organisiert kulturelle Veranstaltungen und feiert rauschende Feste.

Der spanische Humanist Juan de Valdés schreibt in einem Brief: «Ich war in Fondi bei jener Dame, der Gräfin von Fondi, bei der es sehr schade ist, dass sie nicht die Dame der ganzen Welt ist, obwohl ich glaube, dass Gott dafür gesorgt hat, dass auch wir anderen armen Menschen in den Genuss ihrer göttlichen Konversation und Freundlichkeit kommen, die der Schönheit in nichts nachsteht.»

Auch der Jungstar der Kirche, Kardinal Ippolito de' Medici, ist dabei, und bald einmal ist allen klar, dass er sich unsterblich in die Gräfin von Fondi verliebt hat. Obschon sie ihn zurückweist, hört er nicht auf, ihr den Hof zu machen. Er schreibt ihr, das Feuer, das sie in seinem Herzen entfacht habe, gleiche demjenigen, das Troja zerstört habe.

Die Geschichte der misslungenen Entführung beginnt damit, dass Kardinal Ippolito de' Medici ein Porträt seiner Angebeteten anfertigen lässt, damit er sie jederzeit bei sich haben kann. Unglücklicherweise findet eine Kopie dieses Porträts den Weg nach Istanbul. Sultan Süleyman verliert darob die Fassung und findet den Schlaf nicht mehr. Seine Untergebenen müssen dafür sorgen, dass die Schöne in seinen Harem kommt. Chaireddin Barbarossa nimmt sich der Sache an.

Was in der Folge den Italienern den Schlaf raubt, ist die Vorstellung, wie die Gräfin von Fondi, nur mit dem Nachthemd bekleidet, auf dem Rücken eines Pferdes in den Armen des Stallknechts durch die nächtlichen Wälder entflieht.

Jene Nacht des Schreckens von Fondi hat das Leben von Giulia Gonzaga von Grund auf verändert. Sie kommt zwar in ihre Stadt zurück, aber nur kurz. Dann kehrt sie dem mondänen Leben am Hof von Fondi den Rücken und führt als Gast im Kloster San Francesco in Neapel ein geistliches Leben.

Im Küstenort Sperlonga gibt es in einem Hinterhof ein wunderbares Fresko, das den Überfall der Piraten und die misslungene Entführung der Gräfin von Fondi als Bildergeschichte darstellt. Was nirgends dargestellt oder erwähnt wird, ist der Umstand, dass Giulia Gonzaga in der Folge die Protagonistin der neapolitanischen Gruppe der Spirituali wird. Alle schwärmen von ihr, von ihrer Schönheit, ihrer Anmut, ihrem Geist und ihrer Entschlossenheit. Allen voran der spanische Diplomat Juan Valdés, der ihr Vertrauter wird. Aber auch Pietro Carnesecchi, Bernardino Ochino, Caterina Cibo und Vittoria Colonna sind von ihr eingenommen. In den folgenden Jahren erfasst ein Frühling der Kirche sowohl die Klöster wie auch die Stadtbevölkerung von Neapel.

Auch Giulia Gonzaga wird eine *Networking Early Modern Women*, auch sie gehört zu den einflussreichen Frauen, die Bernardino Ochino fördern. Von jener Schreckensnacht von Fondi gezeichnet, geht sie mutig und konsequent ihren eigenen Weg und bietet der Macht der Kurie und der Römischen Inquisition zeitlebens die Stirn.

*Fresken mit dem Überfall der Piraten
und der misslungenen Entführung der Herzogin von Fondi
16. Jahrhundert, Innenhof, Sperlonga*

2

Giulia Gonzaga sehnt sich nach Ruhe, sie möchte nur eines, Frieden finden in ihrer Seele. Es gelingt ihr nicht. Kein Wunder bei dem, was sich in jener Schreckensnacht von Fondi zugetragen hat. Wie soll sie jemals wieder am Tag friedlich leben und des Nachts ruhig schlafen können?

In ihre Not wendet sie sich an Juan de Valdés. Bei ihrem ersten Gespräch legt er ihr die Psalmworte ans Herz: «Am Tag erweist der Herr seine Gnade, und des Nachts ist sein Lied bei mir.» Daran solle sie sich halten.

Der hat gut reden, denkt sie, da ist nichts von seiner Gnade am Tag. Sie sieht die Piraten über die Stadtmauer stürmen, sie sieht ihre Leute von den Pfeilen getroffen. Des Nachts ist nichts da von seinem Lied, sie hört nur die herzzerreissenden Schreie all derer, die schutzlos den Piraten ausgeliefert sind. Es tauchen die blutverschmierten Gesichter ihrer treuen Untertanen auf. Grosse Augen, die fragen, warum wir? Gräfin, was haben wir verbrochen, was haben wir getan, dass wir derart grausam bestraft werden? Was habt ihr getan, uns zu schützen?

Was für ein Elend hat diese Schreckensnacht über ihre friedliebende Stadt gebracht! Die Männer wurden vor ihren Frauen hingemetzelt, die Frauen vor ihren Kindern geschändet. Dies alles nur wegen ihr, der schönen Gräfin, die dem Sultan im fernen Konstantinopel den Kopf verdreht hat. Zur Hölle mit ihrer Schönheit!

Was blieb ihr zu tun? Sie hat sich ihr Gesicht mit Scherben zerkratzt, mit Russ entstellt und ist aus der Stadt geflüchtet. Das

Einzige, was sie für ihre Leute tun konnte, war zu verschwinden, für immer und ewig.

Für welches Vergehen muss sie büssen? Ist nicht die Gewalt vom Sultan ausgegangen? Möge er für das Leid geradestehen, das er über ihre Stadt und über sie gebracht hat. Und doch, war nicht sie es, die ihn zu diesem Überfall verführt hat? Ohne dass es ihre Absicht war, ohne dass sie etwas davon wusste, ist sie der Grund für das Verbrechen. Es wäre besser, sie wäre erst gar nicht zur Welt gekommen. Unerträgliche Gedanken.

Sie muss dem Schrecken jener Nacht einen Namen geben, er treibt sie sonst in den Wahnsinn. Sie überlegt hin und her, dann nimmt sie sich vor, sich im Gespräch mit Juan de Valdés auszusprechen.

«Ich will Euch der Reihe nach erzählen, was in jener Nacht vorgefallen ist», beginnt sie vorsichtig, «ich weiss nicht, ob es mir gelingen wird. Ich weiss nicht, ob es gut ist, wenn ich es Euch erzähle. Aber ich muss es versuchen. Wie gewohnt schlief ich in jener Nacht im Turmzimmer. Es war ein anstrengender Tag gewesen. Nach Mitternacht erwachte ich, ich hörte von ferne ein dumpfes Grollen. Ich meinte, es wäre das Donnergrollen eines Gewitters, ich dachte mit keinem Gedanken daran, dass es die Katastrophe ankündigte, also schlief ich weiter.»

Giulia macht eine Pause, überlegt, wägt ab, dann fährt sie fort: «Als mich raue Männerhände aus dem Schlaf schüttelten, schrie ich auf und erkannte im matten Schein der Nachtlampe den Stallknecht Tommaso. Er war nur mit einer leichten Hose bekleidet. Im ersten Moment dachte ich, er wolle mir Gewalt antun.

‹Fort, fort, Gräfin, die Piraten sind da›, flüsterte er eindringlich.

Es gelang ihm, mir schnell zu erklären, was geschehen war: ein Überfall der gefürchteten Piraten des Sultans Süleyman von Istanbul. Sie hatten in den letzten Monaten mit ihren blutigen

Raubüberfällen die Küstenstädte Italiens in Angst und Schrecken versetzt. Wieso überfielen sie ausgerechnet die gut befestigte Stadt Fondi? Doch für solche Gedanken blieb keine Zeit, die Piraten waren schon im Palast und stürmten die Treppe herauf.

‹Kommt, Gräfin, es gibt nur einen Fluchtweg.›

Wir hörten die Schritte und die Flüche der Piraten. Ich geriet in Panik und folgte Tommaso durchs Fenster. Ich weiss nicht mehr, wie uns die Flucht gelang, ich überliess mich seinen kräftigen Armen, als er mit mir die Südwand des Turms hinunterkletterte. Zugleich erhob sich über unseren Köpfen ein Krachen und Schreien, als sollte der ganze Palast zusammenstürzen.

‹Was rufen sie?›, fragte ich Tommaso, als wir unten angekommen waren.

‹Sie rufen Euren Namen. Hört Ihr nicht, wie sie nach Euch rufen? Sie wollen Euch entführen und dem Sultan als Beute vor die Füsse werfen. Kommt in den Stall, wir nehmen uns ein Pferd›, sagte Tommaso hastig, ‹ich weiss einen sicheren Weg aus der Stadt.›

Ich hörte die Horde, wie sie meinen Namen immer lauten schrien. Da begriff ich, dass ich der Grund ihres Überfalls war. Es stimmte also, was mir zu Ohren gekommen war, dass Sultan Süleyman ein Auge auf mich geworfen hatte und dass er mich in seinem Harem haben wollte.

Ein wahnsinniges Entsetzen erfasste mich, meine unselige Schönheit war zum Fluch meines Lebens geworden. In jenem Augenblick sah ich es in aller Klarheit: Es war mein verdientes Schicksal, den wilden Begierden der Barbarenhorde zum Opfer zu fallen.

Wieder riss mich der Stallknecht aus meiner Schockstarre. Er zog mich zu sich aufs Pferd und ritt mit mir aus dem Schlachtgetümmel der Stadt. Erst als wir in einiger Entfernung durch den Wald ritten, wurde ich gewahr, dass Tommaso mich eng umschlungen hielt und ich nur mit dem Hemd bekleidet war, das mir geblieben war. So ritten wir durch die Nacht, bis der Tag anbrach. In einer Herberge machten wir Halt, man kleidete mich, sprach mir zu und brachte mich ins Kloster San Francesco nach Neapel in Sicherheit. Die Schwestern sorgten für mich und trösteten mich.»

Was Giulia Gonzaga am meisten plagt, ist die Stimme, die ihr einredet: ‹Wegen dir sind die Barbaren nach Fondi gekommen, wegen dir haben sie so grosses Leid über die Bevölkerung gebracht und du hast deine Leute schmählich im Stich gelassen. Schande über dich!›

Was hat ihr Juan de Valdés zum Trost gesagt? Jesus müsse ähnlich empfunden haben, als er gewahr wurde, dass der Kindermord von Bethlehem seinetwegen begangen wurde. Er fühlte sich schuldig, obschon die Kinder von Bethlehem auf Befehl von König Herodes hingeschlachtet wurden. Wegen ihm war es so weit gekommen. Wie sollte er mit dieser Schuld leben, wie sollte er am Tag in Frieden leben und in der Nacht ruhig schlafen mit dem Weinen der Kinder und den Schreien der Mütter im Ohr?

Giulia Gonzaga gefällt der Vergleich, sie fühlt sich verstanden.

Juan de Valdés hatte sie schon besucht, als sie noch die Herzogin von Fondi war. Er schätzte ihre kulturellen Anlässe. Sie schätzte seine Kultiviertheit. Er wird ihr Beichtvater, obschon er kein Priester ist. Ihre Gespräche haben den Charakter einer Beichte ohne Absolution.

Oft genug hat sie in ihrem Leben ihre Gefühle verbergen müssen und sich unverstanden gefühlt, in der Familie, in der Ehe mit dem viel älteren und kranken Herzog, als junge Witwe und von vielen Männern umworbene Herzogin. In den Gesprächen mit Juan de Valdés kann sie über ihre Gefühle sprechen, er wird ihr ein väterlicher Freund, ihre gegenseitige Vertrautheit und ihre Kultiviertheit strahlen aus.

Giulia Gonzaga wird die engste Vertraute von Juan de Valdés. Sie bleibt ihm über seinen Tod hinaus verbunden. Sie übersetzt seine Schriften aus dem Lateinischen ins Italienische und lässt sie in Venedig drucken. Im Zug der Gegenreformation und der Römischen Inquisition kommen seine Bücher allerdings auf den Index der verbotenen Bücher und werden aus dem Verkehr gezogen.

Juan de Valdés und Bernardino Ochino sind sich in Neapel begegnet, sie werden Freunde. Sie haben einen regen geistlichen Austausch, sie beeinflussen einander, sie geben einander wichtige Impulse. Sie sind zusammen mit Kardinal Gasparo Contarini die theologischen Köpfe der Spirituali.

Bernardino ist bei ihm, als Juan de Valdés im Sommer 1541 stirbt. Seine bedeutendste Schrift «Alfabeto Cristiano» besteht aus einem Dialog zwischen ihm und Giulia Gonzaga. In diesem Dialog hilft er ihr, die Gefühle zu benennen, Ordnung in ihre Gedanken zu bringen und ihre Seele an der Quelle zu nähren.

3

Die Gruppe der Spirituali trifft sich in Neapel, es ist im Herbst 1541. Bernardino Ochino hält die Predigt in der Kirche San Giorgio Maggiore. Anschliessend empfängt Giulia Gonzaga ihre Gäste im Refektorium des Klosters San Francesco, es gibt ein einfaches Mahl, dazu etwas Wein. Vittoria Colonna, Caterina Cibo, Bernardino Ochino, Pietro Carnesecchi und Marcantonio Flaminio sind anwesend.

Giulia Gonzaga eröffnet nach dem Mahl das Gespräch: «Liebe Freunde, wir erleben den Frühling der Kirche. Wir haben im Gottesdienst mit Fra Bernardino zusammen mit vielen Leuten aus Stadt und Land die Wohltat Christi gefeiert. Es tut gut, gemeinsam zu vernehmen, was Christus gelehrt hat: dass der Höchste uns seine Liebe schenkt und uns zutraut, dass wir das Licht der Welt sind, indem wir unsere Liebe in die Welt hinaustragen.»

Sie berichtet über den Tod von Juan de Valdés. Bis vor kurzem predigte er noch, die Menschen von Neapel waren begeistert, es wurden immer mehr, die sich um ihn scharten. Aber seine Verzweiflung bedrückte ihn mehr und mehr, von allen Seiten fühlte er sich bedroht, sein geschwächtes Herz ertrug die Anfeindungen und Bespitzelungen nicht mehr. Als es im Juli zu schlagen aufhörte, war ganz Neapel in Trauer.

Giulia fährt fort, sie habe ihm auf dem Totenbett versprochen, ihre Gespräche, die Schrift «Alfabeto Cristiano», drucken zu lassen. Auch habe sie ihm fest versprochen, seinem freien Geist treu zu bleiben. Dann habe sie ihm für alles gedankt, was er für sie getan habe und sich von ihm verabschiedet, auch Fra Bernardino sei in seiner letzten Stunde bei ihm gewesen.

Vittoria Colonna berichtet über eine Begegnung mit Michelangelo, die sie erschüttert hat. Er hat sie eingeladen, ihm bei der Arbeit in der Sixtinischen Kapelle zuzuschauen, was er sonst niemandem erlaubt, nicht einmal seinem Auftraggeber, dem Papst. Er sagte ihr, dass er keine Ruhe mehr habe, dass er sich nicht mehr auf die Arbeit konzentrieren könne. Wie das entwöhnte Kind bei seiner Mutter - so ruhig sei seine Seele nur bei ihr.

Sie haben sich bei der Brücke der Engelsburg getroffen. Er hat sie in die Sixtinische Kapelle geführt, dann stand sie vor dem Bild, fünfzehn Meter breit und ebenso hoch, himmelblau der Hintergrund und Hunderte von Leibern, die schweben oder ins Leere fallen. Alle sind nackt, nicht nur die Verdammten, auch die Geretteten, auch die Heiligen.

Sie wurde vom Schwindel ergriffen, sie musste sich setzen.

«Sag nur ein Wort», drängte er sie.

Sie wusste nicht, was sie sagen sollte. Die Worte blieben ihr im Hals stecken. Sie murmelte vor sich hin, nur so, um doch noch etwas zu sagen: «Du richtest dich selber mit diesem Fresko.»

Michelangelo zeigte auf eine Gestalt mitten in einer Gruppe von Teufeln, die von einer Schlange umwickelt wird. Voller Verachtung spottete er: «Schaut, das ist der Späher des Papstes. Erst hat er mich heimlich bei der Arbeit beobachtet und mich beim Papst angeschwärzt. Er hat mich im Namen seines Herrn zur Rede gestellt und seiner Entrüstung über die schamlose Nacktheit meiner Figuren freien Lauf gelassen. Sie wäre passender für ein Bordell oder eine Weinschenke, aber nicht für einen heiligen Ort wie diesen. Da habe ich ihn bei den Teufeln verewigt.»

«Aber die Schlange beisst ihn ...»

«Ja, die Schlange beisst ihn in sein bestes Stück», lachte Michelangelo höhnisch. «Das hat er davon, meine Kunst beim Heiligen Vater in den Schmutz zu ziehen.»

Sie flehte ihn an, diese Darstellung sei seiner nicht würdig, er würde sich selber schaden, er würde sich selber richten, dies sei doch der heiligste Raum der Kirche.

Michelangelo beschwichtigte sie, er habe die Geschichte dem Papst gebeichtet und dieser habe ihm die Absolution erteilt und lachend gesagt: «Ach, das geschieht ihm recht, er ist ein schmieriger Intrigant. Ich werde ihm sagen, dass Gott mir im Himmel und auf Erden wohl Macht gegeben hat, dass ich aber in der Hölle nichts vermag, dass in der Hölle auch der Heilige Vater gar nichts vermag.»

Michelangelo habe beigefügt, dass er auch sich selber bei den Verdammten dargestellt habe. Er habe auf eine besonders traurige Gestalt gezeigt. Seine Gesichtszüge seien deutlich zu erkennen, ihr Körper jedoch bestehe nur aus Haut, ohne Fleisch und ohne Knochen, ohne Rückgrat, ein Albtraum einer menschlichen Kreatur.

Die anderen schweigen eine ganze Weile. Giulia Gonzaga nimmt den Faden auf und wendet sich an Bernardino: «Was sagt Ihr dazu, Bruder?»

Seit siebenunddreissig Jahren trägt er die Mönchskutte und achtet den Körper und seine Bedürfnisse gering. Die Idee vom Sturm des jüngsten Gerichts, der alle Menschen, auch die hohen Würdenträger, erfasst, so dass alles Verborgene ans Licht kommt, gefällt ihm. Aber das Zelebrieren der Nacktheit im heiligsten Raum der heiligen Kirche verabscheut er.

Er schüttelt nur den Kopf. *De homini carnali fare spirituali*, die Menschen in die Nachfolge Christi führen, das Sinnliche in die geistliche Sphäre überführen, das ist seine Berufung. Den Menschen geistliche Nahrung geben, um sie von den fleischlichen Bedürfnissen abzulenken.

Der Mensch braucht geistliche Nahrung, davon ist Bernardino beseelt.

Damals als Novize im Kloster hatte ihm die Trennung vom Vater und von seiner Jugend schwer zu schaffen gemacht. Er war sich im Kloster wie im Gefängnis vorgekommen, als liege er in Ketten gefesselt. Dem alten weisen Klosterbruder gelang es, ihm die Ketten erträglich zu machen, indem er ihm Geschichten vom heiligen Franziskus erzählte. Er tat dies so anschaulich und von Herzen, dass Bernardino sie wie Muttermilch aufsog. Sie wurden ihm zur geistlichen Nahrung.

Vom Körper ablenken. Ja. Aber über den Körper sprechen? Nein. Das konnte er nicht, schon gar nicht über seine körperlichen Bedürfnisse.

Sie plagen ihn, sie haben ihn schon immer geplagt. Wie soll er einen Sinn haben für das Ideal des nackten Menschen in der Kunst von Michelangelo?

Da ist nichts Göttliches, im Gegenteil, nur fleischliche Versuchung.

Caterina beobachtet ihn, wie er angestrengt nachdenkt. Sie lächelt verständnisvoll. Nur ein Mal, ein einziges Mal in seinem Leben hat er sich in seiner Not verstanden gefühlt. Es war in einem Gespräch mit Caterina, in dem sie zum Ausdruck brachte, dass sie wusste, wie sehr er sich plagte: «Ich kenne die Not der Männer, ich weiss, dass das Gelübde der Keuschheit eine viel zu schwere Last ist.»

Er sagt lieber nichts.

4

Während die andern über das Jüngste Gericht und über Michelangelo reden, beschäftigt Bernardino etwas anderes. Noch etwas, worüber er nicht sprechen kann.

Es sind drei Jahre her, dass er in Florenz zum Generalvikar der Kapuziner gewählt wurde. Nun ist es wieder so weit. Das Kapitel der Kapuziner, das in den nächsten Tagen in Neapel tagt, wird ihn wieder zu ihrem Generalvikar wählen. Alle wollen, dass er das Amt für weitere drei Jahre übernimmt. Seine Brüder im Orden, seine Freunde aus der Gruppe der Spirituali, vor allem diejenigen, die ihn am meisten gefördert haben, Caterina Cibo und Vittoria Colonna. Sie drängen ihn, das Amt weiterhin auszuüben.

Nichts steht einer zweiten Amtszeit im Weg, Papst Paul hat seine Zusage übermitteln lassen.

Nur Bernardino selber zögert.

Seit einiger Zeit gehen ihm düstere Gedanken durch den Kopf. Was wird aus ihm, wenn sich Gian Pietro Carafa in Rom durchsetzt? Was wird aus seinen Ordensbrüdern, die ihm gegenüber zum Gehorsam verpflichtet sind? Kann er es verantworten, weiterhin ihr geistliches Oberhaupt zu sein, auch wenn er sich von ihnen entfernt hat?

Bernardino muss sich eingestehen, ja, er hat sich von seinem Orden entfernt. Der heilige Franziskus glaubte daran, dass er mit seinem Ideal der Armut die Kirche würde heilen können. Er ist Kapuziner geworden, weil sich diese zum Ursprung orientieren, arm sein, Bettelmönch sein wie Franziskus.

«Du bist so streng mit dir und auch mit mir.»

Caterina hat es traurig gesagt, sie traf damit eine wunde Stelle. In seinen Predigten spricht er von der Wohltat Christi, vom sanften Joch, vom freien Glauben. Das klösterliche Leben empfindet er in letzter Zeit als schweres Joch, in manchen Stunden befällt ihn eine Traurigkeit, die er früher nicht kannte. Was hat Caterina noch gesagt?

«Aber geh nur deinen steinigen Weg, ich werde dich bestimmt nicht aufhalten.»

Ja, sein Weg ist steinig, er spürt den Widerspruch zwischen seiner Botschaft vom sanften Joch und der Mühsal des klösterlichen Lebens.

Ohne inneres Feuer ist alles christliche Streben vergebliche Liebesmüh.

Wie oft hat er diese Worte den Menschen zugesprochen. Gelten sie auch für ihn und für seinen Orden? Bernardino erschrickt bei dem Gedanken, dass es Momente gibt, da er den Eindruck hat, dass das strenge Klosterleben das innere Feuer erstickt ... Ja, er hat sich von seinem Orden entfernt. Wie kann er da noch sein geistliches Oberhaupt sein?

Alle reden ihm gut zu, alle meinen es gut mit ihm, alle setzen ihr Vertrauen in ihn. Er fühlt sich gedrängt. Er kann seine Leute nicht enttäuschen, es wird ihm nichts anderes übrigbleiben, als das Amt zu übernehmen. Doch der Zweifel nagt an ihm, er ahnt, dass es ihn in eine Sackgasse führen wird.

Wer wird ihm diesmal die Hand bieten?

Erst war es der alte Klosterbruder gewesen, der ihn in der ersten Zeit im Kloster aus der inneren Not führte, indem er ihm geistliche Nahrung gab. Dann war es Caterina gewesen, als er bei den Franziskanern keine Zukunft mehr sah, indem sie ihm ihr Vertrauen schenkte. Er hat es in erster Linie ihr zu verdanken, dass er nun der Hoffnungsträger der Kirchenreform ist. Es kommt ihm vor wie ein Höhenflug: erst die vertraulichen

Gespräche in Camerino, dann sein Wechsel zu den Kapuzinern, schliesslich die päpstliche Beauftragung zum Apostolischen Prediger Italiens und die Wahl zum Generalvikar seines Ordens. Sind ihm nicht die Herzen unzähliger Menschen in den Städten Italiens zugeflogen? Sie jubelten ihm nach der Predigt zu, sie fühlten sich verstanden, wie oft bekam er zu hören: «Fra Bernardino, Ihr habt mir aus dem Herzen gesprochen.»

Dann war plötzlich etwas da, das ihn zutiefst erschreckte, jenes unheimliche Grollen aus der Tiefe der Kirche. Er vernahm es zum ersten Mal in einem Moment, als die Menschen besonders begeistert waren.

«Denn mein Joch ist sanft und meine Last ist leicht.»

Sie feierten ihn, weil sie sind erleichtert fühlten, Gott meint es gut mit ihnen. Was für eine Wohltat, frei glauben zu dürfen. Sie waren begeistert, sie jubelten ihm zu. In diesem Moment hörte er das unheimliche Grollen und er wusste unwillkürlich, es galt ihm, weil er an den Grundfesten der heiligen Kirche rüttelt. Es war ihm sofort klar, es ist der Vorbote eines Erdbebens, das die Kirche erschüttern wird.

Er hört kaum zu, wie seine Freunde vom Kunstwerk in der Sixtinischen Kapelle schwärmen, wie sie davon sprechen, wie es die hohen Herren der Kurie zu Tode erschrecken und sie dazu drängen werde, in sich zu gehen und ihr Leben zu ändern. Das Jüngste Gericht von Michelangelo werde die heilige Kirche von innen heraus erneuern.

Wunschdenken, geht es Bernardino durch den Kopf, wie leichtgläubig seine Freunde sind. Wie leichtgläubig seine Brüder im Orden und viele Menschen in ganz Italien sind, wenn sie ihm begeistert zujubeln, wenn sie ihre Hoffnung auf ihn setzen, darauf vertrauen, dass mit ihm der Frühling der Kirche anbricht.

Nur Giulia Gonzaga ahnt etwas. Ihr Schlusswort ist Balsam für seine Seele, sie enthalten den jesuanischen Geist. «Wie schön, wenn wahr würde, was ihr sagt. Aber leider muss ich Klartext sprechen. Ich tue es mit Worten, die Jesus gesprochen hat:

‹Mit wem soll ich die Menschen dieses Geschlechts vergleichen?
Kindern sind sie gleich, die auf dem Marktplatz sitzen und einander zurufen:
Wir haben euch aufgespielt,
und ihr habt nicht getanzt,
wir haben Klagelieder gesungen,
und ihr habt nicht geweint.›

Ich finde es auch grossartig, was Michelangelo in der Mitte der heiligen Kirche erschafft. Doch wir wollen nicht naiv sein, wir wissen, dass der Feind nicht schläft. Wir wissen genau, dass der Frühling nicht dauert, weil die Süsse der göttliche Liebe in der Welt und im Herzen der Menschen einen schweren Stand hat. Ihr alle wisst, wie sich mir in jener Nacht in Fondi beim Überfall der Barbaren der Abgrund offenbart hat. In letzter Zeit höre ich es in der Nacht wieder, jenes Donnergrollen aus der Ferne, das die Katastrophe ankündigt. Doch Brüder und Schwestern, bleiben wir unserer Sache treu, was auch immer geschehen mag, denkt daran, Angst mindert die Gefahr nicht.»

5

Er läuft vor seinem Schreibtisch hin und her, bleibt einen Moment stehen, dann setzt er sich nieder und schreibt:

«Der Mensch ist ein schwaches und widersprüchliches Geschöpf. Der Apostel Paulus sagt im Brief an die Römer: ‹Denn nicht das Gute, das ich will, tue ich, sondern das Böse, das ich nicht will, das tue ich.› Er hat recht, der heilige Paulus. Wie tiefgründig er die Menschenseele erfasst hat, der Mensch ist ein Abgrund an Gegensätzlichem und er verliert sich darin. Darum braucht er eine starke Hand, die ihn vor seinem eigenen Abgrund bewahrt. Wer kann ihn bewahren, wenn nicht die heilige Kirche? Aber dazu muss sie stark sein und sie muss mit den nötigen Mitteln ausgerüstet sein. Die Herde braucht einen starken Hirten, der mit einem Stock ausgerüstet ist. Voilà. Da haben wir es. Es ist genau das Mittel, das momentan fehlt.»

Der Kardinal schreibt weiter in seinem Bericht: «Die heilige Kirche zögert. Sie zaudert. Sie öffnet sich der Ketzerei. Sie sucht das Gespräch mit den Ketzern. Sie führt Religionsgespräche, sie sucht den Kompromiss. In dieser stürmischen Zeit aber braucht es ein taugliches Schiff. Wir sind bereit, der heiligen Kirche zu helfen, für den schlimmsten Fall machen wir die Arche flott, wir übernehmen für sie die Arbeit, die niemand bereit ist zu tun, nicht einmal sie selbst.»

Gian Pietro Carafa steht auf und streckt sich, er geht hin und her, er nickt, er ist mit sich zufrieden. Er setzt sich nieder und schreibt weiter:

«Wer ist unser gefährlichster Feind? Der Ketzermeister aus Deutschland? Martin Luther, der Aufrührer? Nein, er ist der beste Feind, den wir uns wünschen können. Als solcher ist er geradezu unser Verbündeter. Dank ihm wissen wir, wer unser gefährlichster Feind ist. Dank Luther wissen wir, wer uns ins Verderben stürzen will. Es sind die Katholiken selber. Die heilige Kirche ist vom Gift der Ketzerei befallen. Und wir sind dazu berufen, sie von diesem Gift zu befreien.

Wir sind das Unkrautvertilgungsmittel der heiligen Kirche, *soli deo gloria*. Dank seiner Gnade ist es uns gegeben, dabei Vernunft walten zu lassen. Wir üben zwar Gewalt, aber nur so viel, wie notwendig ist. Zum Seelenheil der Sünder und der Ketzer und zum Besten der heiligen Kirche. Unser Heilmittel ist die rechte Gottesfurcht. Dank ihr wird es uns möglich sein, mit möglichst wenig Gewalt den Glaubenskrieg in Italien zu verhindern.»

Wieder steht Gian Pietro Carafa auf, ja, das ist es, das ist der Kern seiner Erkenntnis. Mit möglichst wenig Gewalt Ordnung herstellen und den Glaubenskrieg verhindern. Er lächelt. Dieses Argument wird die Kardinäle und auch den Papst überzeugen. Die Kunst der Römischen Inquisition wird darin bestehen, mit einem Minimum an Gewalt ein Maximum an Furcht und Schrecken zu erzeugen. Carafa gerät in einen Rausch, das ist es!

Es wird nicht sein wie in Spanien, wo die Scheiterhaufen Tag und Nacht brennen. Wir machen keine halben Sachen: Mit jedem Inquisitionsprozess werden wir den Italienern und der ganzen Welt eine Lektion erteilen.

Der Papst und seine Günstlinge, die sich mit den Ketzern an einen Tisch setzen und sogar von einem Weltkonzil träumen, wo man sich mit den Protestanten versöhnt – die ganze laue Brut wird uns auf den Knien bitten, ihnen beizustehen, um für sie zu tun, wozu sie zu feige sind. Um die Katastrophe abzuwenden, lassen wir dann das Grollen aus dem Höllenreich ertönen, *il rombo*. Es wird Furcht und Schrecken verbreiten und die Menschen zur rechten Gottesfurcht führen. Dann wird der Moment kommen, auf den wir lange gewartet haben, nach der Methode des Chirurgen schneiden wir das bösartige Geschwür aus dem Leib der heiligen Kirche und heilen sie von ihrer Krankheit.

Carafa reibt sich die Hände, auch diesen Gedanken wird er noch aufschreiben. Er hat genug Beweismittel zusammengetragen, jetzt hat er auch das Vorgehen skizziert, er ist zufrieden mit sich.

6

Der Palazzo Farnese in Viterbo liegt gegenüber der Kathedrale San Lorenzo, es ist ein prächtiger Renaissancepalast. Die Familie Farnese war reich und angesehen. Sie hat es weit gebracht: Immerhin ist ihr Spross Alexander Farnese Papst geworden, Papst Paul III., ein gewiefter Kirchenpolitiker, der auf der ganzen Klaviatur der Diplomatie zu spielen wusste. Es gelang ihm, den Kaiser hinzuhalten in seinem Bestreben um ein Weltkonzil zur Einigung der abendländischen Christenheit, um geeint die Türkengefahr abzuwenden. Er tat, als ob er die Kirchenreform fördern wollte, indem er den Hoffnungsträger der reformfreudigen Kräfte zum Apostolischen Prediger ernannte: soll er predigen, das hat noch nie geschadet. Oder indem er den reformfreudigen Gasparo Contarini und Reginald Pole den Kardinalshut verlieh. Er tat es nach gut katholischer Methode: Wir binden die schwierigen Kinder ein, dann werden sie sich schon erkenntlich zeigen. Gleichzeit ernannte er den Scharfmacher Gian Pietro Carafa zum Kardinal. Ein folgenschwerer Schachzug.

Was aussah, als würde der Papst die konservativen und die reformfreudigen Kräfte unter einen Hut bringen, wird bald eine andere Wende nehmen.

Im prächtigen Palazzo Farnese in Viterbo hat Papst Paul III. seine Kindheit und Jugend verbracht. Ausgerechnet in dieser seiner Geburtsstadt, die sich in der Geschichte immer durch ihre Treue zu Rom ausgezeichnet hat, finden die Spirituali einen besonders guten Boden für ihre Gedanken. Im Umkreis von Kardinal Reginald Pole bildet sich die reformfreudige Ecclesia Viterbiensis.

Vittoria Colonna hat in Viterbo im Kloster Santa Caterina Zuflucht gefunden. Das Kloster gibt es nicht mehr, nur der Strassenname «Largo Vittoria Colonna» erinnert an ihren Aufenthalt in Viterbo. Es ist eine kleine, armselige Gasse. Im Bookshop des städtischen Kunstmuseums liegt das Buch ‹Eretici non Eretici, Vittoria Colonna, Michelangelo e il circolo degli spirituali›: Es lässt jene kurze, besondere Zeit der Ecclesia Viterbiensis aufleben.

Als sich die Spirituali im Winter des Jahres 1542 in Viterbo versammeln, steht die eine Frage im Raum: Wie lange wird der Farnese-Papst noch zuwarten und die Spirituali gewähren lassen? Wie lange wird er dem Druck von Kardinal Gian Pietro Carafa standhalten? Es scheint nur eine Frage der Zeit zu sein, bis er ihm nachgeben und die Römische Inquisition einrichten wird, um dem Frühling der Kirche ein Ende zu bereiten.

Nach dem Gottesdienst in der Kathedrale San Lorenzo versammeln sich die Spirituali im Kloster Santa Caterina auf der gegenüberliegenden Seite der Stadt, neben dem Palazzo Riario. Vittoria Colonna als Gastgeberin begrüsst die kleine Schar im Refektorium des Klosters, nach der bescheidenen Mahlzeit beginnt sie das Gespräch.

Vittoria berichtet, dass sie seit kurzem in diesem Kloster lebe, Kardinal Pole kümmere sich rührend um sie. Er gebe ihr den nötigen Rückhalt, dass sie ohne die Einbindung in ihre mächtige Familie ihre neue Lebenssituation bewältigen könne. Im Kloster Santa Caterina dürfe sie an der klösterlichen Gemeinschaft teilhaben und sei gleichzeitig frei, ihr Leben selbstständig zu gestalten. Sie könne sich weiterhin der Kunst des Dichtens widmen und sich für die Sache der Erneuerung der Kirche einsetzen.

«Ihr wollt wissen, ob ich hier glücklich bin? Nein, glücklich bin ich nicht. Das Glück ist mir im Verlauf meines Lebens Stück für Stück zerbrochen. Es gibt Momente, da spüre ich in mir die Sehnsucht nach dem Glück. Etwa dann, wenn mir ein Gedicht gelingt. Die klösterliche Gemeinschaft gibt mir Trost in der Einsicht, dass wir gebrannte Kinder sind. Die Gespräche mit Gleichgesinnten geben mir die Geduld, am Frühling der heiligen Kirche festzuhalten.»

Giulia Gonzaga schildert die Situation in Neapel: «Wir werden auf Schritt und Tritt überwacht. Es vergeht kein Tag, da nicht einer von uns in Rom angeschwärzt wird. Die Lage ist ernst, die Späher von Carafa sind Tag und Nacht hinter uns her, sie lauern hinter jeder Ecke, in jeder Person, sogar in den Menschen, denen man vertraut. Zu guter Letzt trauen wir unseren Nachbarn, sogar unseren Freunden nicht mehr über den Weg, es ist zum Verrücktwerden.»

Kardinal Reginald Pole beschwichtigt, er verspricht, dass er seinen Einfluss geltend machen werde, um die Kirchenreform zu stärken: «Die Erneuerung der heiligen Kirche muss auch von oben kommen, sonst verpufft sie.»

Er erinnert daran, dass es vor kurzer Zeit einen Papst gab, der die heilige Kirche reformieren wollte. Es war der holländische Papst Hadrian, der im Jahr 1521 mit seinem Schuldbekenntnis Furore machte. Darin hiess es, die heilige Kirche sei von Grund auf verdorben. Vom Kopf der Kirche, vom Heiligen Stuhl her hätte sich der verdorbene Geist nach unten auf die ganze heilige Kirche ausgebreitet. Papst Hadrian beliess es nicht bei der Diagnose, sondern verordnete sich und seiner Kirche als bittere Medizin eine umfassende Reform. Sogar der grosse Humanist und Kirchenkritiker Erasmus von Rotterdam war von seinem Landsmann auf dem Stuhl Petri begeistert.

Für einen Moment schien eine Reform der Kirche zum Greifen nahe. Doch die Hoffnung zerbrach schnell. Der reformfreudige Papst hatte in der Kurie, in den Klöstern und im Volk wenig Rückhalt, die Zeit für Reformen war nicht reif. Nach zwei Jahren Pontifikat starb Papst Hadrian. Das Gerücht ging um, er sei vergiftet worden.

Jetzt ist die Zeit reif für einen Frühling der Kirche, davon sind die Spirituali überzeugt. Die Menschen sehnen sich nach einer glaubwürdigen Kirche, deren Sprache man versteht, die christliche Gemeinschaft im alltäglichen Leben praktiziert, wie das in Viterbo geschieht. Es werden immer mehr Menschen, die mitmachen, es sind auch viele Klöster, die sich dem Geist der Spirituali öffnen. Im Unterschied zu anderen Städten haben die Spirituali in Vitberbo in Kardinal Reginald Pole einen prominenten Vertreter der Kurie, der ihnen den Rücken stärkt. Sie sind sich bewusst, dass sie trotzdem einen schweren Stand haben: Auch sie sind alle im Visier von Carafas Spitzeln, auch ihre gemeinsamen Gespräche werden überwacht, ihre Briefe werden abgefangen.

«Fra Bernardino, was seid Ihr so schweigsam?»

Seitdem er wieder zum Generalvikar der Kapuziner gewählt worden ist, lastet sein innerer Zwiespalt schwer auf seinen Schultern. Mit seinen Predigten entfernt er sich immer mehr von der katholischen Kirche.

«Mein Joch ist sanft und meine Last ist leicht», Christus hat die Last des Unglaubens abgetragen und das Joch des Kreuzes auf sich genommen. Er hat den Menschen alles abgenommen, was ihnen zum Gottvertrauen und zum Seelenheil im Weg steht. In Bernardino ist die Einsicht gereift, dass dieses Glaubensverständnis das Mittel ist, die kranke Kirche zu heilen.

Er erinnert sich an ein Gespräch mit Kardinal Gasparo Contarini.

«Weisst du, Fra Bernardino, worin die beste Gabe der heiligen Kirche besteht?», hat der ihn bedeutungsvoll gefragt. «Sie integriert die Ketzer, sie hat Franziskus mitsamt seinem radikalen

Armutsideal in ihren Schoss aufgenommen. Weisst du, Fra Bernardino, ich vertraue darauf, dass sie auch uns in ihren Schoss aufnehmen wird.»

Für den Kardinal war demnach klar, dass sie Ketzer waren.

Bernardino weiss noch, wie ihm in jenem Moment zumute war. Er war zu Tode erschrocken und gleichzeitig erfüllte ihn eine unbeschreibliche Freude. Er fühlte sich dem heiligen Franziskus so nahe wie noch nie und er fühlte sich auch mit Gasparo Contarini verbunden, dem Fels in der Brandung der heiligen Kirche. Auf ihn ist Verlass. Von jenem Moment an trägt er seine Worte in sich: «Weisst du, Fra Bernardino, ich vertraue darauf, dass die heilige Kirche auch uns in ihren Schoss aufnehmen wird.»

«Zwei Exemplare der Schrift sind mir gestohlen worden.» Marcantonio Flaminios Stimme reisst Bernardino aus seinen Gedanken. Er habe die Schrift «Die Wohltat Christi» überarbeitet und drei Exemplare angefertigt. Nun sei in seine Wohnung eingebrochen worden. Anschliessend fehlten zwei Abschriften, sonst nichts. Er ist überzeugt, dass Carafa seine Hand im Spiel hat und er die gestohlene Schrift nun als Beweismittel gegen sie einsetzen will.

7

Kardinal Gian Pietro Carafa findet wieder einmal den Schlaf nicht, er wälzt sich missmutig auf dem Lager hin und her. Die Ermittlungen gegen die Spirituali sind fortgeschritten, die Beweismittel liegen auf dem Tisch und doch zögert der Heilige Vater.

Was seine Späher melden, ist höchst beunruhigend. In allen grossen Städten Italiens hat die Ketzerei Fuss gefasst, in Neapel, in Rom, in Florenz, in Viterbo, in Lucca, in Mailand und natürlich in Venedig. Wohin er seine Späher sendet, die Berichte lauten gleich. Wie ein Flächenbrand breitet sich die Ketzerei aus. Überall stecken sie die Köpfe zusammen, eifrige Kapuziner und vornehme Damen, eifrige Priester und aufmüpfiges Volk. Sogar einige Kardinäle sind schwach geworden, dieser Engländer in Viterbo und vor allem der Liebling des Papstes, Gasparo Contarini in Venedig. Er hört den Papst sagen: «Der Contarini ist mein bestes Pferd im Stall, merk dir das, Carafa.»

In die ganze Welt sendet er diesen Contarini als Botschafter zu Religionsgesprächen mit den Protestanten. Haarsträubend. Der Farnese auf dem Papstthron scheint blind zu sein. Und was noch schlimmer ist: Immer noch schickt er diesen Starprediger und Kapuzinergeneral von Stadt zu Stadt, in seinem Namen. Schamlos verbreitet der seine Ketzereien und treibt sich mit adeligen Damen herum. Das alles will der Papst nicht wahrhaben, er tut nichts anderes als zögern und lavieren.

Was gibt es da noch zu lavieren, was gibt es da noch zu zögern? Hat er ihm nicht seinen Bericht geschickt? Und was war die Antwort? Gar keine, nichts, einfach nichts.

Carafa stöhnt, fieberhaft versucht er, Ordnung in seine wirren Gedanken zu bringen. Doch sie kreisen weiter und weiter. Was nützen seine Beweismittel, wenn der Papst sie in den Wind schlägt? Was hat er noch in der Hand, um ihm die Hölle heiss zu machen?

Mit jenem Schandfleck in der Sixtinischen Kapelle hat er es versucht, der Papst hat ihn ausgelacht: «Carafa, hör mir auf mit dem Michelangelo, er ist der genialste Künstler auf dem Erdenrund. Mag er die mittelmässigen Geister mit seinen Nackten in ihrer Fleischeslust doch reizen, mir soll's recht sein.»

Das soll ein guter Hirte sein? Weiss er denn nicht, dass seine Herde schwach ist und sich leicht verführen lässt?

Mit dem Kapuzinergeneral hat er es beim Papst versucht, der sich mit seinem Heiligenschein bei allen einschmeichelt, um sie dann alle mit seiner protestantischen Ketzerei gegen den Heiligen Stuhl aufzuwiegeln. Und wie hat der Papst reagiert? Gespottet hat er, er möge Gott danken, dass es unter all den verdorbenen Männern in der heiligen Kirche wenigstens noch diesen einen gäbe, der glaubwürdig wäre. Das hat ihm dieser Farnese unter die Nase gerieben, ihm, der sich seit so vielen Jahren redlich darum bemüht, die heilige Kirche vor der protestantischen Ketzerei zu bewahren.

Mit Kardinal Reginald Pole hat er es versucht: Ganz Viterbo würde der hinter sich scharen, neuerdings habe er sich die Colonna unter den Nagel gerissen. Die lebe dort in einem Kloster, ohne dass sie sich an die Ordensregel halten müsse, und treibe zusammen mit dem Kardinal, diesem aufgeblasenen Hahn, der sich als kommenden Papst aufspiele, in seiner Heimatstadt ihr Unwesen. Da ist dem Papst der Geduldsfaden gerissen: «Carafa, lass mir den Kardinal Reginald Pole aus dem Spiel!»

Ob er nicht mehr wisse, dass er diesen gleichzeitig mit ihm zum Kardinal ernannt habe? Es sei gefährlich zu meinen, er könne sich zur höchsten Instanz aufspielen.

Auf die Frauen hat der Papst schon gar nicht mehr reagiert. Nicht auf die Colonna, nicht auf die Herzogin von Camerino, die er eigenhändig enteignet und exkommuniziert hat, nicht auf die Gräfin von Fondi, die nach dem Tod des Spaniers nun seine ketzerischen Schriften übersetzt und drucken lässt. Der schönen Dame genüge es nicht, dem Sultan den Kopf zu verdrehen, ganz Italien soll nach ihrer Geige tanzen.

Gian Pietro Carafa stöhnt, als er daran denkt, wie der Papst ihn richtiggehend ausgelacht hat. Dann hat er ihn grob angefahren, ob er etwa glaube, dass er, der *servus servorum*, der Diener aller Diener, sich bei den Weibern nicht auskenne?

Er macht die Faust. Das lässt er sich nicht bieten, von keinem, auch vom Heiligen Vater nicht. Dem wird er es zeigen, er wird es der ganzen Welt zeigen. Ketzer müssen als Ketzer behandelt werden, das Unkraut muss ausgerissen werden, nur so kann das Kraut zum Blühen gebracht werden. Und er, Carafa, wird dafür sorgen. Die werden sich alle noch wundern.

8

Venedig ist in jener Zeit eine selbstbewusste Stadtrepublik mit einem blühenden Handel und einem regen kulturellen Leben. Weltberühmt sind der Buchdruck und der Buchhandel. Es werden auch Bücher gedruckt und vertrieben, die nicht im Sinn der heiligen Kirche sind, Bibeln in der Volkssprache, Schriften des Humanisten Erasmus von Rotterdam. Die «Sieben Dialoge» von Bernardino Ochino werden in Venedig gedruckt, es werden sogar Schriften von Martin Luther verkauft.

Die Zeit der Freiheit wird jedoch auch in Venedig bald vorbei sein.

Im Jahr 1538 ist Bernardino Ochino zum ersten Mal im Auftrag des Papstes als Apostolischer Prediger in Venedig, kurz nach seiner Wahl zum Generalvikar des Kapuzinerordens. Er nutzt die Gelegenheit und wird beim Senat der Republik Venedig vorstellig, er ersucht um Erlaubnis, in der Stadt das erste Kapuzinerkloster zu gründen, das Kloster Santa Maria degli Angeli. Er predigt in der Basilika San Marco an der grossartigen Piazza San Marco mit dem stolzen Campanile, dem Symbol von Venedig.

Kardinal Pietro Bembo schreibt über den Eindruck, den seine Predigten in Venedig hinterlassen: «Unser Fra Bernardino wird hier geradezu angebetet. Keiner ist da, der ihn nicht bis in den Himmel erhöbe. Wie tief dringt er ein, wie erhebend und tröstlich redet er! Ich will Gott bitten, dass er ihm sein Leben so einrichte, dass es länger vorhalten möge für die Erbauung seiner Mitmenschen.»

Ein anderer Zeitzeuge berichtet: «Bei Ochino trug neben dem Ruf der Beredsamkeit und dem einschmeichelnden, gewandten Ausdruck sein zunehmendes Alter, seine Lebensweise, die raue Kleidung des Kapuziners, der lange bis auf die Brust reichende Bart, das graue Haar, die Blässe und die Magerkeit des Angesichts und der Anschein der körperlichen Schwäche, endlich der Ruf eines heiligen Lebens dazu bei, dass die Bewunderung der Menge fast das menschliche Mass überschritt. Wo immer er öffentlich reden sollte, da sah man die Bürgerschaft in Aufregung. Keine Kirche war gross genug, um die Menge der Zuhörer zu fassen, die Männer strömten ebenso zahlreich herbei wie die Frauen. Ging er dann anderswohin, so eilte man wieder von allen Seiten herbei, um ihn zu hören. Und nicht allein vom niedrigen Volk, sondern auch von Fürsten und Königen wurde Ochino verehrt.»

Kardinal Pietro Bembo schreibt aus Venedig an Vittoria Colonna: «Ich rede jetzt vertraulich mit Ihnen, wie ich heute Morgen mit dem ehrwürdigen Padre Fra Bernardino geredet habe. Ihm öffnete ich Herz und Sinne, nicht anders, als ich es im Angesicht Jesu Christi getan haben würde, dem jener auch, wie ich glaube, gar lieb und teuer ist. Mir wenigstens kam er so vor, als ob ich nie mit einem Mann geredet hätte, der heiliger wäre als er.»

Als der wegen Ketzerei verhaftete Prediger Giulio von Mailand trotz seines Widerrufs in strenger Haft behalten wird, nimmt Bernardino den Vorfall auf: «Wohin soll es führen, wenn solches geschehen darf», ruft er von der Kanzel im San Marco, «wenn du, o Königin des Meeres, diejenigen, die dir die Wahrheit verkünden, in Kerker und Bande wirfst und auf die Galeeren schickst? Welche Stätte bleibt dann für die Wahrheit noch übrig? O könnte sie doch frei verkündet werden! Wie vielen, die jetzt blind sind, würden die Augen aufgehen!»

Er wird umgehend denunziert, der Nuntius erteilt ihm ein Predigtverbot. Doch die Bürgerschaft von Venedig wehrt sich für den beliebten Gastprediger. Der Nuntius muss klein beigeben, schickt jedoch einen Bericht über den Vorfall nach Rom.

9

In Venedig treffen sich die Spirituali im Frühjahr 1542 im Palazzo Contarini. Als Kardinal Gasparo Contarini das Treffen eröffnet, ist er sichtlich gezeichnet.

Ist er krank oder hat ihn sein vergebliches Bemühen um die Kirchenreform erschöpft?

Er berichtet vom Religionsgespräch in Regensburg. Kaiser Karl war in Regensburg anwesend, um sich ein Bild vom Stand der Dinge zu machen. Er musste zur Kenntnis nehmen, dass der Graben zwischen den verfeindeten Katholiken und Protestanten unüberbrückbar ist und dass ihm nichts anderes übrigbleiben wird, als zu tun, was er hatte vermeiden wollen: Statt mit vereinten Kräften die Türkengefahr abzuwehren, muss er sich auf die Seite der Katholiken schlagen, um im Innern seines Reichs für Ruhe und Ordnung zu sorgen.

Die Protestanten wurden durch Johannes Calvin und Philipp Melanchthon vertreten, die Katholiken durch Kardinal Gasparo Contarini und Johannes Eck. Gasparo Contarini hatte das Gespräch zusammen mit Philipp Melanchthon vorbereitet. Beide waren überzeugt, dass eine Einigung möglich sei. Umso grösser war die Ernüchterung, als die Falken auf beiden Seiten die Hoffnung auf eine Versöhnung im Keim erstickten.

Auf beiden Seiten gab es eine Person, die die Fäden zog. Bei den Protestanten war es Johannes Calvin aus Genf. Auf der Seite der Katholiken war der Strippenzieher nicht anwesend. Gasparo

Contarini stellte mit der Zeit fest, dass nicht nur die protestantische, sondern auch die katholische Seite jegliche Annäherung verhinderte. Es war, wie wenn sie miteinander ein stillschweigendes Abkommen getroffen hätten. Endlich begriff er, woher der Wind wehte: Jemand musste der katholischen Seite die Hölle heiss gemacht haben und dieser jemand konnte nur Kardinal Gian Pietro Carafa sein.

Beim Namen Carafa zucken die Spirituali zusammen, niemand wagt, etwas zu sagen. Giulia Gonzaga durchbricht das Schweigen: «Gasparo, Ihr seid ein kluger Mann und ein erfahrener Diplomat. Hattet Ihr keine Möglichkeit, Euren Einfluss geltend zu machen und Eure Leute auf Eure Linie zu bringen?»

«Meine liebe Giulia», der Kardinal lächelt gequält, «ich habe mich um nichts anderes bemüht. Ich habe alle Register gezogen – nichts zu machen. Ich kann Euch versichern, es ist die empfindlichste Niederlage, die ich in meinem Leben erlitten habe.»

Der Kardinal verliert die Fassung, alle sehen, wie er in sich zusammensinkt. «Sie haben mich und unser Bemühen um eine Kirchenreform richtiggehend verhöhnt. Wisst ihr, was das Allerschlimmste ist? Die Falken auf beiden Seiten machen gemeinsame Sache, nicht offen, aber es fügte sich einfach eins ins andere, die Kirchenspaltung kommt ihnen entgegen. So können sie ihre Machtposition ausbauen. Ihre Anführer sind aus dem gleichen Holz geschnitzt. Da nun das Regensburger Religionsgespräch gescheitert ist, wird dem Papst nichts anderes übrigbleiben, als Carafa nachzugeben.»

Sein Blick ruht auf Bernardino.

Dieser erstarrt. Er weiss, was das bedeutet. Carafa wartet nur darauf, ihn als Ketzer blosszustellen, ihn als Falschspieler zu entlarven: Seht, hinter der Maske des Heiligen verbirgt sich ein Verräter, ein Abtrünniger, der nur eins im Sinn hat: protestantischen Aufruhr.

«Freunde, es war nicht meine Absicht, schwarz zu malen», sagt Gasparo Contarini zum Schluss. «Aber ich wollte euch warnen. Achtet auf euch, geht nach Neapel, Florenz, Viterbo oder bleibt am besten in Venedig. Aber meidet Rom!»

10

«Wie nur sollen wir dieser Ketzerei Herr werden? Sie proben den Aufstand in der Fastenzeit in Venedig, am Karfreitag in Florenz, an Ostern in Viterbo, an Pfingsten in Neapel und an Weihnachten bei uns in Rom. Carafa, du hast doch einen Plan, her damit!»

Kardinal Gian Pietro Carafa triumphiert. Er lässt sich nichts anmerken. «Heiliger Vater, nachdem wir nun die Beweismittel haben, gehen wir den ordentlichen Weg. Wir installieren die Römische Inquisition, wie ich sie Euch beschrieben habe, dann knüpfen wir uns als ersten den abtrünnigen Klosterbruder vor.»

«Fra Bernardino?» Der Papst schüttelt heftig den Kopf. «Auf keinen Fall. Er ist bei der Bevölkerung beliebt, alle wollen ihn bei sich haben. Die Weiber Italiens gehen für ihn durchs Feuer. Ich will den Volkszorn nicht reizen.»

«Ihr habt natürlich recht, Heiliger Vater», beschwichtigt Carafa, «darum ladet Ihr ihn zu einem Gespräch nach Rom ein. Ich werde das Gerücht in Umlauf bringen, dass er möglicherweise zum Kardinal berufen wird. Wir nehmen ihn in Gewahrsam und bieten ihm Vorzugsbehandlung. Wir bereinigen mit ihm Unklarheiten in seiner Theologie, damit gewinnen wir Zeit.»

«Gut, Kardinal Carafa, das mag gehen», der Papst willigt ein. «Leitet die nötigen Massnahmen in die Wege. Denkt daran, ihn einzuladen, bevor wir die Römische Inquisition bekanntgeben.»

Carafa hat das Spiel gewonnen. Jetzt nur nichts falsch machen, alles der Reihe nach. Er bereitet die Bulle «Licet ab initio» vor. Es ist das Gründungsdokument der Römischen Inquisition.

Damit ist das Instrument geschaffen, systematisch gegen das protestantische Gedankengut in den eigenen Reihen vorzugehen. Das Dokument erteilt dem Inquisitor nicht allein die Vollmacht, gegen Ketzer vorzugehen, sondern auch gegen alle, die ihnen mit Rat und Tat behilflich sind oder in irgendeiner Weise offen oder insgeheim für sie eintreten. Sie alle sind einzukerkern, zu befragen, abzuurteilen, ihre Besitztümer sind einzuziehen.

In der schrankenlosen Gewalt liegt das Neue der Römischen Inquisition. Sie wird eine unheimliche Wirksamkeit entfalten. Sie läutet einen permanenten Ausnahmezustand ein, Furcht und Schrecken werden in der Kirche zur Normalität.

Erst einmal lädt der Papst Fra Bernardino nach Rom ein, Carafa reibt sich die Hände. Mitte Juli wird er die Einladung erhalten, eine Woche darauf wird der Papst die Bulle «Licet ab initio» präsentieren.

Carafa schwelgt in der Vorstellung, den Kopf der Ketzerei in Italien endlich in der Hand zu haben. Er wird es erst mit Güte versuchen. Er wird ihm schmeicheln und ihm die Kardinalswürde anbieten. Nach gut katholischer Methode: den Gegner umarmen, um ihn unschädlich zu machen. Ochino wird den Kardinalshut entrüstet zurückweisen. Dann wird er ihn härter anfassen müssen, bis er mürbe wird. Es wird ein Prozedere stattfinden, wie es sich gehört, mitsamt peinlichen Befragungen, wenn nötig mit Folter.

Er wird seine Ketzerbande mitsamt den Ketzerweibern allesamt verraten.

Dann wird es vor der ganzen Welt offenbar werden, wer der Ketzer aller Ketzer in Italien, wer der Luther von Italien ist. Und er, Kardinal Gian Pietro Carafa, hat ihn entlarvt und Italien und die heilige Kirche vor ihm errettet. Wenn er dann in der Vorhölle der Engelsburg schmachtet, wird er, der Inquisitor Gian Pietro Carafa, nichts mehr für ihn tun können, *un vero peccato per lui,* wie schade um ihn, man hat es nur gut gemeint. Das wird er ihm und dem Volk übermitteln, selbst der Heilige Vater selber wird ihn nicht mehr vor dem Scheiterhaufen bewahren können, bei lebendigem Leib, *un vero peccato per lui.*

Was für ein Schauspiel, was für eine Tragödie auf dem Campo dei Fiori!

Der Platz wird voller Menschen sein, alle wollen dabei sein, möglichst nahe am Scheiterhaufen, das Volk, der Adel, die Händler, die Handwerker, die Huren und die Kriminellen, die Jugendlichen heimlich, weil es ihnen die Eltern verboten haben, die Kinder auf den Schultern ihrer Väter, weil sich zu Hause niemand finden lässt, sie zu hüten. Die Frauen werden vor lauter Nervosität ununterbrochen plappern, die Männer machen gute Miene, *fare una bella figura.*

Niemand will seinen Tod, alle bedauern ihn, *un vero peccato per lui.*

Vor allem möchte niemand an seiner Stelle sein. Also ist es doch besser, dass er brennt, einer für alle, so wollen sie ihn doch alle brennen sehen, den abtrünnigen Heiligen, den grössten Ketzer, den Rom je gesehen hat. Grösser als Savonarola in Florenz. Eine solche Hinrichtung muss genau vorbereitet und durchgeführt werden. Das Holz muss trocken sein, der Pfahl, an den der Ketzer gebunden wird, robust, der Scheiterhaufen aus dünnen Scheitern und Stroh muss sorgfältig aufgehäuft werden.

Gian Pietro Carafa sieht vor seinem inneren Auge schon, wie der Henker den Verurteilten zum Scheiterhaufen führt. Er ist bemüht, aufrecht zu gehen, es gelingt ihm nicht, er ist von der langen Kerkerhaft, all den Verhören und der Folter schwer gezeichnet. Der einst so stolze Franziskanermönch und Kapuzinergeneral muss gestützt werden, er kann sich nicht aufrecht halten, gebeugt nähert er sich dem Scheiterhaufen. Wie ein Schaf, das zur Schlachtbank geführt wird, so muss es sein. Ein Ketzer muss als Ketzer behandelt werden. Und wenn Fra Bernardino aufrecht, stolz und lächelnd neben dem Henker hergehen wird?

Ach, die Leute vergessen schnell. Was dann kommt, wird den Menschen in Erinnerung bleiben. Was für immer und ewig bleibt, ist das Schreien der Todgeweihten. Er hat es erprobt, er hat die Menschen genau beobachtet. Zu Beginn des Schauspiels sind sie in Feststimmung, eine öffentliche Verbrennung ist eine Attraktion, ein Nervenkitzel. Man feiert den Tod mitten im Leben, mehr noch, die feierliche Inszenierung von schrankenloser Gewalt.

Die Römer haben einen Sinn dafür, sie haben das im Blut. Das war bei den alten Römern schon so. Die heilige Kirche hat als Ersatz das Sakrament der Eucharistie mitsamt der Wandlung von Blut und Wein und, hie und da, selten genug, das Schauspiel einer Ketzerverbrennung.

Carafa ist im Rausch, er sieht seinen Gegenspieler langsam verbrennen. Es wird den Verlauf nehmen wie bei allen Ketzerverbrennungen: ob zu Beginn tapfer und todesmutig, im Feuer sind sie alle gleich. Der Henker hat den Scheiterhaufen in Brand gesteckt, das Stroh und das Reisig entwickeln helle Flammen und Rauch zugleich. Für einen Moment sieht man den Gebundenen nicht mehr. Man denkt, das sei es gewesen, das Volk schreit und tobt. Ist es der Triumph der Ordnung über die Ketzerei? Wie auch immer.

Doch erst was dann kommt, ist entscheidend. Wenn das Auge satt ist, dann kommt das Ohr zum Zug. Es sind die entsetzlichen Todesschreie, sie sind unmenschlich, monströs sind sie, die Schmerzensschreie, sie reissen den Menschen das Herz aus dem Leib, sie sind wie gelähmt vor Schreck. Dann legt sich eine wunderbare Stille über den Platz und eine Scham darüber, dass man auf geheimnisvolle Weise an der Gräueltat beteiligt war.

Mitgegangen, mitgehangen.

*Bernardino Ochino als reformierter Prediger,
Paris 1730*

Flucht ohne Ende

With no direction home

1

Am 15. Juli 1542 ist es so weit. Es klopft an die Tür der Zelle von Fra Bernardino: «Ein Brief aus Rom, es ist dringend, der Heilige Vater ruft Euch.»

Er verbringt einige Wochen in Verona im Kloster bei seinen Kapuzinern. Das Kloster liegt bei der Stadtmauer, wo die Adige aus der Stadt fliesst. Die Stille der Klostergemeinschaft tut ihm gut, die Einsamkeit der Zelle, die Mahlzeiten, die sie schweigend einnehmen, das gemeinsame Beten in der Klosterkapelle.

Und nun das. Bernardino erstarrt. Es ist das Ende, er hat gewusst, dass es so weit kommen wird, er hat darauf gewartet. Seine Hände zittern, als er die Zeilen liest: «Unserem Herrn sind einige Dinge von einigen Brüdern Eures Ordens zu Ohren gekommen, die, weil Ihr in Sachen Religion so eifrig seid, einer Abhilfe bedürfen. Der Heilige Vater beabsichtigt, Euch als Generalvikar des Kapuzinerordens so bald als möglich zu konsultieren, um die nötigen Massnahmen zu ergreifen.»

Bernardino weiss, dass sie ihn unter einem Vorwand nach Rom locken, um ihn vor das neu erschaffene Tribunal zu bringen. Sie sind daran, die Römische Inquisition ins Leben zu rufen, um dem Frühling der Kirche in Italien ein Ende zu bereiten.

Er hat es nicht für möglich gehalten, dass sich der Heilige Vater gegen ihn wenden wird. Nun hat sich Gian Pietro Carafa also doch durchgesetzt. Schreckliche Gerüchte über den Inquisitor machen die Runde. «Wenn mein eigener Vater ein Ketzer wäre», soll er gesagt haben, «würde ich Holz zusammentragen, um ihn auf dem Scheiterhaufen zu verbrennen.»

Solche Worte verbreiten Angst und Schrecken, niemand fühlt sich mehr sicher. *Il rombo*, das unheimliche Grollen aus dem Inneren der heiligen Kirche beginnt, seine Wirkung zu entfalten.

Wie hat Bernardino noch vor kurzem seine Leute beschwichtigt: «Uns werden sie nichts antun, wir sind die Zukunft der Kirche. Wir haben grossen Zulauf, junge Männer und Frauen kommen zu uns, sie alle wollen mithelfen, das Erbe des heiligen Franziskus glaubwürdig weiterzutragen.»

Nun bleibt ihm nichts anderes übrig, er wird sich wie Martin Luther hinstellen müssen: «Hier steh ich und kann nicht anders.»

Er betet, er ringt mit seinem Gott. Führe du mich und zeige du mir den Weg. Wieder schweigt der Höchste. Wie damals bei der Maria Magdalena in Assisi, er muss es selber wissen. Aber jetzt geht es nicht mehr nur um ihn. Ihm sind Hunderte von Männern und Frauen anvertraut, die ihre Familie, ihren Beruf, ihren Besitz, ihre Freunde aufgegeben haben, um ihr Leben dem Ideal des heiligen Franziskus zu weihen. Er kennt sie alle, sie haben das Gelübde abgelegt. Dazu gehört das Einhalten der strengen Ordensregel und der Gehorsam. Für sie alle trägt er Verantwortung.

Er denkt an die Gespräche mit Caterina, damals im Palazzo Ducale in Camerino, als sie noch Herzogin, er noch Franziskaner war. Auch für sie trägt er Verantwortung. Auch für die andern, die sich in den letzten Jahren mit ihm zusammen bei den Reformbestrebungen weit vorgewagt haben. Auch für sie muss er hinstehen.

Auch für die Menschen, die zu ihm in den Gottesdienst gekommen sind, die sein inneres Feuer begeistert aufgenommen haben, die beseelt sind vom freien Glauben.

Dunkle Gedanken jagen ihm Furcht und Schrecken ein. Wenn er sich als unwürdig erweisen wird, wenn es darauf ankommt, wie Petrus, der seinen Meister verleugnet hat? Welche Schande für ihn, welche Schmach für seinen Orden, für seine Freunde, für ganz Italien.

Er weiss, dass er auf vieles verzichten kann und dass er grosse Strapazen aushält. Jedoch hat er in seinem bisherigen Leben alle Lasten freiwillig getragen. Immer ist es seine Entscheidung gewesen, was er auf sich genommen hat. Wie wird es sein, wenn der Inquisitor über seinen Leib und über seine Seele verfügt?

Nein, er ist kein Held. Er fühlt sich nicht zum Märtyrer geboren.

Er erschrickt bei diesem Gedanken. Wenn dem so ist, kann er nicht nach Rom gehen, hier steh ich und kann nicht anders. Er würde keine gute Figur machen.

Was soll er tun? Er weiss es nicht. Wer kann ihm raten?

«Oculus», Andrea Mantegna,
Deckengemälde in der Camera degli Sposi,
Palazzo Ducale Mantua, zwischen 1465 und 1474

2

Mitten in der Nacht bricht er auf und verlässt das Kloster. Er hat sich von seinen Brüdern nicht verabschiedet. Sie wissen, dass er einen schweren Weg vor sich hat. Er will es ihnen nicht noch schwerer machen, er geht durch das nächtliche Verona, die Wächter schlafen. Es gelingt ihm, die Stadt unerkannt zu verlassen.

Im Morgengrauen legt er sich in einem Pinienhain nieder, ruht sich aus, geht weiter, wartet im Schatten die Mittagshitze ab und macht sich dann wieder auf den Weg. Gegen Abend sieht er in der Ferne die Seen von Mantua. Er erinnert sich, wie Kardinal Ercole Gonzaga ihn damals eingeladen hatte, im Dom zu predigen. Ganz Mantua hing an seinen Lippen, sie bewunderten ihn, wie er ihnen aus dem Herzen sprach über die Liebe zu Gott und von der Befreiung von den Fesseln der Welt, wie sich die Bitterkeit in Süsse verwandelt. Sie hatten ihn wie einen Heiligen verehrt.

Er wartet, bis es dunkel wird, dann geht er durch die Gassen von Mantua. Die Kapuze zieht er tief ins Gesicht, wie ein Verbrecher schleicht unter den Bögen zur Piazza, geht am Dom vorbei, schon steht er vor dem Palazzo Ducale, den Kardinal Ercole Gonzaga bewohnt, seitdem er Stadtfürst von Mantua ist.

Ercole Gonzaga erschrickt, als er ihn vor sich hat. «Kommt, Fra Bernardino, niemand soll Euch sehen. Ihr seid ein gesuchter Mann. Esst und trinkt, stärkt Euch für Euren schweren Weg.»

Bernardino weiss, was es geschlagen hat, er sieht die Panik in den Augen des Kardinals.

«Kommt, ich zeige Euch das Brautgemach.» Der Kardinal führt ihn in die berühmte Camera degli Sposi mit den Fresken von Andrea Montegna. Was hat er vor mit ihm? Ach ja, Bernardino erinnert sich, wie er ihn damals zum Spass gefragt hatte, ob er ihm das Brautgemach mit dem berühmten Deckengemälde zeigen würde. Der Kardinal war irritiert gewesen und hatte die Ausrede kaum über die Lippen gebracht und beigefügt: «Das nächste Mal, Bruder, wenn ihr in Mantua seid, werde ich Euch direkt ins Brautgemach führen.»

Bernardino schüttelt den Kopf und lächelt über den Kardinal, der sich geflissentlich anschickt, sein Versprechen einzuhalten. «Schaut nach oben», Ercole Gonzaga weist mit der rechten Hand auf das Deckengemälde. «Das Oculus, das mit seinem blauen Himmel den Raum durchbricht, und seine Figuren, die von oben herabschauen, machen den Betrachter zum Beobachteten. Eine illusionistische Weltneuheit. Es ist, als wollten die, die von oben auf die Vermählten herabschauen, sie mit ihrer guten Laune und ihrem Humor anstecken. Das Beobachtetwerden von oben erweist sich für sie als ein grosses Glück: Seht, es lachen die lustigen Putten vom blauen, wolkigen Himmel herab, wenn Ihr Euch mit heiligem Ernst mit Euren Begierden abmüht.»

Bernardino hat in dieser Stunde keinen Sinn für Kunst. «Ihr wisst, dass mich der Schlaf am liebsten unter freiem Himmel findet.»

So führt ihn der Kardinal in die Grotta mit dem verwunschenen Garten, wo Bernardino seine Mönchskutte ausbreitet, sich hinlegt, zu den Sternen aufschaut. Er hat grosse Stücke auf Kardinal Ercola Gonzaga gehalten, er hat mit seinem offenen Ohr gerechnet, dass er ihm einen Rat gibt. Dann sah er die Panik in seinen Augen, seine Seele blieb verschlossen. Ist das nun seine Zukunft, dass seine Freunde sich von ihm abwenden, dass sie mit ihm nichts mehr zu tun haben wollen?

Er findet den Schlaf nicht, seine Gedanken kreisen. Was ist mit Ercole Gonzaga geschehen? Er gilt als unbestechlich und umsichtig. Caterina hält grosse Stücke auf ihn, er hat sie damals, als sie noch Herzogin von Camerino war, tatkräftig vor dem Zugriff der Kurie in Schutz genommen.

Wie wird es sein, wenn er in Florenz am Tor des Palazzo Pazzi anklopft? Wie wird ihn Caterina empfangen? Wird er auch in ihren Augen die Panik sehen, wird es ihre letzte Begegnung sein?

Der nächtliche Besuch von Bernardino Ochino im Palazzo Ducale von Mantua hat Ercole Gonzaga tatsächlich Probleme beschert. Bernardino war in Mantua erkannt worden, die Gerüchteküche begann zu kochen. Der Kardinal wird später kategorisch abstreiten, den Ketzer bei sich aufgenommen zu haben.

Im Schlaf hört er sie rufen: Fra Bernardino, willkommen im Brautgemach. Er sieht die lustigen Putten, sie lachen vom blauen, wolkigen Himmel herab, sie lachen über ihn, seht, seht, da liegt der Heilige bei seiner Braut, seht, es sind die Liebenden von Mantua, sie liegen sich in den Armen, sie küssen und umschlingen einander.

Bernardino erwacht. Wo ist er? Ach ja, er liegt auf seiner Mönchskutte im verwunschenen Garten im Palazzo Ducale in Mantua. Was für ein süsser Traum, geht es ihm durch den Kopf. War es das Paradies in den Armen der Pax von Siena oder war es Caterina? Schnell schliesst er die Augen wieder, er will weiter träumen von den Liebenden von Mantua in der Camera degli Sposi. Da sind sie wieder, er erschaudert, es sind zwei Skelette, die sich umarmen, die für immer und ewig beisammen sein werden, der eine Rumpf im anderen verkeilt, die Schädel mit offenem Kiefer. Küssen sie sich oder reden sie oder lachen sie?

Sieht er recht? Ja, sie lachen, sie lachen, weil sie es hinter sich haben und von keiner Begierde gepeinigt den steinzeitlichen Ewigkeiten zärtlich entgegen dämmern. Sie sind das wahre Paar, das über den ihnen auferlegten Kopulationszirkus lachen kann. Schau dir die Schädel an, wie sie lachen. Sie lachen über dich, den Heiligen mit seiner Verlegenheit in der Camera degli Sposi.

Bernardino erwacht, es ist immer noch Nacht, er liegt auf seiner Mönchskutte draussen vor der Grotta und wundert sich über seinen Traum. Es wird Zeit, dass er aufbricht, er sieht die Erleichterung des Kardinals, als er sich noch in der Dunkelheit der Nacht von ihm verabschiedet.

Das befreite Lachen des ewigen Paares aus der Steinzeit im verwunschenen Garten bei der Grotta im Palazzo Ducale von Mantua beschwingt ihn. Er geht wie auf Wolken, es wird ihm klar, dass er kein Held und kein Märtyrer ist. Wie soll er in Rom eine gute Figur machen? Eine Woche im Gefängnis und ein schneller Tod, das würde er gerade noch durchstehen. Aber Monat für Monat bei peinlichen Verhören ausharren, sich gegen den Verrat an seinen Freunden wehren, um sie dann doch zu verraten, ohne Aussicht auf einen Ausweg, jahrelange Haft, den Scheiterhaufen vor Augen, bei lebendigem Leib ...

Wo bliebe in der stinkigen Zelle der Engelsburg am Tag die Gnade des Herrn und wo wäre des Nachts sein Lied?

Noch ist er auf dem Weg nach Rom. Sprich nur ein Wort, so wird meine Seele gesund. Doch wieder lässt ihn Gott in seiner Not allein, wieder mutet er ihm zu, seinen Weg selber zu bestimmen. Wenn der Höchste im Himmel schweigt, was wird der Höchste auf Erden raten? Doch, wer ist ihm der Höchste auf Erden?

3

Ja natürlich. Bernardino bleibt stehen, atmet erleichtert auf, er sinkt auf die Knie und verharrt im Gebet. Es ist ein Dankgebet: «Höchster Gott, ich danke dir, dass du mir am Tag deine Gnade erweist und dass dein Licht des Nachts bei mir ist.»

Der Höchste auf Erden, eine Offenbarung, ist Kardinal Gasparo Contarini, der Fels in der Brandung der Heiligen Kirche. Er wird nicht erschrecken, wenn er in der Dunkelheit der Nacht vor ihm stehen wird, ihn wird nicht panische Angst erfassen. Denn er hat die Hölle im Innern der heiligen Kirche erlebt und ist gezeichnet vom Verrat der Kurie, ihn kann nichts mehr erschrecken. Er hat die Welt überwunden. Der Papst hat ihn nach dem misslungenen Religionsgespräch in Regensburg nach Bologna versetzt, das gerade vor ihm liegt, welche Fügung.

Bernardino wartet, bis es dunkel wird, denn auch in Bologna kennen ihn die Menschen. Die Geschichte wiederholt sich, wieder verbirgt er sein Gesicht hinter der Kapuze und geht unerkannt durch die Stadt.

Man richtet ihm aus, dass der Kardinal nicht zu sprechen sei, er liege sterbenskrank darnieder, man will ihn nicht zu ihm lassen, er sei schwach und könne keine Besuche empfangen, er brauche Ruhe.

Bernardino verschafft sich Zugang zur Schlafkammer des Kardinals.

Kardinal Gasparo Contarini liegt tief im Bett und atmet schwer, er schaut ihn mit fiebrig glänzenden Augen an, denkt angestrengt nach. Mit schwacher Stimme sagt er: «Fra Bernardino, Ihr kommt in meiner letzten Stunde: Mein letzter Rat, den ich auf dieser Erde erteilen werde, gilt meinem lieben Bernardino ...»

Er stockt, er ringt nach Luft, sucht nach Worten, findet sie nicht. Bernardino beugt sich über ihn und hört ihn flüstern: «Fra Bernardino, geht hin in Gottes Namen, zieht Eures Weges in Frieden.»

«Bruder, wohin soll ich gehen?»

Gasparo Contarini stöhnt, macht ein Zeichen, dass er ihm noch etwas sagen möchte, sein Flüstern ist kaum zu hören. «Bernardino, wenn du über die Alpen fliehst, bete für mich und bete für Italien, gib acht auf dich, sie sind dir auf den Fersen.»

Er erhebt noch einmal seine Stimme und spricht feierlich, dass es auch die beiden Aufpasser hören können: «Ich gebe bekannt, dass ich Euch geraten habe, nach Rom zu gehen.»

Die Verschleierungstaktik verfängt. Wie durch ein Wunder gelingt es Bernardino, aus Bologna zu entkommen und nach Florenz zu gelangen.

In Florenz ist das Kapuzinerkloster bereits von Häschern der Kurie umstellt. Bernardino aber hat eine andere Adresse im Sinn, es ist seine letzte Station in Italien. Im Schutz der Dunkelheit geht er am Dom vorbei, er kennt den Weg, es sind nur noch ein paar Schritte, dann klopft er an das Tor des Palazzo Pazzi.

«Caterina, sie sind hinter mir her, was soll ich nur tun? Gasparo Contarini hat mir geraten, über die Alpen zu fliehen. Aber ich will nicht weg von Italien. Hier habe ich mein Gelübde abgelegt, hier habe ich meine Familie, meine Klostergemeinschaft, hier habe ich Euch.»

Caterina hat ihn erwartet. Sie wirkt gefasst und sagt bestimmt: «Mein lieber Bernardino, Ihr seid von Feinden umzingelt, Carafa hat Euch für den ersten Prozess vor seinem Inquisitionstribunal und für den Scheiterhaufen auserwählt. Lange dachte ich, er hätte es auf unseren Kardinal Gasparo Contarini abgesehen, aber da wird ihm der Papst einen Strich durch die Rechnung gemacht haben. Seid gewiss, mein lieber Bernardino, ich werde es nicht zulassen, dass sie Euch bei lebendigem Leib verbrennen. Ich habe alles für die Flucht vorbereitet, unsere letzte gemeinsame Stunde hat geschlagen.»

Sie umarmt ihn stürmisch, er weiss nicht, wie ihm geschieht.

«Zieht Eure Kutte aus, in dieser Nacht mache ich Euch zum Mann.»

In historischen Monografien über Bernardino Ochino wird konstatiert, er habe sich in Florenz im Palazzo Pazzi bei seinem letzten Besuch bei Caterina Cibo seines Habits als Kapuzinermönch entledigt. Die Symbolik dieser Geste spricht für sich. Aber niemand zweifelt an seinem makellosen Lebenswandel, der als tadellos, ja geradezu als heilig galt. Selbst Gian Pietro Carafa war es bei all seiner Überwachung nicht gelungen, nur den kleinsten Makel in seiner Lebensweise zu entdecken. Es steht fest, dass sein geradezu heiliges Leben der Schutz war, der die Vertraulichkeit zwischen dem Klosterbruder und den gebildeten Frauen möglich machte. Die sinnliche Liebe war durchaus Gegenstand der Gespräche, die darum kreisten, wie man sich aus ihren Fesseln befreien könne, um das geistliche Leben zu kosten. *De homini carnali fare spirituali.*

Unbeholfen, mit einem tiefen Seufzer steigt Bernardino in den Berretino und zieht den Buricchio von schwarzem Tuch an. Weltlich gekleidet, frisch rasiert, das Haar geschnitten und gekämmt, ist er nicht wiederzuerkennen.

Caterina betrachtet ihn, sie ist zufrieden.

«Unten wartet ein Pferd auf Euch und zwei Begleiter. Ihr kennt sie.» Sie macht eine Pause, dann fährt sie fort: «Und nun adieu, mein lieber Freund, Ihr bleibt in meinem Herzen. Und wenn Ihr auf der anderen Seite der Alpen eine Frau heiratet, wie es sich für einen reformierten Prediger schickt, dann denkt auch ein wenig an mich.»

Sie hält die Tränen zurück, sie ist tapfer, die Herzogin von Camerino, sie weiss gute Miene zu machen, *fare una bella figura*. Sie ermöglicht ihrem Verbündeten und Herzensfreund die Flucht über die Alpen, sie versorgt ihn mit dem Nötigsten, sie gibt ihm Geld mit für die erste Zeit im neuen Leben.

Bernardino Ochino, in weltlichem Habit und hoch zu Ross, windet sich, als würde seine Seele im Fegefeuer brennen. Was wird aus der Herde, wenn der Hirt sie im Stich lässt, über die Alpen flieht und die Seite wechselt? Ja, er lässt sie alle im Stich. Alle, die den Mut aufbrachten, den zerstrittenen Franziskanerorden zu verlassen, um sich dem neuen Orden der Kapuziner anzuschliessen. Es wird ein Generalverdacht auf die Kapuziner fallen, die Römische Inquisition wird freie Hand haben. Sie wird mit harter Hand durchgreifen.

Papst Paul III. wird voller Zorn ausrufen: «Bald wird es weder Kapuziner noch Kapuzinerklöster mehr geben.» Die Kapuziner werden kuschen, sie sind wie Schafe, die keinen Hirten haben. Sie tun ihm leid, der Papst wird seinen Inquisitor gewähren lassen.

Nach der Flucht von Bernardino Ochino über die Alpen und seinem Wechsel ins Lager der Reformierten erleben die Kapuziner die schwerste Krise ihrer Geschichte. Kein Wunder, wird Bernardino Ochino von katholischen Kirchenhistorikern in den schwärzesten Farben geschildert. Ein Beispiel aus dem 19. Jahrhundert:

«Keiner aber ist ein so ausgewähltes Exemplar, an dem sich der Krankheitsprozess des Zweifels, der Auflehnung, des Abfalls von der Kirche, des Verfalles in einen Abgrund von Irrtümern so genau verfolgen liesse, als Bernardino Ochino. Man soll ihn studieren, wie er vom Dämon abwärts getrieben wurde in die Ketzerei. Die Darstellung seines Schicksals ist daher von höchst pathologischem Interesse ... ‹Labyrinth› heisst sein bekanntes

Buch. Er hat damit sein eigenes Schicksal beschrieben. Von der Kirche abgefallen, ist er in ein Labyrinth geraten, aus dem er keinen Ausweg mehr fand, denn die Hand, die allein ihm den Weg weisen konnte, hat er zurückgestossen.»

Gian Pietro Carafa wird einige Wochen später über die Flucht von Bernardino Ochino spotten: «Für die Dauer deines Lebens versprach dein bleiches Antlitz, dein lang herabfallender Bart, dein Gewand von grobem Tuch eine strenge Lebensweise. Jetzt duftest du von Salben, jetzt huldigst du der sinnlichen Lust, jetzt lebst du in Bacchanalien.»

Vittoria Colonna dagegen schreibt: «Er hat die Arche verlassen, die allein rettet, darum hat er sich selbst gezeichnet, wenn er von der Taube spricht, die niemals eine Stätte findet, wo ihr Fuss ruhen kann.»

Wie gern wäre er jetzt in seiner Mönchskutte zu Fuss unterwegs, wie früher als Fra Bernardino, ohne Begleitschutz, ohne Vorräte, ohne Geld, arm wie der heilige Franziskus, mit der Schöpfung verbunden, mit Leib und Seele hungrig und dürstend, im Herzen das Lob Gottes, in Gedanken bei der nächsten Predigt.

4

Die Flucht hoch zu Ross, in weltlicher Kleidung, unter kundiger Führung seiner zwei Begleiter gelingt, doch lastet das schlechte Gewissen bleischwer auf ihm. Er hat all die Menschen verraten, bei denen er mit seinen Predigten das Feuer des Glaubens entfacht hatte, er hat die Freunde der Gruppe der Spirituali verraten, die mit ihm zusammen die Reform der Kirche anstrebten.

Es kommen ihm die Frauen in den Sinn, die sich für die Kapuziner und auch für ihn stark gemacht haben; seine Herzensfreundin Caterina, die ihr Herzogtum aufgegeben hat, um in Florenz ein neues Leben zu beginnen, die Dichterin Vittoria Colonna, die ihren pompösen Palazzo in Rom zurückgelassen hat, um in Viterbo ein einfaches Leben zu führen, die mutige Giulia Gonzaga, die mit ihrem inneren Feuer und ihrer Anmut alle bezaubert.

Nach seiner Flucht werden sie alle unter Ketzerverdacht fallen, es wird heissen, sie alle wären vom protestantischen Gift des ketzerischen Kapuziners infiziert.

Er will die dunklen Gedanken verscheuchen, er will nach vorne schauen. Ist nicht Johannes Calvin aus Frankreich nach Genf geflüchtet, um die Reformation von dort aus in seine Heimat zu tragen? Wenn er in Italien nicht mehr predigen kann, dann ist es nichts als vernünftig, einen sicheren Ort zu suchen, um von dort aus zu wirken, frei und unverstellt. Ja, so will er es halten und von Genf aus den freien Glauben nach Italien tragen und gegen den Antichristen und gegen die Römische Inquisition ankämpfen.

Seine Begleiter führen ihn sicher durch die Lombardei nach Chiavenna, dann auf der alten Römerroute das Bergell hinauf. In Casaccia übernachten sie, in der Frühe brechen sie auf, um im Schutz der Dunkelheit den steilen Römerpfad zum Septimerpass hochzusteigen. Erasmus von Rotterdam kommt ihm in den Sinn, wie er auf dem Weg nach England über den Septimerpass gezogen ist, wie er dabei, um sich von seinem Nierensteinleiden abzulenken, dem Einfall seines Lebens nachdachte: Es ist nicht die Weisheit, die die Welt im Innersten zusammenhält, sondern die Torheit.

Ohne die Torheit läuft nichts auf dieser Welt.

So kühn wie Erasmus in seinem «Lob der Torheit» würde er nun schreiben und predigen können, ohne Maske, ohne Rücksicht auf die Späher, die ihn auf Schritt und Tritt verfolgen und alles nach Rom melden. Er wird ihnen die Maske vom Gesicht, die erlesenen Stoffe vom Leib reissen, die nackte Wahrheit wird er verkünden. Wie Michelangelo mit seinem Jüngsten Gericht. Seltsam, geht es ihm durch den Kopf, er hat ihn kritisiert wegen all der nackten Körper, dabei macht er mit seiner Kunst genau das Richtige. Gerade so wird er es in Zukunft halten, auch er wird ihnen den Spiegel hinhalten, wartet nur. Er wird es ihnen zeigen, wie lächerlich sie sich in Rom gebärden mit ihrem Kirchenlatein, ihrem Gehabe, ihren pompösen Gewändern, farbigen Hüten und Samtpantoffeln.

Mit solchen Gedanken lenkt sich Bernardino von der Last seines bleischweren Gewissens ab. Dabei merkt er nicht, wie sie das Hospiz längst hinter sich gebracht haben und auf dem sanften Abstieg nach Bivio sind.

Eine bleierne Müdigkeit legt sich auf ihn, er kann die Augen nicht mehr offenhalten, er fällt in einen Halbschlaf. Noch einmal träumt er auf dem Rücken des Pferds von den Liebenden von Mantua. Diesmal kann er sie kaum erkennen, er sieht gerade noch ihre Umrisse. Es wird immer dunkler, dann hört er das unheimliche Grollen aus der Tiefe der Erde, *il rombo*. Kurz danach erschüttert ein fürchterliches Erdbeben seinen Traum, kein Stein bleibt auf dem andern. Langsam wird es hell, in den Trümmern sieht er das Kreuz mit dem gekreuzigten Christus, dann ... er traut seinen Augen nicht: Was er sieht, erschreckt ihn zutiefst, er erwacht.

Als er realisiert, dass er in Sicherheit ist – vor ihnen liegt Bivio, bald werden sie in Chur sein, atmet er erleichtert auf. Ein verrückter Traum, was für eine Blasphemie, die beiden Liebenden unter dem Kreuz ... Ihn schaudert, ein geradezu ketzerischer Traum. Nun ist er auf der Flucht vor der Römischen Inquisition doch noch ein richtiger Ketzer geworden. Er nimmt sich vor, den Traum für sich zu behalten.

Über Chur, dann Zürich, wo er mit Heinrich Bullinger, dem Antistes am Grossmünster, Kontakt aufnimmt, kommt Bernardino Ochino im September des Jahres 1542 in Genf an. Dort ist die calvinistische Reformation eben so richtig in Gang gekommen. Alles geht schnell: Johannes Calvin prüft ihn, der Rat von Genf erteilt ihm die Predigterlaubnis, seine Caterina schickt ihm aus Florenz Geld, das es ihm ermöglicht, in Genf eine Existenz aufzubauen.

Er hat die Seite gewechselt, er ist nun ein Reformierter, er predigt ohne Maske, allerdings vor einer kleinen Gemeinde von italienischen Glaubensflüchtlingen. Und er schreibt offen gegen den Antichristen in Rom an und schickt seine kritischen Schriften nach Italien.

5

Kurz vor seiner Flucht hat Bernardino Ochino Vittoria Colonna in Florenz einen Brief geschrieben. Von Caterina Cibo konnte er sich persönlich verabschieden, von Vittoria nicht. Vor allem ihr gegenüber wird ihn das schlechte Gewissen geplagt haben. Er wusste, dass seine Flucht sie am allermeisten treffen würde. So war es auch, sie geriet völlig aus der Fassung. Bernardino schreibt ihr:

«Von Unruhe gequält, verweile ich hier in der Nähe von Florenz, gekommen in der Absicht, nach Rom zu gehen, obwohl manche mir davon abgeraten hatten. Aber wie nun Tag für Tag genauere Auskunft darüber kam, in welcher Weise man dort verfährt, so haben mir Freunde zugeredet, nicht hinzugehen. Denn ich würde nicht umhinkönnen, entweder Christus zu verleugnen oder mich kreuzigen zu lassen. Das Erste will ich nicht, das Zweite, ja, mit seiner Gnade, aber nur wenn es Gott gefällt. Freiwillig in den Tod zu gehen, dazu fühle ich jetzt keine Berufung. Gott wird, wenn er es will, mich überall zu finden wissen. Christus hat uns mehrfach gelehrt zu fliehen, nach Ägypten und nach Samarien, auch dass wir in eine andere Stadt gehen sollten, wenn man uns nicht aufnimmt. Und dann, was sollte ich ferner in Italien tun? Sollte ich predigen, stets argwöhnisch beobachtet, und sollte ich Christus unter einer Maske und in Kauderwelsch predigen?

Darum will ich lieber Italien ganz verlassen und zwar sofort. Ich sehe ja, sie gehen in einer Weise vor, dass ich auf den Gedanken kommen muss, sie wollten mich dazu bringen, Christus zu verleugnen, oder sie bringen mich um. Ich kann wohl sagen, dass ich wie durch ein Wunder Bologna passiert habe, man hat mich nicht aufgegriffen, weil ich die Absicht zeigte, nach Rom zu gehen. Dann auch wegen der Güte und Klugheit des Kardinals Contarini, wie ich davon deutliche Beweise bekommen habe. Sie können wohl ermessen, wie schwer mir der Entschluss fällt, Italien zu verlassen. Sie werden in Betracht ziehen, dass es dem Fleisch widerstrebt, alles im Stich zu lassen und dabei denken zu müssen, was man dazu sagen wird. Es wäre mir überaus lieb gewesen, mit Ihnen darüber zu reden und Ihr Urteil zu hören oder einen Brief von Ihnen zu bekommen. Beten Sie zu Gott für mich. Ich bin gewillt, ihm zu dienen, mehr denn je. Grüssen Sie alle.

Florenz, 22. August 1542.»

Der Brief von Bernardino Ochino verwirrt Vittoria. Was soll sie damit? Sie gerät in Panik: Was wird aus ihr, wenn der Anführer der Spirituali das sinkende Schiff verlässt und damit seine Leute blossstellt? Wird sie die Nächste sein, die man nach Rom zitiert?

Sie weiss ganz genau, dass es genug Beweismaterial gegen sie gibt, sie weiss, dass viele Briefe, die sie in den letzten Jahren geschrieben hat, durch die Hände der Späher gegangen sind und erst recht ihre Gedichte ...

«Von Freude zu Freude und von einer ganzen Schar
süsser und schöner Gedanken führt mich
die übernatürliche Liebe aus dem kalten Winter
in ihren grünen, warmen Frühling.»

Nun ist es vorbei mit der Freude und mit den süssen Gedanken. Was bleibt von der übernatürlichen Liebe, was bleibt vom Frühling der Kirche? Die Flucht des Kapuzinergenerals und Apostolischen Starpredigers erschüttert ganz Italien.

Die sensible Dichterin weiss nicht weiter. Sie wendet sich an ihren Verbündeten in Viterbo, Kardinal Reginald Pole. Dieser reagiert als gewiefter Stratege: Er kennt Vittoria und weiss, dass sie dem Druck der Inquisition niemals standhalten würde. Er rät ihr, den Brief der Inquisition zu übergeben. In ihrer Verzweiflung befolgt sie seinen Rat und schickt den persönlichen Brief von Bernardino Ochino nach Rom. Grosses Glück hat Caterina Cibo, dass ihr Name im Brief nicht genannt wird. Der einzige Name, der genannt wird, ist derjenige von Kardinal Gasparo Contarini, der jedoch gerade noch rechtzeitig seiner Krankheit erliegt.

Vittoria Colonna rechtfertigt ihr Handeln in einem Brief: «Es schmerzt sehr, dass er, je mehr er glaubt, sich zu entschuldigen, sich desto mehr anklagt. Und je mehr er glaubt, andere vom Schiffbruch zu retten, sich umso mehr der Flut aussetzt, weil er sich ausserhalb der Arche befindet, die rettet und sichert.»

Die Flucht von Bernardino Ochino ist der Anfang vom Ende der Reformbewegung der Spirituali in Italien. Die meisten reagieren wie Kardinal Reginald Pole und Vittoria Colonna: Sie distanzieren sich von ihrem Idol und fügen sich Rom, dem Haupt der Arche, die in den Fluten des Durcheinanders der Zeit die verlorenen Söhne und Töchter in ihren Schoss aufnimmt.

Vittoria Colonna schreibt weiter grossartige Gedichte. Ihre Stärke liegt in der Präzision, mit der sie die innere Leere beschreibt angesichts der Unverfügbarkeit des göttlichen Wirkens. In ihren Gedichten bleibt sie die freie Dichterin, die ihrer Zeit weit voraus ist. Sowohl die katholischen Rituale als auch die protestantische Glaubensgewissheit lässt sie hinter sich, indem sie die Gottverlassenheit als menschliche Grunderfahrung beschreibt – als eigenständige Frau und Dichterin.

Einer Vorladung vor das Inquisitionstribunal entgeht Vittoria Colonna nur durch ihren frühen Tod im Jahr 1549. Die letzten Jahre lebt sie zurückgezogen im Kloster Santa Anna in Rom. Von Kardinal Reginald Pole fühlt sie sich im Stich gelassen, nur Michelangelo hält bis zuletzt zu ihr. Er schreibt nach ihrem Tod: «Sie mochte mich sehr, sehr gern und ich sie nicht minder. Der Tod nahm mir einen grossen Freund.»

Maria Musiol stellt in der Biografie über Vittoria Colonna eine erstaunliche Verbindung mit Mutter Teresa her. Wie diese ist die Dichterin auf der einen Seite erfüllt von der Idee, dass das göttliche Licht jede Seele erleuchtet. Doch sie selbst kann nichts davon empfinden: «Es erging Vittoria Colonna wie Mutter Teresa, die in ihrer Korrespondenz mit ihren Beichtvätern bekannte, dass sie seit einem halben Jahrhundert nichts von der Gegenwart Gottes verspürt und trotzdem an ihr festgehalten habe.» Trotz vierhundertfünfzig Jahren zeitlichem Abstand wird bei beiden Frauen das Sich-Eingestehen, dass sie nichts von der Gegenwart Gottes spüren, geradezu zum Antrieb ihres christlichen Daseins für andere.

Kardinal Reginald Pole entpuppt sich als gewiefter Kirchenpolitiker. Es gelingt ihm, den Ruf eines gemässigten Reformers aufzubauen. Bei der Papstwahl im Konklave des Jahres 1549 fehlt ihm eine einzige Stimme. Der Inquisitor Gian Pietro Carafa bezichtigt ihn im entscheidenden Moment der protestantischen Ketzerei. Damit ist es vorbei mit seiner Karriere in Italien, er kehrt nach England zurück.

Der Kontakt zwischen Caterina Cibo und Bernardino Ochino bricht mit seiner Flucht ab. Sie unterstützt ihn weiterhin, indem sie ihm Geld nach Genf schickt. Gut möglich, dass Bernardino Ochino seine Herzensfreundin nicht belasten wollte und ihr darum nicht schrieb. Im Gegensatz zu Vittoria Colonna hält sie an ihrer Überzeugung fest. Die Inquisition behält sie im Auge, wagt es jedoch nicht, sie vor das Tribunal zu bringen.

Gleich verhält es sich mit Giulia Gonzaga in Neapel: Auch sie bleibt standhaft. Sie veröffentlicht weiterhin die Werke von Juan de Valdés und steht zu ihrer Meinung. Einmal äussert sie sich öffentlich abschätzig über das Lavieren von Kardinal Reginald Pole. Erst nach ihrem Tod wagt es die Römische Inquisition, ihrem Vertrauten Pietro Carnesecchi den Prozess zu machen.

6

Befragt über die Beziehung zu Giulia Gonzaga, steht im Ketzerprotokoll Pietro Carnesecchis: «Donna Giulia hat mich durch ihr Beispiel von vielen unerlaubten und unehrbaren Dingen zurückgehalten und mich alsdann vom Aberglauben und von der falschen Religion befreit.»

Was er denn unter falscher Religion verstehe, will der Inquisitor wissen.

Pietro Carnesecchi zögert, er weiss, dass seine Antwort gegen ihn verwendet werden kann: «Die falsche Religion war diejenige, die sich von der Lehre und dem Glauben unterschied, die Fra Bernardino von Siena ihr und mir verkündet hatte. Jene setzt die Hoffnung ihrer Seligkeit auf die guten Werke, während diese sich auf den Glauben verlässt, wie das schon so oft von mir gesagt worden ist.»

«Die Lehre von der Rechtfertigung durch den Glauben hat aber weitere ketzerische Meinungen im Gefolge, wie das Luther, Valdés und die Schrift ‹Die Wohltat Christi› beweisen», gibt der Inquisitor zu bedenken.

«Herr, ich leide Gewalt, rede du für mich! So habe ich es nicht gemeint. Seid gewiss, ich dachte damals, unsere Lehre vom Glauben sei echt katholisch.»

Er versichert, dass er seiner Freundin Giulia Gonzaga ausdrücklich und wiederholt gedankt hätte, dass sie ihn durch ihre Ratschläge und Ermahnungen vor dem Abfall ins Luthertum bewahrt habe. Doch das interessiert den Inquisitor nicht, er hat nur den einen Plan: Pietro Carnesecchi mit allen Mitteln der protestantischen Ketzerei zu überführen.

Bereits im Jahr 1546 war Pietro Carnesecchi ein erstes Mal nach Rom zitiert worden, um sich gegen den Vorwurf der Ketzerei zu verteidigen. Es gelang ihm, seine Unschuld zu beweisen. Er wurde zum grossen Ärger der Falken in der Kurie von Papst Paul III. freigesprochen.

Um vor weiteren Nachstellungen sicher zu sein, zog Carnesecchi für fünf Jahre nach Frankreich. Dort plagte ihn jedoch das Heimweh, nicht zuletzt nach seiner Vertrauten Giulia Gonzaga.

Sein Kreuzweg beginnt am 23. Mai 1555, als das Kardinalskollegium Gian Pietro Carafa zum Papst wählt. Der fährt fort, die heilige Kirche von den reformerischen Kräften, vom «Unkraut der protestantischen Ketzerei», zu säubern.

Als Pietro Carnesecchi zum zweiten Mal nach Rom zitiert wird, weigert er sich zu erscheinen. In der freien Republik Venedig fühlt er sich noch am sichersten, die andauernde Furcht vor der Verfolgung aber nagt an ihm.

Die Stimmung im Land hat umgeschlagen, Furcht und Schrecken regieren.

Es ist genau die Stimmungslage, die die Römische Inquisition erzeugen will. Niemand soll sich vor den Häschern der Inquisition mehr sicher fühlen. Eine allgemeine Verunsicherung macht sich breit. Sie ergreift auch Pietro Carnesecchi, er fühlt sich beobachtet, er weiss, dass man ihn im Auge behält, um eine alte Rechnung zu begleichen.

Als Gian Pietro Carafa, Papst Paul IV., im Jahr 1559 stirbt, fällt Pietro Carnesecchi eine Last von der Seele. Er denkt an all die Jahre, wo ihm Carafa das Leben schwer gemacht hat. Doch zu früh: Im Prozess wird ihn der Untersuchungsrichter fragen, warum er den Tod des Papstes so heftig gewünscht und er sich so sehr darüber gefreut habe, als er eingetreten sei.

Pietro Carnesecchi kann nicht anders, als zur Antwort geben: «Ich glaube nicht, dass auf diese Frage eine Antwort nötig ist. Die Sache spricht für sich selbst.»

«Hast du dich über den Brand des heiligen Offiziums an der Via Ripetta nach dem Tod von Papst Paul IV. gefreut?», beharrt der Inquisitor.

«Gewiss, das kann ich nicht mit gutem Gewissen leugnen, weil ich hoffte, dass durch diesen Brand mein Prozess leichter erledigt werde.»

Ob er diesen Brand auf das göttliche Gericht für die Ketzerverfolgung zurückgeführt habe?

«Auch das möchte ich nicht leugnen. Wenn nicht gesagt und geschrieben, gedacht habe ich es gewiss.»

Ob er sich über die Befreiung derer, die in jenem Palast inhaftiert gewesen waren, gefreut habe? Ja – warum er sie für unschuldig gehalten habe?

«Weil ich meinte, sie hätten nur an der Rechtfertigung durch den Glauben festgehalten.»

Sein Brief an Giulia Gonzaga vom September 1559 wird vorgebracht, worin er ihr geschrieben hatte: «Eure Herrlichkeit wird gehört haben, wie die heilige Inquisition desselbigen Todes verstorben ist, an dem sie andere sterben zu lassen gewohnt war, nämlich durch Feuer. Und gewiss ist dies ein höchst merkwürdiges Ereignis gewesen, aus dem man wohl den Schluss ziehen darf, dass es der göttlichen Milde nicht gefallen kann, wenn dieses Offizium zukünftig mit derselben Strenge und Härte vorgehen wollte wie in der Vergangenheit. Vielmehr soll man mit der Liebe handeln, die die früheren Päpste geübt haben und die sich für derartige Dinge schickt.»

Am 16. April 1566 stirbt Pietro Carnesecchis Beschützerin Giulia Gonzaga. Die Römische Inquisition hatte es zeit ihres Lebens nicht gewagt, gegen sie vorzugehen, sie war in der Bevölkerung Italiens zu beliebt.

Nach ihrem Tod jedoch veranlasst der Papst die Konfiszierung ihrer Korrespondenz mit Pietro Carnesecchi. Bei der Lektüre der Briefe soll er ausgerufen haben: «Wenn die Gräfin noch am Leben wäre, hätte ich sie eigenhändig auf den Scheiterhaufen gebracht und sie lebendig verbrannt.»

Nun wird es heiss für Pietro Carnesecchi. Er weiss: Ohne seine Beschützerin ist er verloren.

7

Bernardino wandelt sich in Genf schnell zum reformierten Pfarrer. Er predigt der italienischen Gemeinde und schickt seine kämpferischen Schriften nach Italien.

Er sitzt an seinem wackeligen Schreibtisch, sein Zimmer ist bescheiden, ein Bett, ein Tisch mit einem Stuhl, darüber ein kleines Fenster, ein Ofen. Es erinnert ihn an die Zelle im Kloster bei Siena, er lächelt, nur dass es ihm scheint, dass ganz Genf ein Kloster ist. Verkehrte Welt, er schüttelt den Kopf.

In einem Brief beschreibt er seinen ersten Eindruck von Genf: «In Genf predigen treffliche Christen Tag für Tag das reine Gotteswort. Ohne Unterlass liest und erklärt man die Heilige Schrift und redet auch öffentlich darüber, und jeder mag dann vorbringen, was der Heilige Geist ihm eingibt, gerade wie es nach dem Zeugnis der Schrift in der ersten Kirche herging. Täglich findet gemeinsames erbauliches Gebet statt. Am Sonntag wird der Katechismus erklärt und die Jugend nebst den Ungebildeten unterrichtet. Fluchen und Lästern kennt man nicht, Unzucht, Raub am Heiligen, Ehebruch und unsauberes Leben, wie dies an vielen Orten überhand genommen hat, wo ich früher gelebt habe, findet sich hier nicht. Kuppler und Buhlerinnen gibt es nicht. Hier weiss man nicht, was Schminken ist, und alle kleiden sich züchtig. Glücksspiele sind nicht üblich. Die Mildtätigkeit ist so gross, dass die Armen nicht zu betteln brauchen. Brüderlich ermahnt einer den anderen, wie Christus uns gelehrt hat. Streitigkeiten vor Gericht sind aus der Stadt verbannt, wie es denn auch keinen Ämterschacher, keinen Mord und keine Parteiungen gibt, sondern nur Friede und Versöhnlichkeit. Es gibt hier keine Orgeln, kein Lärmen mit den Glocken, keine liturgischen Gesänge, keine brennenden Kerzen und Lampen, keine Reliquien, Bilder, Statuen, Thronhimmel und Messgewänder, keine Possen und kalten Zeremonien. Die Kirchen sind ganz rein von aller Abgötterei.»

In diesen Worten schwingt Wunschdenken mit: Wie schön, dass die öffentliche Ordnung auf biblischen Wahrheiten gründet. Jedoch sind es Johannes Calvin und seine Religionswächter, die darauf achten, dass sich alle an die Regeln halten. Gehorsam ist des Christen oberste Pflicht. Das scheint Bernardino Ochino erst einmal nicht weiter zu stören. Im Gehorsam ist er geübt, achtunddreissig Jahre Klosterleben gehen nicht spurlos an einem vorbei.

Am liebsten besucht er seinen neuen Freund Sebastian Castellio. Dieser ist ein Jahr vor ihm nach Genf gekommen. Er stammt aus Savoyen, seine Muttersprache ist Italienisch. Er hat in Lyon Theologie studiert, ist dann jedoch nach Strassburg gezogen, um sich der Reformation anzuschliessen. Johannes Calvin hat seine pädagogische Begabung entdeckt und ihn als Schulleiter der Ecole de Rive empfohlen. So kam der Sechsundzwanzigjährige zu einer guten Stelle in Genf, mitsamt einer schönen Wohnung.

«Erzähl mir, warum du die Seite gewechselt hast», will Bernardino wissen.

Sebastian fasst schnell Vertrauen zu ihm und berichtet freimütig: «Im Studium in Lyon haben wir uns ausführlich mit Erasmus von Rotterdam befasst. Ich habe seine Schriften schon als Jugendlicher gelesen. An der Universität Lyon war sein Geist präsent, alle sprachen von der Reform der Kirche, doch unternommen hat man nichts. Als ich dann die ‹Institutio Religionis Christianae› von Johannes Calvin las, war ich begeistert, wie klar und verständlich er schreibt.»

«Ich habe diese Schrift damals auch gelesen», antwortet Bernardino, «aber ich glaube nicht, dass sie allein es war, die dich bewogen hat, die heilige Kirche hinter dir zu lassen.»

«Du hast recht», nickt Sebastian, «die Schrift hat meinem Weg die Richtung gegeben. Der Auslöser aber war eine Ketzerverbrennung in Lyon. Ich wurde Zeuge, wie vier Reformierte bei lebendigem Leib auf dem Scheiterhaufen verbrannt wurden und niemand sich dagegen gewehrt hat, auch meine Lehrer nicht. Da bin ich in mich gegangen und habe entschieden, dass ich einer Kirche, die solch schreckliche Dinge tut, nicht mehr angehören will. So bin ich bei den Reformierten gelandet.»

«Dann haben wir ein ähnliches Schicksal, nur dass es bei mir viel länger gedauert hat, bis mir klar wurde, dass es nur noch eines gibt: die Flucht. Stell dir vor, ich war achtunddreissig Jahre lang im Kloster.»

8

Die ganze Nacht hindurch erzählt Bernardino von seinem Klosterleben in Italien. Sebastian hört ihm aufmerksam zu. Es sind zwei Dinge, die ihn faszinieren: wie lebendig Bernardino vom heiligen Franziskus erzählt und wie euphorisch er den Frühling der heiligen Kirche schildert.

Welch ein Reichtum an Erfahrung.

«Komm herein, Bernardino, ich kenne deinen Schritt.»

Sebastian Castellio ist stets freundlich zu ihm: «In der Nacht habe ich viel Zeit. Eine Kerze genügt, meine Augen sind gut. Weisst du, Bernardino, ich schreibe ein Schulbuch für den Lateinunterricht. Ich mache aus biblischen Geschichten einfache Dialoge, dann lernen die Schüler die Sprache und die Geschichten spielerisch.»

«Du bist der geborene Lehrer.» Bernardino staunt. «Ähnlich habe ich es bei meinem ersten Buch gemacht. Es besteht auch aus einem Dialog. So können sich die Menschen den Glauben spielerisch erwerben.»

«Natürlich, die ‹Sieben Dialoge›, ich habe sie gelesen, sie gefallen mir sehr gut. Besonders gefällt mir, wie du der Herzogin von Camerino eine weibliche Sprache und Anschauung gibst. Wie du das nur gemacht hast? Man hat den Eindruck, dass es die Herzogin selber ist, die spricht.»

«Weisst du, Sebastian, der Schrift liegen wirkliche Gespräche zugrunde», Bernardino freut sich am Interesse von Sebastian, «ich habe mit Caterina Cibo vertrauliche Gespräche geführt. Sie hatte mich damals nach Camerino gebeten, ich war ihr Gast, wir hatten eine gute gemeinsame Zeit.»

«Aha, das klingt gerade, als ob sich der Mönch in die Herzogin verliebt habe.»

«Ach Sebastian, fang nicht davon an, sonst beginnt bei mir das Heulen und Zähneknirschen. Als Klosterbruder habe ich mich immer an meine Gelübde gehalten. Darauf vertraute Caterina, darum hat sie sich mir anvertraut. So ist eine starke Verbindung entstanden. Aber weisst du, insgeheim war ich schon in sie verliebt und ich wusste auch, dass sie ähnlich empfand. Doch wir wahrten die Form, darin waren wir gut. *De homini carnali fare spirituali*, aus fleischlichen Menschen geistliche machen. Die gemeinsame Enthaltsamkeit ist eine starke Kraft, ich habe sie im Kloster erlebt, bei den Franziskanern, dann später noch einmal bei den Kapuzinern.»

«Darüber habe ich noch nie nachgedacht», Sebastian lächelt. «Dann hat diese gemeinsame Enthaltsamkeit euch beiden eine besondere Kraft vermittelt?»

«Ja, so muss es gewesen sein», Bernardino zögert, «die geistige Liebe zueinander hat uns stark gemacht. Sie hat uns Flügel verliehen, wir waren überzeugt, dass wir die Welt erobern könnten. Es wäre uns übrigens beinahe gelungen.»

«Dann ist etwas dazwischengekommen.»

Was soll Bernardino darauf antworten? Er überlegt, wägt ab.

«Weisst du, was mich beschäftigt? Als ich das letzte Mal zu Caterina nach Florenz kam, war ich unschlüssig: Sollte ich nicht doch nach Rom gehen und mich der Inquisition stellen? Caterina jedoch hat mir die Entscheidung abgenommen. Es hat sie gar nicht interessiert, was ich denke, sie hat in jener Stunde kurzerhand das Zepter übernommen. Es kommt mir heute so vor, wie wenn sie den Abschied geplant und inszeniert hätte. Wie sollte ich mich wehren? Erst im Nachhinein bin ich darauf gekommen, dass sie mich besser gekannt haben muss als ich mich selber und dass sie mich vor der Schmach bewahren wollte, der Inquisition nicht standzuhalten. Ich bin mir sicher, dass sie viel stärker ist als ich, sie selbst wäre bestimmt nach Rom gegangen. Aufrecht hätte sie sich der Inquisition gestellt, aufrecht hätte sie das Schlimmste auf sich genommen, es wäre ihnen nicht gelungen, sie zu brechen.

Bei mir wäre es ihnen gelungen, das ahnte Caterina. Weisst du, Sebastian, ich habe in den Tagen auf der Flucht nur geweint. Es wurde mir bewusst, dass ich mit Caterina alles verloren hatte. Sie war meine Stärke, sie hat mich zum Kapuziner gemacht, sie hat mir in den Gesprächen mit ihrer Offenheit, ihrer Herzenswärme und ihrem Geist die Kraft gegeben, in den Städten Italiens den freien Glauben zu predigen. Zudem hat sie immer ihre guten Beziehungen spielen lassen, um mich zu fördern. Gemeinsam waren wir stark. Erstaunlich, nicht? Die lebenstüchtige, hochgebildete adelige Dame aus gutem florentinischem Haus, eine Medici, die sieben Jahre das Herzogtum Camerino allein regiert hat, und der Sohn eines Barbiers, der dem Armutsideal des heiligen Franziskus nacheifert, am Franziskanerorden zerbricht und im Gespräch mit eben dieser Frau zu sich selber findet.»

«Du solltest die Gespräche, die du mit Caterina geführt hast, aufschreiben.»

«Das hat mir Caterina auch einmal vorgeschlagen.» Bernardino winkt ab. «Ich fand, dass die Zeit dafür nicht reif sei. Caterina hat mich ausgelacht: Ob ich denn fünfhundert Jahre damit warten wolle? Sie hatte recht. Ach, ich hätte mutiger sein sollen, was hatte ich zu verlieren? Jetzt ist es zu spät, ich würde sie in eine schwierige Situation bringen. Das will ich nicht, wir haben beim Abschied ausgemacht, dass wir uns keine Briefe schreiben, es ist zu gefährlich für sie. Wie traurig, Wir tragen einander nur in der Einsamkeit des Herzens.»

9

Bernardino schätzt das Zusammensein mit Sebastian, mit dem er offen sprechen kann, weil er weiss, dass er ihn versteht. Auch Sebastian mag den väterlichen Freund, er bewundert dessen franziskanischen Geist, dem er bei Bernardino zum ersten Mal begegnet, sein Reichtum an Spiritualität fasziniert ihn.

«Fra Bernardino, du bist und bleibst ein Franziskaner», sagt er einmal lachend zu ihm.

Dieser legt den Zeigfinger an die Lippen und flüstert: «Sag das nicht zu laut!»

Dann sprechen sie über Johannes Calvin, dem sie beide viel verdanken.

«Bei unserem ersten Gespräch hat er mich eingehend geprüft.»

«Du bist vor der Römischen Inquisition geflüchtet, und was erwartet dich hier?», lacht Sebastian. «Die Genfer Inquisition.»

Bernardino ist überrascht, wie offen Sebastian spricht.

«Im ersten Moment hat mich Calvin tatsächlich an den Inquisitor Gian Pietro Carafa erinnert. In seinen Augen habe ich das gleiche Misstrauen wahrgenommen.»

«Dann hat er dir sicher auch eine Warnung ans Herz gelegt», bemerkt Sebastian, «mir hat er im ersten Gespräch klargemacht, dass sich meine Aufgabe auf die Schule beschränken solle. ‹Pass auf, dass du nicht andern ins Handwerk pfuschst!› Erst habe ich nicht verstanden, was er damit meint. Unterdessen weiss ich es. Kürzlich hat er meine Arbeit an der Schule gelobt, um mich dann grimmig anzufahren, das Übersetzen der Heiligen Schrift sei nicht meine Sache: ‹Schulbuch, Bibeldialoge ja, Bibelübersetzung nein, die ist Chefsache, verstanden?› Da wusste ich, was es geschlagen hat.»

Bernardino sieht sich in seinem Vorbehalt Calvin gegenüber bestätigt. Auch ihm hat er im ersten Gespräch eine Warnung mitgegeben. Er hat damals nur darüber gelacht, doch mit der Zeit ist ihm das Lachen vergangen. Calvin hat mit seiner Warnung einen wunden Punkt getroffen. «Pass auf, dass du deinen Heiligen los wirst», hat Calvin nebenbei gesagt, «der hat bei uns gar nichts verloren. Am besten wird sein, du heiratest.»

Beim zweiten Gespräch kam Johannes Calvin wieder auf dieses Thema zurück: Zu einem reformierten Pfarrer gehöre eine Frau, ob er schon eine gefunden habe? So endet nun jedes Gespräch.

Er kann es nicht mehr hören.

Dann kommt es von selbst. Ist es, dass er die Klosterfamilie vermisst? Die langen Wanderungen durch Italien? Die konspirativen Gespräche in der Gruppe der Spirituali oder die Freundschaft mit Caterina – oder alles zusammen? Zudem bleibt ihm die Stadt Genf fremd.

Die Einsamkeit brennt in seiner Seele.

Was hatte Caterina in jener denkwürdigen Nacht beim Abschied gesagt? «Wenn Ihr auf der anderen Seite der Alpen eine Frau heiraten werdet, wie es sich für einen reformierten Prediger schickt, dann denkt auch ein wenig an mich.»

Sie kommt jeden Sonntag in den Gottesdienst, sie sitzt immer am gleichen Platz, sie hört ihm aufmerksam zu und strahlt ihn an. Mit ihren achtundzwanzig Jahren ist sie halb so alt wie er. Und einsam ist sie auch, auch sie ist über die Alpen geflüchtet, auch sie vermisst ihre Heimat.

Isabella ist begeistert von seinen Predigten und von seiner Ausstrahlung. Sie gefällt ihm. Ist es Liebe? Er weiss es nicht. Sie vertrauen einander, sie heiraten. Und wieder ist es da, das schale Gefühl.

Es ist das gleiche Gefühl wie nach dem Abschied von Caterina. Wie wenn er einen Verrat begangen hätte. Nein, nicht nur *einen* Verrat. Allesamt hat er sie verraten, Caterina, Vittoria, Franziskus, das Keuschheitsgelübde, die Franziskaner, die Kapuziner, alle, denen er mit seinen Predigten aus dem Herzen gesprochen hat ...

Seine Gemeinde atmet auf. Er hat es geschafft, alle beglückwünschen ihn, aus dem heiligen Klosterbruder ist doch noch etwas Rechtes geworden, ein richtiger Pfarrer mitsamt Pfarrfrau.

Wie das Weihwasser zum Priester gehört die Pfarrfrau zum Pfarrer.

Johannes Calvin lässt ausrichten, dass er ihm zur Heirat gratuliere. Es ist ihm unangenehm, wie ihn alle beglückwünschen. Von seinem Freund Sebastian Castellio hört er, dass auch er heiraten wird, Huguine, eine Genferin. Sie sitzt jeden Sonntag in der kleinen Kirche in Vandœuvres im Gottesdienst, sie hört ihm aufmerksam zu, wenn er predigt, sie strahlt ihn an ...

Ist er glücklich? Sie haben es gut zusammen, Isabella und er, zum ersten Mal in seinem Leben lebt er seine Sexualität aus. Ob er sie geniessen kann? Natürlich holt ihn die Zeit im Kloster ein, natürlich bleibt ihm der heilige Franziskus treu, auch nach der Heirat. Und auch Caterina bleibt ihm treu, er ahnt, dass ihm mit dem ehelichen Leben mit Isabella etwas abhandengekommen ist, die geheimnisvolle, verbindende Kraft der Enthaltsamkeit.

Es ist ihm, als ginge er fremd, wenn er Isabella küsst und umarmt. Es ist, wie wenn die Seele ihn dann verlassen würde, seltsam. Sie kehrt zurück, wenn Isabella weint und nicht weiss, warum. Wenn sie vom Heimweh, von Lucca und ihrer Familie erzählt, oder wenn er sie tröstet und von Siena berichtet, von seiner Kindheit, seinem Vater, seiner Mutter. In der Traurigkeit fühlt er sich mit Isabella am meisten verbunden.

Er schickt sich darein und wähnt sich glücklich, und doch fehlt ihm etwas.

10

Bernardino geht ins Freie, dem See entlang und träumt von den Hügeln und den Wäldern rund um Siena, er denkt über sein Leben nach.

«Wie geht es dem frischgebackenen Ehemann? Er wird seinen Heiligen vertrieben haben, das Ehebett ist nur für zwei geschaffen.»

Er spürt den Zynismus in diesen Worten von Calvin, der seine Herkunft, sein spirituelles Leben im Kloster, das Armutsideal, die Krankenpflege, sein Streben für die Reform der heiligen Kirche verachtet und andauernd von der göttlichen Vorsehung redet.

«Fra Bernardino, erzähl mir vom heiligen Franziskus.»

Sebastian ist ihm ein Trost, er ist dankbar, dass er ihm seine liebsten Geschichten von Franziskus weitergeben kann.

Gut zwei Jahre ist Bernardino nun in Genf, da meldet sich Sebastian aufgewühlt bei ihm: «Ich komme von einer Aussprache mit Johannes Calvin. Er weigert sich, mich ins Ministerium der Pfarrer aufzunehmen. Dabei bin ich seit drei Jahren für deren Ausbildung zuständig und übe selber ein Predigtamt aus. Er will mich einfach nicht. Für die Schule bin ich gerade recht. Nun habe ich mich für den Seelsorgedienst im Pestspital gemeldet, da will nämlich keiner vom Ministerium hin, die Pfarrherren haben Angst.»

Ein paar Wochen später kommt es zum grossen Krach. In einem Pfarrkonvent macht Sebastian Castellio seinem Ärger

Luft, weil man ihm sogar den Dienst im Pestspital versagt. Er wirft ihnen an den Kopf, der heilige Paulus sei selbst ins Gefängnis gekommen, sie jedoch, die Genfer Pfarrherren, sorgten dafür, andere ins Gefängnis zu bringen.

Bernardino erschrickt, als ihm Sebastian erzählt, dass er Genf werde verlassen müssen. Was wird aus Sebastian, was wird aus ihm ohne Sebastian? Mit wem wird er offen sprechen können, wer wird ihn verstehen, wenn er von seinem früheren Leben in Italien erzählt? Sind auch seine Tage in Genf gezählt? Johannes Calvin weiss um seine Freundschaft mit Sebastian Castellio. Jedes Mal, wenn er ihn trifft, lässt er ihn seine Verachtung spüren, er mustert ihn mit dem misstrauischen Blick des Inquisitors. Oder kommt es ihm nur so vor?

Nun ist Bernardino bereits auf der Höhe von Vandœuvres, es dämmert. Isabella erwartet ihn, nicht nur sie, auch die kleine Aurelia.

Er geht weiter, den Blick auf den See gerichtet, was fehlt ihm?

Er ist glücklich mit seiner Frau und seinem Töchterchen. Was für ein Wunder, die Geburt, das Leben eines Kindes, das unbeschwerte Beisammensein im Spiel, im Singen, im Lachen, in der Freude. Warum nur hat er diesen Druck auf dem Magen, warum kommt ihm das Zusammensein mit Isabella bisweilen als ein Leben ohne Ziel vor, als ein Dahintreiben ...

In Gedanken ist er in der Stadt auf dem Berg, im Palazzo Ducale in Camerino, er sitzt auf der Bank neben Caterina, sie sprechen über die Liebe zu Gott und denken an ihre Liebe. Einmal hat ihm Caterina vom Dichter Francesco Petrarca erzählt: «Er besingt seine Geliebte, die ihm immerzu erscheint. Wenn er wach ist und wenn er schläft, sie geistert durch seine Träume und dringt nachts in seine Kammer, so dass er erschreckt aufwacht und aus dem Haus flieht, sobald der Morgen graut. Aber selbst in der Einsamkeit des tiefsten Waldes ist er nicht sicher vor ihr. Er sieht ihr Antlitz eingeritzt auf Baumstämmen und im

Spiegel der Gewässer, in den Gebilden der Wolken und in der Luft, und manchmal scheint es ihm sogar, dass es lebendig aus den Abgründen hervorbricht, so dass er vor lauter Entsetzen nicht weitergehen kann. Gott allein kann ihn noch von diesen Nachstellungen erlösen.

Der Verfolgungswahn, den Petrarca beschreibt, rühre vom Geheimnis der Liebe: Je unerfüllbarer die Liebe ist, desto höher lodern ihre Flammen», sagte Caterina bedeutungsvoll.

Was hat sie noch gesagt? Er weiss es nicht mehr. Oder doch? Petrarca habe seine Gefühle für die Geliebte nicht mit dem christlichen Glauben vereinbaren können. Ja, das war es. Er wusste nicht, was er davon halten sollte.

Caterina hat weiter von Petrarca zu erzählt. Er sei zutiefst gerührt gewesen, als er die Bekenntnisse des Augustinus gelesen habe. Da habe er den Eindruck gehabt, seine eigene Geschichte zu lesen, sein eigenes Umherirren in der Welt, seine eigene Odyssee.

Bernardino staunte, wie gebildet Caterina war, wie anschaulich sie erzählen konnte. Jedoch, warum erzählte sie ihm von Petrarca? Meinte sie damit sein Umherirren in der Welt?

«Wisst Ihr was, Fra Bernardino, ich führe Euch einen Dialog von Petrarca mit Augustinus vor. Mein Hauslehrer hat ihn damals mit mir einstudiert. Er übernahm die Rolle des Augustinus, ich die Rolle des Dichters. Beide sind mir geblieben, so kann ich beide Rollen heute noch auswendig.»

Sie hat den Dialog vorgetragen wie eine Musterschülerin, die stolz ist auf ihr Wissen. Er hat ihr andächtig zugehört, mit dem mulmigen Gefühl, schwer von Begriff zu sein.

Augustinus Das Feuer des Begehrens hat dir den Weg zu Höherem verstellt. Die Geliebte hat dein Herz von der himmlischen Liebe abgelenkt, das Begehren vom Schöpfer auf dessen Geschöpfe.

Petrarca	Sie hat getan, was menschenmöglich ist. Sie hat ihre Ehrbarkeit bewahrt trotz unserer beider Jugendlichkeit.
Augustinus	Und wie steht es mit dir? Hast du etwa nicht unkeusche Gedanken ihr gegenüber gehabt?
Petrarca	Ach, wie bewunderte ich sie und ihre jugendliche Schönheit. Ihr Geist, ihr Wesen und ihre graziöse Weiblichkeit entflammten mich durch und durch. Ich war jung und unbeholfen. Doch ich beherrschte meine Begierde und gab ihr einen höheren Sinn. Ich erhob die Sinneslust zum geistigen Genuss. So bekam die Liebe ihre geistige Kraft.
Augustinus	Nichts steht der Liebe zu Gott mehr im Weg als die Liebe zu weltlichen Dingen. Vor allem die Verliebtheit, die als Amor bezeichnet und göttlich genannt wird. Es ist die grösste aller Gotteslästerungen. Der Welt gegenüber gilt die Verachtung, denn sie ist vergänglich. Da hilft nur das *memento mori*, das Denken an das Sterben.
Petrarca	Es ist zwar richtig, immer an das Seelenheil zu denken. Doch will ich meine Wünsche nicht ganz unterdrücken. Nicht alle Menschen sind Heilige. Und ich bin wohl keiner. Ich bin ein Dichter und beschreibe göttliche, aber auch menschliche Dinge.

Hier hat Caterina den Dialog abgebrochen und gelacht. Sie könne sich nicht entscheiden, ob sie Augustinus oder Petrarca recht geben soll. Einmal sei sie auf der Seite des Dichters, der die sinnliche Liebe bejahe, um sie zur geistigen Liebe zu läutern. Dann wiederum sei sie auf der Seite des Heiligen, der der weltlichen Liebe die geistige Liebe radikal gegenüberstelle, weil sie selbst erfahren habe, wie schnell die sinnliche Liebe die Eifersucht und andere böse Dinge wecke. Was er dazu meine?

Er hat wohlweislich geschwiegen.

Was hätte er sagen sollen? Als Klosterbruder war er auf der Seite des Augustinus. Im Gespräch mit Caterina spürte er die gefährliche Kraft der sinnlichen Liebe. Ob es Caterina ähnlich erging?

«Schwester, ich bin kein Heiliger», sagte er schliesslich, «und ein Dichter bin ich auch nicht.»

«Ich fürchte, Ihr seid auch nur ein Mann», sie lächelte vielsagend.

Hatte sie zu viel gesagt, hatte er ihr die Worte übelgenommen? Jedenfalls traf sie damit einen wunden Punkt, bei ihm und auch bei ihr selber.

Jetzt spürt er ihn wieder, diesen wunden Punkt, da er allein am Ufer des Genfersees entlangläuft und den Gedanken an Caterina nachhängt.

Ach, wie vermisst er die vertraulichen Gespräche mit ihr. Wie hat ihn ihr sprühender Geist fasziniert, wie hat ihre vornehme Zurückhaltung sein Herz gewärmt, wie hat ihre weibliche Erscheinung das Feuer seiner Leidenschaft entfacht.

Je unerfüllbarer die Liebe, desto höher lodern ihre Flammen.

Ist er etwa Petrarca, der seine unerreichbare Geliebte anhimmelt und gleichzeitig mit einer ganz und gar irdischen Frau zusammenlebt?

Ach, auch bei ihm ist es noch komplizierter, denn auch bei ihm kommt ein anderer hinzu, auch ein Heiliger, Franziskus.

Und den lässt er sich nicht austreiben, niemals.

11

Bericht an die Römische Inquisition aus Augsburg:

An die Römische Inquisition
Monsignore Gian Pietro Carafa

Bericht aus der deutschen Reichsstadt Augsburg in Sachen Ochino. Die Aussicht auf eine grosse italienische Predigtgemeinde hat Ochino von Genf nach Augsburg gelockt. Er kam am 20. Oktober 1545 dort an. Er wohnte erst beim Arzt Christoph Wirsung, dann im Wunderhaus bei der Kirche St. Anna. Er erhielt vom Rat von Augsburg das Wohnrecht in der Stadt und die Zusicherung eines Gehalts. Er predigt auf Italienisch in der Kirche St. Anna. Es sind vor allem Kaufleute aus Italien, die seinen Gottesdienst besuchen. Von seinen Predigten muss eine seltene Anziehungskraft ausgehen. Sogar Anton Fugger, der Inhaber des Handelsimperiums, ist von Bernardino Ochino fasziniert, obschon er sich sonst von Predigten nicht beeindrucken lässt.

Ochinos Predigten haben in den Kreisen um Anton Fugger so grossen Eindruck gemacht, dass dieser zu seinem Gehalt beiträgt, was natürlich überrascht, da die Familie Fugger gut katholisch ist.

Der Vorgang zeigt, wie verführerisch Ketzer sind. Natürlich zeugt es auch vom Geschäftssinn von Anton Fugger.

Seine Kundschaft in Augsburg ist vorwiegend evangelisch gesinnt.

Die Fugger-Dynastie hat sich in einem Sozialwerk verewigt, indem sie in Augsburg eine grosse Wohnsiedlung für Arme gebaut hat, die sogenannte Fuggerei. Es ist möglicherweise folgerichtig, dass der ehemalige Klosterbruder mit dem Armutsideal des heiligen Franziskus ausgerechnet dem reichsten Geschäftsmann des christlichen Abendlands in einer Weise von den Wohltaten Christi predigt, dass es ihm zu Herzen geht. Eine gewisse Ironie der Geschichte liegt darin, dass die Bank des Handelshauses der Fugger im Auftrag des Papstes den Ablasshandel organisiert hat, nun einen Teil der Entlöhnung von Bernardino Ochino übernimmt.

Bernardino Ochino führt in Augsburg eine sichere Existenz als Prediger und Autor. Er schreibt unermüdlich Buch um Buch. Zum Beispiel die seelsorgerliche Schrift «Eine kurze Anleitung, wie man sich im Gebet üben soll», in der er empfiehlt, sich jeden Tag eine kleine Zeit zu gönnen, um sich an einen abgesonderten Ort zurückzuziehen. Da soll man alle weltlichen Gedanken vertreiben, man soll sich Christus vorstellen, als ob er leiblich zugegen wäre und mit ihm ein vertrauliches Gespräch führen. So oder ähnlich soll man mit ihm reden: «Ich habe dich bisher nicht erkannt, deshalb auch nicht geliebt ... Ich bin gewiss, dass du mich liebst; ich erkenne das durch die grosse Liebe, die du mir bewiesen hast, da du dich für mich hingabst ... Und ob ich schon wüsste, dass du mit mir wie mit Hiob verfahren wolltest, so würde ich mich doch ganz und gar in deine Hände geben, weil ich weiss, dass es zu meinem Heil tauglich ist ... Ich fühle es in meinem Herzen, du sprichst zu mir, dass ich fortan nicht mehr in mir, sondern allein in dir leben möchte.»

Bernardino verfasst in Augsburg auch kämpferische Schriften, zum Beispiel ein Flugblatt, eine protestantische Agitationsschrift, mit der er zum Widerstand gegen die kaiserlichen Truppen aufruft. Das hätte ihn beinahe Kopf und Kragen gekostet. Die Überschrift des Flugblatts lautet: «Gespräch zwischen Deutschland und der Hoffnung». Es besteht aus einem Dialog zwischen dem verzweifelten Deutschland und der Hoffnung, der suggeriert, dass Deutschland eigentlich protestantisch ist. Da gerade die Truppen von Kaiser Karl V. Augsburg belagern, macht der Kaiser die Auslieferung von Bernardino Ochino zur Bedingung einer friedlichen Übergabe mit der Begründung, dieser sei nicht religiös, sondern aufrührerisch tätig, was das provokative Flugblatt beweise.

Wie reagiert Augsburg auf diese Forderung, wie reagiert Anton Fugger, der als Geschäftsmann und Wohltäter die Fäden in Augsburg zieht?

Anton Fugger soll sich beim Kaiser für Bernardino eingesetzt haben. Vergeblich. Es bleibt ihm nichts anderes übrig, als dafür zu sorgen, dass er heimlich aus Augsburg abgeschoben wird.

Weiter heisst es im Bericht aus Augsburg an die Römische Inquisition:

> Monsignore Gian Pietro Carafa, es tut mir sehr leid, Euch schreiben zu müssen, welch böse Sache sich zugetragen hat. Den Kaiser trifft keine Schuld. Er hat sich gewiss an den Klosterbruder erinnert, der vor elf Jahren während seiner Anwesenheit in Neapel mit so beispiellosem Erfolg, aber verdeckt, die protestantische Ketzerei gepredigt hatte. Welch ein Triumph wäre es für ihn gewesen, wenn er ihn in seine Gewalt gebracht hätte und Rom hätte ausliefern können. Welch ein Triumph wäre das vor der Welt gewesen, wenn Ihr, Monsignore, dem Abtrünnigen den Prozess doch noch hättet machen können. Was für ein denkwürdiges Spektakel wäre die öffentliche Verbrennung des Ketzers aller Ketzer auf dem Campo dei Fiori geworden!

Am Unglück trägt Anton Fugger die Hauptschuld. Die Mitschuld aber trägt die Vertretung der Bürgerschaft von Augsburg. Dieses Ketzerpack hat es fertiggebracht, unsere Pläne zu durchkreuzen. Sie haben alles darangesetzt, den Ketzer ziehen zu lassen. Niederträchtig ist ihr Handeln und gesetzeswidrig. Sie verhalfen ihm zur Flucht. Er verliess die Stadt auf Geheiss von Anton Fugger und unter dem Schutz des Rats von Augsburg in aller Stille bei Dunkelheit der vorigen Nacht und floh nach Konstanz. So kann der Ketzer weiterhin sein Unwesen treiben.

Augsburg, 30. Januar 1547
Carlo
Im Auftrag der Römischen Inquisition

12

Bericht an die Römische Inquisition aus London:

An die Römische Inquisition
Monsignore Gian Pietro Carafa

Wie bekannt, hat sich König Heinrich VIII. von der heiligen Kirche losgesagt und in England die Reformation eingeführt. Nach seinem Tod wurde sein Sohn Edward VI. im Alter von nur zehn Jahren König von England. Anders als sein Vater ist der Sohn aus tiefster Überzeugung reformiert. Obschon noch so jung, gilt er als Hoffnungsträger der Reformierten. Der Grund dafür ist, dass ihn eine Reihe von Ketzern vom rechten Glauben abgebracht haben, allen voran der Erzbischof von Canterbury, Thomas Cranmer, ein grosser Ketzer. Er berief bedeutende Theologen vom Kontinent nach London, darunter auch Ochino. Der reiste mit seiner Frau Isabella und seiner Tochter Aurelia am 4. November 1547 von Basel ab und kam am 20. Dezember in London an. Er predigt der Italienergemeinde in London und schreibt weiterhin seine ketzerischen Bücher.

Ochino findet auch in England wie damals in Italien Verbündete. Ja, er ist geradezu das Liebkind der adeligen Damen des englischen Königshauses! So weit haben es diese Inselbewohnerinnen gebracht. Und der alte Ketzer kann es einfach nicht lassen, sich mit diesen Damen zusammenzutun.

Es widert mich an, Euch das alles zu berichten, und doch muss ich es tun, damit Ihr informiert seid. Allen voran ist es Prinzessin Elisabeth, die bereits mit vierzehn Jahren eine Predigt von Ochino aus dem Italienischen ins Englische übersetzt und ihrem Halbbruder, König Edward VI., zum Neujahr 1548 geschenkt hat.

Bernardino Ochino hat ihr später, als sie als Elisabeth I. Königin von England wurde, seine Schrift «Labyrinthi» über die göttliche Vorsehung und den freien Willen gewidmet. In seiner Widmung erinnert er daran, dass sie ihn als junge Prinzessin bei der Übersetzung einer Predigt aufgefordert hatte, unverständliche Stellen zu erörtern. Ihr lebhaftes Interesse hätte ihn zehn Jahre später dazu veranlasst, ihr dieses Werk zu widmen.

Weiter heisst es im Bericht aus London an die Römische Inquisition:

Ich berichte Euch weiter, dass Ochino in London im reformierten Kreis von Sir Anthony Cooke verkehrt, zu dem auch die gebildeten Töchter Mildred Cooke Cecil, Anne Cooke Bacon, Margaret, Elizabeth Cooke Hoby Russell und Katherine von Cooke gehören. Anne Cooke hilft ihm besonders und unterstützt ihn, seine ketzerischen Schriften in England zu verbreiten, was wir im Moment leider nicht verhindern können. Sie übersetzt seine Predigten ins Englische, lässt sie drucken und streut sie im ganzen Land.

Seine bedeutendste Schrift, die in England bisher erschienen ist, trägt den Titel «Tragedy» und verbreitet die Lüge, dergemäss es dem englischen König Heinrich VIII. gelungen sei, sich aus den Schlingen der allmächtigen römisch-katholischen Kirche zu befreien. Ochino diffamiert in dieser Schrift einmal mehr den Heiligen Stuhl und bezeichnet den Heiligen Vater als Antichristen.

Die einzige Hoffnung ist, dass der junge König bald stirbt. Sie ist begründet. Es hat Gott, dem Allerhöchsten gefallen, ihm eine schwache Gesundheit zu verleihen.

London, 15. Dezember 1549
Andrea
Im Auftrag der Römischen Inquisition

13

Es ist keine Überraschung, dass der Gegenspieler von Bernardino Ochino und Drahtzieher der Römischen Inquisition, Gian Pietro Carafa, im Jahr 1555 zum Papst gewählt wird. Es ist die Belohnung für die harte Hand, mit der er den hoffnungsvollen Frühling der Kirche in Italien zunichtemachte. Als Papst Paul IV. weitet er sein Terrorsystem der Römischen Inquisition auf die ganze katholische Kirche aus. Er ernennt den ebenso unerbittlichen Michele Ghislieri zum Grossinquisitor.

Bericht aus Zürich an die Römische Inquisition

> An die Römische Inquisition
> Monsignore Ghislieri, Grossinquisitor
>
> Mit nur fünfzehn Jahren starb König Edward IV. Ein grosses Glück, denn mit seiner Halbschwester Maria Tudor kam eine Königin auf den Thron von England, die eine treue Tochter der heiligen Kirche ist. Der Höchste sei gepriesen, sie räumte mit der Ketzerei des Protestantismus auf. Allerdings liess sie nur die eigenen Ketzerführer auf das Schafott führen. Die ausländischen Ketzer liess sie entweichen.
> Nach sechs Jahren in England entkam Ochino seinem verdienten Schicksal einmal mehr knapp. Er reiste mit seiner Familie unbehelligt nach Basel, wo er seine Frau Isabella und seine beiden Kinder zurückliess, um allein

nach Genf weiterzureisen und sich mit Johannes Calvin über seine Zukunft zu besprechen.

Die göttliche Fügung wollte es, dass er am 27. Oktober 1553 nach Genf kam, genau an dem Tag, an dem der reformierte spanische Arzt und Theologe Miguel Servet, nachdem er der Ketzerei überführt worden war, auf dem Scheiterhaufen verbrannt wurde.

Monsignore Ghislieri, stellt Euch vor: Im Zentrum der reformierten Kirche, unter den Augen des Erzketzers Johannes Calvin, wird ein reformierter Theologe hingerichtet, exakt nach der Methode wie es bei der Römischen Inquisition der Brauch ist.

Ich habe in Erfahrung gebracht, dass Ochino daraufhin Calvin heftig kritisiert hat und dass dieser ihm geraten haben soll, er möge aufpassen, dass er nicht selber auf dem Scheiterhaufen lande. Ich bin mir nicht sicher, ob er ihm das wirklich gesagt hat oder ob es sich nur um ein Gerücht handelt.

Ochino wird nach Zürich berufen, wo es eine italienischsprachige Ketzergemeinde gibt. Es sind Reformierte, die aus Locarno vertrieben wurden, weil sie dort keine Ketzer dulden. In Locarno spricht man Italienisch, es liegt südlich der Alpen, gehört aber noch zur Schweiz.

Ochino trifft am 20. Juni 1555 in Zürich ein. Drei Tage später hält er in der Stadtkirche St. Peter seine erste Predigt. Die Stadt Zürich stellt ihm im ehemaligen Amtshaus des Klosters Rüti an der Schneidergasse eine stattliche Amtswohnung zur Verfügung. Diese Wohnung entwickelt sich zu einem Treffpunkt von Ketzern aus aller Welt, vor allem aus Italien. Darunter sind viele Männer aus Locarno, die von Zürich mit Italien Seidenhandel treiben. Sie führen auf ihren Wagen unter der Seide versteckt verbotene Bücher nach Italien mit sich.

Monsignore Ghislieri, ich habe Euch in einem separaten Bericht auf diesen Missstand hingewiesen. In der Zwischenzeit habt Ihr das Ketzermandat erlassen, nach dem es reformierten Händlern verboten ist, nach Italien einzureisen. Nun muss ich Euch berichten, dass sie einen Weg gefunden haben, diese Bestimmung zu umgehen. Sie liefern ihre Ware über den Septimerpass nach Chiavenna, wo sie Verbündete haben, die ihre Ware dann nach Mailand schaffen und verkaufen. Es gilt, dies zu unterbinden, weil sie immer noch verbotene Bücher mitliefern, darunter Bücher von Ochino.

Ochino wurden in Zürich noch drei Kinder geboren, was mich, unter uns gesagt, sehr wundert, er ist unterdessen ein Greis von 76 Jahren.

Doch die Fügung Gottes hat es ihm nicht vergönnt, seinen Lebensabend in Frieden zu beschliessen: Erst ist ihm seine Frau nach einem Unfall gestorben, dann erteilte ihm vor zwei Wochen die Regierung von Zürich den Landesverweis: Er habe in seinen Schriften die Vielweiberei propagiert. Ausgerechnet. Es ist natürlich ein Vorwand, aber es geschieht dem Ketzer recht. Besser wäre es, wenn die Zürcher ihn gleich in der Limmat ersäuft hätten, wie sie das sonst mit Ketzern zu tun pflegen.

Monsignore Ghislieri, ich komme zum Schluss meines Berichts. Nach meinen Informationen hat Ochino zusammen mit seinen Kindern Zürich verlassen. Er soll die Absicht haben, nach Krakau zu ziehen.

Ich ersuche Monsignore Ghislieri, das Nötige in die Wege zu leiten, dass Ochino in Polen endlich gefasst und Rom ausgeliefert wird.

Zürich, Dezember 1563
Dario
Im Auftrag der Römischen Inquisition

14

Wie ist es Bernardino Ochino in Zürich ergangen?

Zunächst lebt er in der Zwinglistadt in Sicherheit, betreut eine kleine Gemeinde, er predigt, er schreibt, er steht im regen Austausch mit Glaubensflüchtlingen aus Italien, vor ihm liegt ein friedlicher, durchaus interessanter Lebensabend.

Es gibt allerdings einige Dinge, die ihn beunruhigen.

Die Nachrichten, die Glaubensflüchtlinge aus Siena mitbringen, stimmen ihn traurig. Die Stadt wird von florentinischen Truppen belagert. Die gesamte Bürgerschaft von Siena steht unter Waffen, selbst drei Frauenbataillone beteiligen sich an der Verteidigung. Weil die Stadtmauern nicht zu stürmen sind, schneiden die Florentiner Siena vom Hinterland ab, um die Bevölkerung auszuhungern. Bauern, die Nahrungsmittel in die Stadt bringen wollen, werden erhängt. Die schiere Verzweiflung drängt die eingeschlossene Bevölkerung dazu, die für die Verteidigung der Stadt unnützen Bürger loszuwerden. Die Kranken des Ospedale Santa Maria della Scala werden aus der Stadt getrieben.

Bernardino weint, wenn er daran denkt, wie er über viele Jahre im Ospedale Krankendienst geleistet und wie ihn diese Tätigkeit erfüllt hat. Entsetzen erfasst ihn, als er hört, zu was der Hunger die Menschen fähig macht, wie seine Landsleute die Waisenkinder aus der Stadt treiben, schliesslich die Alten. Vor den Toren der Stadtmauern, zwischen den Fronten gehen sie elend zugrunde. Die Kranken, die Waisenkinder und die Alten. Siena wird radikal ausgehungert. Völlig entkräftet und am Boden zerstört kapituliert die ehemals stolze Stadt.

Ebenfalls zum Heulen ist der Zustand der heiligen Kirche, die zum totalitären Überwachungsstaat pervertiert. In dem Jahr, da Bernardino nach Zürich kommt, wird Gian Pietro Carafa selber Papst. Bernardino schüttelt den Kopf. So weit haben sie es gebracht. Es ist ihm ein schwacher Trost, als er einige Jahre später erfährt, dass die Bevölkerung von Rom nach Carafas Tod in einen Freudentaumel geriet, den Rachegefühlen freien Lauf liess, eine Carafa nachgebildete Puppe verbrannte, zerstückelte und in den Tiber warf. Dass in einer Mischung von Freudenrausch und Rachehunger alle Gefangenen an der Via Ripetta freigelassen wurden und man die Zentrale der Inquisition niederbrannte. Und dass alle Akten der Inquisitionsprozesse dem Feuer zum Opfer gefallen sind. So kommt er nun nicht einmal mehr in den Akten der heiligen Kirche vor …

Was ihn auch nicht loslässt, ist das, was er in Genf gesehen und gehört hat: die Verbrennung und die Schmerzensschreie des armen Miguel Servet. Er bringt in Erfahrung, dass sein Freund und Gönner Heinrich Bullinger, der Antistes am Zürcher Grossmünster, die Verbrennung Miguel Servets gebilligt hat.

Bernardino muss mitansehen, wie sein bester Freund Sebastian Castellio, der diesen Skandal offen anprangert, in Basel bespitzelt und bis aufs Blut schikaniert wird. Sie sind hinter ihm her, wie Carafa und seine Leute damals hinter ihrer Gruppe her gewesen sind. Er fragt sich mit Schaudern, ob sich der Antichrist nun auch der reformierten Kirche bemächtigt und das innere Feuer des Glaubens auch bei den Reformierten durch ein kollektives System der Überwachung abgelöst wird.

Der Skandal von Genf hat ihm die Augen geöffnet.

Es kommt Bernardino Ochino entgegen, dass das, was er seiner Gemeinde predigt und was er schreibt, nur die Tessiner und die wenigen Italiener, die in Zürich leben, verstehen.

Zudem schützen ihn sein guter Ruf, seine tadellose Lebensführung, sein starkes Charisma und sein fortgeschrittenes Alter. Es dauert deswegen einige Jahre, bis die Zürcher merken, dass sie einen Pfarrer unter sich haben, der nicht mehr auf ihrer Linie ist.

Heinrich Bullinger meint es gut mit ihm. Die beiden sind freundschaftlich miteinander verbunden. Er ist Pate seines jüngsten Kindes. Er redet ihm gut zu und gibt ihm den Rat, ihm die Manuskripte vorzulegen, bevor er sie in Druck gibt.

Obschon Bernardino Ochino verklausuliert schreibt, um die Zensur zu umgehen, ist es eine Frage der Zeit, bis es zum Eklat kommt. Als das Geschirr zerschlagen ist, hält Heinrich Bullinger Ochino vor, er habe sich nicht an seine Anweisungen gehalten. Dieser wiederum hält Bullinger entgegen, dass er nie im Leben gedacht habe, dass sich hinter einem freundschaftlichen Rat ein Inquisitor verberge.

Reitet ihn der Teufel, als er in seiner letzten Schrift «Dreissig Dialoge» über die Polygamie schreibt und er sie auch noch ins Lateinische übersetzen lässt?

Ochino	Deine Frau ist krank und unfruchtbar. Du wünschst Kinder. Ich rate dir, nimm keine Frau dazu, sondern bete zu Gott, dass er dir Enthaltsamkeit verleihen möge.
Telipolygamus	Wenn er sie aber nicht verleiht?
Ochino	Er wird sie dir verleihen, wenn du ihn gläubig darum bittest.
Telipolygamus	Wenn er mir aber weder die Gabe der Enthaltsamkeit noch den Glauben verleiht, ihn darum zu bitten?
Ochino	Dann sündigst du nicht, wenn du tust, wozu Gott dich treibt, wenn du nur sicher bist, dass es sich um einen göttlichen Trieb handelt. Wenn

jemand Gott gehorcht, kann er nicht irren. Einen anderen Rat kann ich dir nicht geben.

Was wissen die Zürcher von den feinen Nuancen eines Dialogs im Geist der Renaissance, in dem es gerade nicht darum geht, den rechten Glauben zu beschreiben, sondern sich im Hin und Her der Meinungen der Wahrheit anzunähern. Er habe sich von der Vielweiberei zu wenig deutlich distanziert, werden sie ihm vorwerfen.

Der wahre Grund für den Eklat ist, dass sich Bernardino Ochino in seinem theologischen Denken von den Zürcher Reformierten entfernt und dass er sie kritisiert, indem er ihnen den Spiegel hinhält:

«Die reformierten Prädikanten folgen ihren Vorgesetzten gerade wie eine Herde von Ziegen derjenigen nachspringen, die vorangeht und eine Schelle trägt – und wäre es auch in einen Abgrund [...] Wer nicht allem, was sie lehren, unbedingten Glauben schenkt, ist ihnen ein Ketzer.»

Das ertragen die Zürcher Pfarrer nicht. Erst als es zu spät ist, gesteht er sich ein: «Zugegeben, es war dumm von mir, ihre Böswilligkeit zu unterschätzen. Es war dumm von mir, ihnen den Spiegel hinzuhalten. Statt in sich zu gehen, sind sie dann auf mich losgegangen. Ich hätte es wissen müssen.»

Bernardino wendet sich dagegen, dass der christliche Glaube als Doktrin gefasst wird, der man sich unterwerfen muss. Der christliche Glaube ist für ihn eine Herzensangelegenheit. Nur ein freier Glaube ist ein wahrer Glaube. Diese Überzeugung steht zwar am Ursprung der Reformation, vierzig Jahre später aber ist sie bereits überholt und gilt als ketzerisch.

Die Reformation hat sich von ihrem Ursprung entfernt, davon ist Bernardino Ochino überzeugt. Er kann nicht anders, als den Finger auf den wunden Punkt zu legen. Die Reaktion ist entsprechend unerbittlich.

15

Der Grossinquisitor triumphiert:

Von der Nachricht angelockt, dass Genf eine reformierte Stadt sei, wo der Glaube frei ist, sind viele Glaubensflüchtlinge aus Italien und aus Frankreich nach Genf gekommen.

Doch was sieht er? Eine verzweifelte Regierung, die harte Massnahmen ergreifen muss, um die öffentliche Ordnung aufrechtzuerhalten.

Er sieht Johannes Calvin in Panik, der nicht nur Katholiken einkerkern und auf dem Scheiterhaufen verbrennen lässt. Er, der einst vom freien Glauben geträumt und von der christlichen Milde geschrieben hat.

Was ist geschehen? Es gibt Momente in der Geschichte, da mit Milde nichts zu erreichen ist. Die Herde braucht den Stock, dass sie zusammenbleibt, es braucht die harte Hand. Mit einem Wort, es braucht die Methode der Römischen Inquisition. Es braucht das Spektakel des Scheiterhaufens, um den Menschen die rechte Gottesfurcht beizubringen.

Das hat sogar der Erzketzer Johannes Calvin begriffen.

Nicht aber sein Helfershelfer Heinrich Bullinger in Zürich. Sonst wäre er mit dem Ketzer Bernardino Ochino nicht so zögerlich umgegangen und hätte ihn entwischen lassen.

Er schwelgt beim Gedanken, dass auch Calvin erkannt hat, dass die Menschen nicht für den freien Glauben geschaffen sind, dass sie mit der Freiheit überfordert sind, weil sie ihnen zur schweren Last wird. Ja, man sieht ihnen an, wie ihnen zumute ist, wenn es kein Ziel mehr gibt, wenn sich das Gefühl des sinnlosen Dahintreibens einstellt.

Bedeutungsvoll nickt der Grossinquisitor: Jesus selbst hat es versäumt, seine Jünger mit harter Hand anzufassen. Er liess es bei der Milde bewenden, er faselte von Liebe und Freundschaft, er traute ihnen die Freiheit zu. «Ihr seid das Licht der Welt», rief er ihnen auf dem Berg zu. Er schüttelt den Kopf. Lächerlich, blosse Irrlichter sind sie ohne das grosse Licht, Schafe, die keinen Hirten haben. Sie verlaufen sich und lassen sich treiben, ohne Ziel und ohne Stock sind sie unglücklich, es fehlt ihnen etwas. Sie brauchen Hilfe, sie brauchen uns, die wir ihnen den Weg weisen.

Darum blieb uns nichts anderes übrig: Wir mussten Jesus zurechtbiegen, weil uns die schwachen Menschen besonders am Herzen liegen. Wir kümmern uns um sie, wir nehmen sie an, wie sie sind. Denn wir haben die Rechnung gemacht: Wenn wenige, vielleicht ein paar Tausend, den freien Glauben über alles stellen, schön und gut, aber was wird aus den Millionen all jener, die nicht die Kraft haben, das irdische Brot um des himmlischen Brotes willen geringzuschätzen? Sollen uns etwa nur die tausend Starken am Herzen liegen und die Übrigen nicht, die zahlreich sind wie Sand am Meer?

Wer sich reumütig zeigt, wird von uns gnädig aufgenommen. Wir nehmen ihm die schwere Last der Freiheit ab. Bei uns findet ein jeder das kleine Glück. Die kleinen Freiheiten, die kleinen Freuden und sogar die kleinen Laster gewähren wir noch einem jeden.

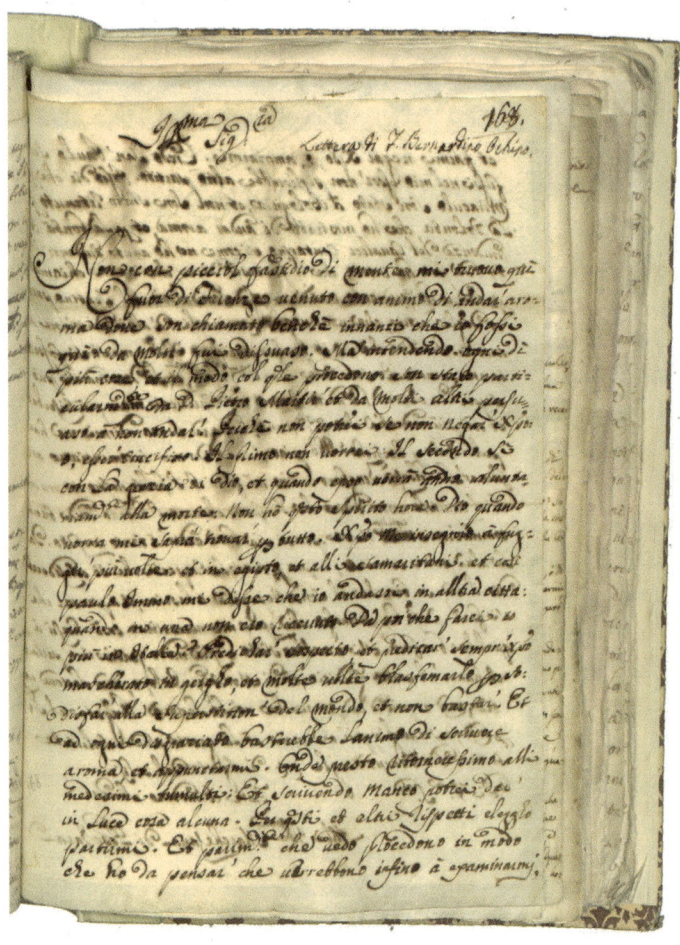

«Non con piccolo fastidio di mente mi truovo qui fuore di Fiorenze venuto con animo di andar a Roma ...» (Von Unruhe gequält, verweile ich hier in der Nähe von Florenz, gekommen in der Absicht, nach Rom zu gehen ...)

Abschiedsbrief von Bernardino Ochino an Vittoria Colonna, 22. August 1542, Biblioteca communale degli Intronati, Siena

Briefe aus Austerlitz

Like a rolling stone

1

Im Jahr 1764 veröffentlichte der Kirchenhistoriker Johann Gottfried Schelhorn in Ulm eine Schrift mit dem Titel «Ergötzlichkeiten». Er schreibt dazu, er habe darin Nachrichten von seltenen Büchern, wichtigen Urkunden und merkwürdigen Briefen zusammengestellt. Das Sammelsurium enthält eine unveröffentlichte Schrift von Bernardino Ochino aus seinem Todesjahr 1564, die er auf seiner Flucht in Nürnberg geschrieben hat.

Von Zürich war er am 2. Dezember 1563 aufgebrochen, in Basel wies man ihn ab, ebenso in Mulhouse und in Schaffhausen, in Nürnberg liess man den alten Mann mit seinen vier Kindern überwintern.

Johann Georg Schelhorn erläutert in der Einführung, dass seine Schrift in der Schweiz keine Presse fand und bestimmt nie finden würde. Die Handschrift sei nur über das Abschreiben überliefert worden. Sein Exemplar habe er einem Freund zu verdanken, der es aus Cambridge mitgebracht habe. Dann fügt er entschuldigend bei, dass er der Schrift «Dialogo» von Bernardino Ochino Raum gebe, obgleich er nicht gutheissen könne, dass dieser sich in seinen damaligen Drangsalen durch seine Leidenschaften zu heftigen und unziemlichen Ausbrüchen gegen den berühmten Bullinger habe verleiten lassen.

Bernardino Ochino tut in Nürnberg, was er seit seiner Flucht über die Alpen immer getan hat. Er setzt sich hin und schreibt. Schreiben ist sein Werkzeug, mit dem er den Glauben solange bearbeitet, bis er lebendig wird. Auch in dieser Schrift spürt er seinem inneren Konflikt nach, indem er mit der menschlichen Klugheit einen Dialog führt.

Zum Auftakt führt ihm die menschliche Klugheit in aller Deutlichkeit vor Augen, in welch unmögliche Situation er sich gebracht habe, weil er nicht auf sie gehört hat.

Bernardino antwortet, die menschliche Klugheit sei blind in geistlichen Dingen, deshalb scheine es ihr so, als ob er elend sei, aber sie täusche sich. In Wahrheit sei er glücklich, weil er gewürdigt worden ist, um Christi willen zu leiden.

Die menschliche Klugheit hält an ihrer Einschätzung fest, wenn Gott sich seiner in besonderem Mass angenommen hätte, so hätte er seinen Lebensabend in Zürich in Frieden beschliessen können, was offensichtlich nicht der Fall ist.

Bernardino hält entgegen, dass die Nähe zum gekreuzigten Christus und nicht das Wohlbefinden die Sache des Christen sei.

Daraufhin holt die menschliche Klugheit zum Rundumschlag aus, sie behauptet, dass er gar nicht den Glauben der reformierten Kirche vertreten würde.

Bernardino antwortet besonnen, die wahre Kirche Christi könne sich nicht über ihn beklagen, wenn er den Zweifel zulasse. Wenn der Zweifel, den er in den Gesprächen wiedergebe, sich als stärker erweise als die Einwürfe dagegen, so sei das nicht seine Schuld. Schliesslich könne er gute Gründe nicht besiegen, die Schuld liege bei denen, die wollen, dass Irrtümer als Wahrheit gelten.

Dann wird der Dialog schillernd, weil Bernardino aus der Rolle fällt und, gar nicht mehr souverän, sein Elend bitter beklagt: Man habe ihn verurteilt, ohne ihn angehört zu haben. Als er dann, zur Urteilsverkündung vor die Abgeordneten des Rats beschieden, sich entschuldigt und klargestellt habe, wie er es in Wahrheit gemeint habe, hätten diese wohl Mitleid gezeigt und wiederholt gesagt, es tue ihnen leid und sie würden am folgenden Mittwoch die Sache nochmals im Rat zur Sprache bringen. Er wisse nicht, ob sie das getan hätten. Wie es sich auch verhalte, man habe das Urteil nicht geändert. Das Wenige, das er besass, habe man verkauft oder verschleudert. Er denke nicht daran, Bullinger für den Papst von Zürich zu halten, dem man nicht allein bei seinen Vorschriften, sondern auch bei seinen privaten Aufforderungen gehorchen müsse.

Es folgen weitere Angriffe gegen Bullinger, er lässt seiner Enttäuschung und seiner Verzweiflung freien Lauf. Die Schrift zeigt, wie unglücklich seine Lage war, in der er sich befand und wie tief gekränkt er war, dass er von Heinrich Bullinger und von den Zürchern fallengelassen worden war.

2

Aurelia, mein liebes Kind,

ich habe dir im letzten Winter aus Nürnberg geschrieben und im Sommer aus Krakau. Ob du die Briefe erhalten hast? Ich wohne jetzt im Haus des Täuferpredigers Jan Stransky. Er predigt auf Tschechisch, hat aber an der Universität in Prag studiert, so dass ich mit ihm etwas Lateinisch sprechen kann. Er ist gütig und hat mir versprochen, dass ich bei ihm bleiben kann.

Was ich dir schreibe, ist sehr traurig. Im Juli mussten wir Krakau verlassen. Meine alten Feinde in Rom hatten mich beim polnischen König angeschwärzt. Die Vergangenheit hat mich sogar im fernen Polen eingeholt. Obschon die Reformierten und auch die Glaubensflüchtlinge aus Italien in Polen geduldet sind, fand König Sigismund nicht die Kraft, der Römischen Inquisition zu widerstehen.

Einmal mehr wurde ich wegen meines Glaubens von einer christlichen Regierung in die Flucht getrieben. Und noch einmal war es der Kirche gerade recht. Doch wieder half mir die Medizin, die ich in meinem Innern aufbewahre. Es sind die Geschichten von Franziskus. Auch nach meiner Flucht über die Alpen hat der Heilige nicht aufgehört, zu mir zu sprechen.

Als du ein kleines Kind warst, habe ich dir viel von Franziskus erzählt. Die liebste und wichtigste Geschichte habe ich dir allerdings nie erzählt. Darum schreibe ich sie nieder, damit du sie lesen kannst.

Franziskus wanderte einst mit Bruder Leo von Perugia nach Assisi. Während sie unterwegs waren, sagte Franziskus mehrfach, worin die vollkommene Freude nicht bestehe, bis Bruder Leo ungeduldig wurde und höchst verwundert bat: «Ich bitte dich in Gottes Namen, so sag mir doch, worin die vollkommene Freude besteht.» Franziskus antwortete: «Wenn wir ganz durchnässt vom Regen und von Kälte durchdrungen, vom Strassenkot schmutzig und vom Hunger gepeinigt, nach Santa Maria degli Angeli kämen und wenn wir dann an der Pforte läuteten und der Pförtner käme und spräche. ‹Wer seid ihr?› und wenn er auf unser Wort: ‹Wir sind deine Brüder›, uns anführe und spräche: ‹Was? Zwei Landstreicher seid ihr und streift in der Welt herum und nehmt den Armen ihr Almosen weg!› Er machte uns nicht auf, sondern liesse uns stehen in Schnee, Wasser, Frost und Hunger bis in die Nacht hinein. Wir aber würden all die Unbill und Beleidigungen ruhig und ohne Murren geduldig tragen und würden in Demut und Liebe denken, der Pförtner kenne uns wirklich gut und Gott werde ihm solche Worte auf die Zunge gelegt haben. Da, Bruder Leo, liegt die vollkommene Freude.»

Weisst du, Aurelia, es ist nicht so, dass mich diese Geschichte getröstet hätte. Mich kann nichts mehr trösten. Zu schrecklich ist, was geschehen ist. Aber die Geschichte von der vollkommenen Freude ist in meinem Herzen eingeschrieben, sie ist ein Teil von mir und ich bin mir sicher, dass mein Glaube ohne sie längst zerbrochen wäre.

Nun lies, welches Unheil über uns hereingebrochen ist. Wir hatten Krakau verlassen, um nach Mähren zu ziehen. In der polnischen Stadt Pinczow wollten wir einen Halt machen. Jedoch liess man uns nicht in die Stadt. Die Pest wütete, sie liessen keine Fremden mehr durchs Stadttor.

Die zwei Kleinen bekamen Fieber, sie husteten und wollten nichts mehr essen. Es war ein trauriger Anblick. Dann erkrankten auch die beiden Grossen. Ich wusste nicht mehr, was ich tun sollte. Die Leute rieten mir, die Kinder ins Seuchenspital zu bringen. Aber da hätte ich mich von ihnen trennen müssen, das hätte mir das Herz gebrochen.

In meinem früheren Leben in Italien habe ich oft Pestkranke gepflegt, vor allem als die kaiserlichen Truppen 1527 Rom plünderten und auch noch die Pest mitbrachten. Die Seuche breitete sich damals in ganz Italien aus. Wir waren in Siena Tag und Nacht mit der Pflege der Kranken beschäftigt. Es war ein schwerer Dienst, er hat uns mit dem heiligen Franziskus zusammengeschweisst.

Ich wusste also, was auf mich zukommen würde. In Pinczow wiesen sie uns ein Haus ausserhalb der Stadtmauer zu und brachten uns zu essen. Es blieb mir der Krankendienst, so konnte ich bis zum Schluss bei meinen Kindern bleiben. Eins ums andere musste ich den Totengräbern übergeben. Nur Caterina erholte sich. Am ersten Advent mussten wir weiter, Caterina war tapfer, sie klagte nie. Aber sie war geschwächt und dann bekam sie wieder Fieber. Es war schrecklich. Auch sie musste ich schliesslich dem Totengräber übergeben. Die Leute waren freundlich zu mir und sie haben mich getröstet und mich zum Prediger Jan Stransky gebracht.

Ob ich Weihnachten noch erleben werde, weiss ich nicht. Halb bin ich schon zusammen mit deiner Mutter und den Kindern gestorben. Mein Leib lebt noch ein wenig weiter, aber nur noch, um dir zu schreiben, Aurelia, mein letztes Kind, mein einziges, das ich auf Erden habe. Ich hoffe, dass du dich mit Lorenzo gut verträgst, dass die kleine Elisabetta gedeiht, dass du glücklich bist und Gottvertrauen hast.

Austerlitz, im Dezember 1564

Dein Vater Bernardino

3

Aurelia, mein liebes Kind,

Jan Stransky schaut gut zu mir. Seine Frau kocht feines, bekömmliches Essen, für mich, als Italiener, eine Wohltat. Sein Hausknecht heizt den Ofen warm ein. Der Winter ist hart. Ich bin geschwächt vom Alter, der Flucht und vom Sterben der Kinder. So danke ich Gott für die lieben Menschen, die mir in dieser kalten Welt Wärme geben. Jan Stransky meint, ich solle das tun, was ich am liebsten tue. Er weiss genau, es ist das Schreiben. So schreibe ich dir heute wieder einen Brief.

Ich habe geschrieben, seitdem du auf der Welt bist. Schon vorher, in meinem früheren Leben in Italien hatte ich ein wenig damit begonnen. Das schönste Buch, das ich geschrieben habe, besteht aus sieben Dialogen. Ich habe euch nie darüber erzählt. Eure Mutter hat immer gesagt, sie wolle nichts darüber hören. Sie wollte es nicht wahrhaben, dass ich damals als Klosterbruder vertrauliche Gespräche mit einer adeligen Dame führte und erst noch ein Buch darüber schrieb.

Nach der Flucht nach Genf ging es erst richtig los mit Schreiben. Was ich schrieb, liess ich drucken und schickte es nach Italien. Jeden dritten Monat ging eine Wagenladung ab. Es müssen gegen fünfzig Bücher gewesen sein, die ich im Verlauf der Jahre geschrieben habe. Sie wurden verteilt, verkauft, gelesen, aber vor allem wurden sie von der Behörde konfisziert. In Mailand, Venedig, Lucca, Florenz, Neapel und auch in Rom wurden sie dem Feuer übergeben. Da sie mich nicht verbrennen konnten, haben sie meine Bücher verbrannt. Die Schriften kamen nicht einmal mehr auf den Index der verbotenen Bücher, den die Römische Inquisition später einrichtete. Da gab es sie nämlich schon gar nicht mehr.

So tief ist mein Italien gefallen. Einst war es das Land des heiligen Franziskus. Nicht nur, ich weiss. Aber es hat seinen Geist lange Zeit bewahrt. Weisst du noch, Aurelia, ich musste dir jeden Abend eine Geschichte von ihm erzählen. Die Mutter hatte es nicht gern. Lass ihn ruhen, seine Zeit ist abgelaufen, die Reformation hat die Heiligen abgeschafft, hat sie gesagt. Sie konnte es nicht ertragen, dass ich Franziskus weiterhin in meinem Herzen bewahrte.

Schau, was in Italien daraus geworden ist. Auch diesen Satz bekam ich immer wieder zu hören. Schau, was in Italien daraus geworden ist. Die Worte haben mich geschmerzt. Was sollte ich darauf antworten?

Was ich nun schreibe, gehört zu meinem Vermächtnis. Ich will offen sein. Ich konnte deiner Mutter nicht die Liebe geben, die sie gebraucht hätte. Es lag daran, dass ich mein früheres Leben in Italien nicht abstreifen und ein anderer werden konnte. Ich weiss nicht, ob du verstehst, was ich meine. Der heilige Franziskus stand mir im Weg, er blieb ein Teil von mir.

«Hier in Zürich sind wir und hier bleiben wir», sagte deine Mutter und schaute mich fest an. Ob sie geahnt hat, dass es anders kommen würde? Manchmal hat sie geweint und voller Wehmut gesagt: «In Lucca lebten wir draussen auf der Strasse und auf den Plätzen. Wir hatten ein gutes Leben. In Zürich schaut jeder für sich und voller Neid auf das, was der andere macht. Wo bleibt die Lebensfreude?»

Manchmal hat sie mir Vorwürfe gemacht: «Was schreibst du die ganze Zeit, du hast doch schon alles geschrieben! Als wir geheiratet haben in Genf, dann in Augsburg und auch London, immer bist du am Schreibtisch gesessen und hast geschrieben. Und auch jetzt in Zürich schreibst du die ganze Zeit.»

Ich habe mich bemüht, ihr zu erklären, dass meine Seele im Schreiben liegt. Sie reagierte gereizt: «Und was ist mit mir und den Kindern, haben wir in deiner Seele keinen Platz?»

Sie weinte oft, ich habe sie dann in die Arme genommen und getröstet. Manchmal haben wir zusammen geweint, dann wieder hatten wir Stunden, da wir fröhlich waren, Gott sei Dank. So haben wir es doch nie bereut, dass wir geheiratet haben.

Trotzdem gab es Zeiten, da mich die Einsamkeit, die Albträume im Kloster, das Begehren und die inneren Kämpfe eingeholt haben. Auch darüber werde ich dir schreiben. Du sollst alles wissen, mein Kind. Du wirst mich verstehen. Ich werde dir morgen wieder einen Brief schreiben. Meine Kraft reicht gerade noch, dir jeden Tag einen Brief zu schreiben.

Austerlitz, im Dezember 1564

Dein Vater Bernardino

4

Aurelia, mein liebes Kind,

heute werde ich dir schreiben, wie es dazu kam, dass ich aus Zürich weggewiesen wurde. Gott sei Dank hat es deine Mutter nicht mehr erlebt. Es wäre zu schrecklich gewesen für sie, die Ausweisung durch den Zürcher Rat. Sie hätte es mir nie verziehen. Wahrscheindlich hätte sie mir vorgehalten: «Das haben wir nun von deiner Schreiberei, warum nur konntest du es nicht lassen!»

Sie ist mir oft in den Ohren gelegen: «Gib dich zufrieden, du hast alles, was dein Herz begehrt. Du hast mich, du hast deine Kinder, du hast deine Gemeinde, die dich achtet, die dir zuhört, wenn du predigst. Du bist beliebt, Leute aus aller Welt kommen dich besuchen. Was forderst du das Schicksal heraus? Kannst du deine ketzerischen Gedanken nicht für dich behalten?»

Sie wusste, dass ich auf dem Weg war, auch bei den Reformierten ein Ketzer zu werden. War es ein Zufall oder war es Fügung, dass ich ausgerechnet an dem Tag nach Genf kam, da Miguel Servet auf dem Scheiterhaufen verbrannt wurde?

Weisst du noch, Aurelia, du warst zehn Jahre alt, als wir England verlassen mussten. Wir zogen nach Basel. Wir fanden Unterschlupf im Haus von Sebastian Castellio. Er hatte nach Jahren der bitteren Armut gerade eine Anstellung als Griechischlehrer an der Universität bekommen. Als ich ihm sagte, ich würde nach Genf reisen, um mit Johannes Calvin zu sprechen, hat er mich seltsam angeschaut, aber nichts gesagt.

Es war der 27. Oktober des Jahres 1553. Die ganze Stadt war in Aufruhr. Meine alten Bekannten aus Italien erzählten mir schreckliche Dinge über Johannes Calvin und dass es ihm gelungen sei, seinen Todfeind auf den Scheiterhaufen zu bringen. Genau wie bei der Inquisition, das gleiche Prozedere. Und das im Herzen der reformierten Kirche. Ich ging zu Johannes Calvin. Er war bleich, er verteidigte sich nicht, als ich ihm vorwarf, er habe die Reformation verraten. Er fragte mich nur, ob ich schon einmal die Verantwortung für eine Kirche getragen hätte, er wäre auch lieber ein einfacher Prediger geblieben, da hätte er sich die Hände nicht schmutzig machen müssen. Was sollte ich darauf erwidern?

Sebastian Castellio war erschüttert, als er hörte, was geschehen war. Er nannte es den Skandal der Skandale. Es hat meinen Glauben an die reformierte Kirche erschüttert. Nun war mir meine Kirche ein zweites Mal abhandengekommen. Nicht ganz, immerhin konnte ich frei predigen und schreiben. Die Zukunft sollte mich eines Besseren belehren.

Als mich das Angebot aus Zürich erreichte, habe ich dankbar angenommen. Ich bemühte mich, ein guter Prediger und Seelsorger zu sein. Heinrich Bullinger unterstützte mich, ich war gewillt, meinen Lebensabend als Pfarrer der italienischsprachigen Gemeinde in Zürich zu beschliessen.

Ich fühlte mich in der reformierten Kirche aber immer fremder, nur das Schreiben hielt mich am Leben. Das ging eine Zeitlang gut, dann wurde Heinrich Bullinger misstrauisch. Er redete mir zu und meinte, ich solle mich an ihn wenden, bevor ich die nächste Schrift veröffentlichte. Ich dachte, das sagt er so daher. Er aber meinte es ernst, es endete schlecht.

Morgen werde ich dir mehr dazu schreiben.
Austerlitz, im Dezember 1564
Dein Vater Bernardino

5

Aurelia, mein liebes Kind,
weisst du, was sie mir vorgeworfen haben? Ich würde die Vielweiberei propagieren. Eine solche Gemeinheit hätte ich den Zürchern niemals zugetraut. Natürlich hätte ich es besser wissen müssen, überall auf der Welt gibt es Menschen, die zur schlimmsten Gemeinheit fähig sind. Meine Gedanken über die Ehe nahmen sie zum Vorwand, mich zu verunglimpfen. Wenn man die Ehe ernst nimmt, muss man auch über die Schwierigkeiten nachdenken, die sie mit sich bringt. Das habe ich getan. Ich habe das Elend beschrieben, in das sich manche Eheleute verstricken, wenn sie nicht zueinander passen. Ich habe geschrieben, dass es ein Mass an Zerwürfnis gibt, das es vernünftig macht, die Eheleute zu trennen. Die Zürcher waren ja die Ersten, die das katholische Ehesakrament bereits im Jahr 1525 aufhoben. Aber Schritt für Schritt wurden die freiheitlichen Errungenschaften jener Jahre rückgängig gemacht.

Wie kam es dazu, dass ich verraten wurde? Auf meine Nachfrage bei Heinrich Bullinger hatte er mir den Auszug aus dem Ratsprotokoll zukommen lassen. Lies, wie himmeltraurig die Geschichte in Basel angefangen hat:

> «Am 9. November 1563 sassen im Gasthof zum Roten Ochsen in Basel, da die grosse Messe stattfand, Kaufleute aus Zürich mit einem Edelmann aus Deutschland am Tisch. ‹In Nürnberg haben sie einen feinen Glauben,

sie lassen jedermann seinen eigenen Glauben›, soll einer gesagt haben. ‹Freilich›, spottete ein anderer, ‹sie können sich halt nicht entscheiden, auf welche Seite sie fallen wollen.› ‹Aber in Zürich›, bemerkte der deutsche Edelmann, ‹gehen Sekten aus und ein, die sind gar schelmisch.›

Die Kaufleute widersprachen aus einem Mund: ‹Da tust du unseren Herren Unrecht. Man lehrt bei uns kein Ketzerwerk!›

‹Der Herr Bernardino Ochino, der in Zürich wohnt, hat in Basel ein Büchlein in den Druck gegeben», sprach jener, ‹darin stehen so schändliche und ärgerliche Dinge, dass es unchristlich ist, eine solche Person zu dulden.›

Welch schändliche und ärgerliche Dinge denn in diesem Büchlein stünden, wollten die Zürcher wissen. Gedanken zur Vielweiberei, wie Bernardino Ochino sie aus dem Alten Testament zu rechtfertigen suche, richtiges Ketzerwerk! Die Zürcher stutzten: ‹Eid und Ehren halber, sind wir schuldig, es unseren Herren anzuzeigen.›»

Sie erstatteten beim Bürgermeister von Zürich Anzeige. Dieser beauftragte Heinrich Bullinger und zwei weitere Stadtpfarrer, die Sache zu untersuchen und einen Bericht zu erstatten. Die Zürcher Regierung machte auf den Rat von Bullinger kurzen Prozess mit mir. Sie enthob mich meines Amtes und erteilte mir den Landesverweis. Sie sprach das Urteil, ohne mich angehört zu haben. Damit war ihr Vorgehen sogar noch rabiater als dasjenige der Römischen Inquisition.

Später wurde mir bewusst, dass mein Freund und Gönner Heinrich Bullinger mich loswerden wollte, ohne dass an den Tag kommt, worin genau meine Ketzerei bestand. So kam ihm der Vorwurf, ich würde die Vielweiberei vertreten, gerade recht. Dabei wusste er ganz genau, dass es mir um etwas ganz anderes ging. Er wusste, dass ich mit meinen Schriften einen wunden

Punkt im reformierten Glauben aufdeckte, indem ich darlegte, dass der Herzensglaube dem Kirchenglauben überlegen ist und dass das Entfachen des inneren Lichts wichtiger ist als die Belehrung mit dem Katechismus.

Es kommt noch etwas dazu.

Die reformierten Theologen beharren auf ihren Dogmen und Bekenntnissen. Sie wähnen sich im Besitz der Wahrheit, sie sind damit im Fahrwasser der Katholiken. Auch sie machen aus der christlichen Religion eine Rüstung im Kampf gegen das Unkraut der Ketzerei, so brauchen auch sie den Stock, um die Herde mit Furcht und Schrecken zusammenzuhalten.

«Bernardino, sei dankbar, dass wir Gnade üben. An anderen Orten werden Ketzer wie du eingekerkert, ersäuft oder auf dem Scheiterhaufen verbrannt», das war der Trost, den mir Bullinger gab.

Da wurde mir bewusst, dass er der Papst von Zürich ist und dass man nicht nur den Vorschriften, sondern auch seinen privaten Ratschlägen gehorchen muss. Meine tadellose Lebensführung und meine treue Amtsführung in Zürich galten nichts.

Du warst, Gott sei Dank, bereits in Genf, Aurelia. Du kannst dir vorstellen, in welchen Zustand mich das Urteil versetzte, auch meine Nachbarn weinten vor Mitleid. Ein Abgeordneter der Regierung gab meinen Gemeindegliedern den Wink, sie sollten mich nicht besuchen, wenn sie nicht beim Rat Missfallen erregen wollten. Aber sie liessen sich nicht abhalten, Tag und Nacht waren sie bei mir, um mich zu trösten und mir zu helfen. Von den Zürcher Pfarrherren jedoch, die doch selbst den zum Tode verurteilten Mörder besuchen, kam keiner zu mir. In der Stadt verbreitete sich das Gerücht, ich wolle die Vielweiberei einführen und sei voll von Ketzereien, so dass meine Freunde mich baten, nicht auszugehen, es sei denn in der Dunkelheit.

Es hiess: «Je eher er hinwegfährt, umso besser wird es für ihn sein, denn die Sache findet sich je länger je böser.»

Was blieb mir? Ich wartete die Gnadenfrist nicht ab. Wir verzogen uns in aller Stille, wie Freunde mir geraten hatten. Ich dankte Gott, dass wenigstens du in Genf in Sicherheit warst.

Austerlitz, im Dezember 1564

Dein Vater Bernardino

6

Aurelia, mein liebes Kind,

von Zürich ging ich mit den Kindern als Erstes nach Basel zu unserem Freund Sebastian Castellio. Doch was für ein Elend, er lag krank und verzweifelt darnieder, Calvin und seine Schergen trieben ihn in den Tod. Er war nicht mehr zu erkennen. Ein Jahr zuvor noch hatten wir Pläne geschmiedet, gemeinsam nach Polen auszuwandern, und nun das.

Mir wurde beschieden, Ketzer seien in Basel nicht erwünscht. Ich verabschiedete mich von meinem Freund und seiner grossen Familie. Ich wusste, ich würde ihn auf dieser Welt nicht mehr sehen. Wir zogen weiter, wurden überall abgewiesen, in der Reichsstadt Nürnberg konnten wir über den Winter bleiben.

Hieronymus Baumgartner hat sich in Nürnberg für mich eingesetzt: «In Augsburg hast du für unsere Sache gekämpft, nun kämpfe ich für deine Sache.» Das waren seine Worte. Später kam er zerknirscht mit einem Brief aus Zürich zu mir: Drei Wochen Zeit könne er mir geben, dann müsse ich die Stadt verlassen. So schnell kann der Wind drehen.

Noch in Nürnberg erreichte mich die Nachricht vom Tod von Sebastian Castellio. Ich habe in meinem langen Leben nie einen solch treuen, gebildeten und unbestechlichen Mann gekannt. Er war es, der mir die Augen geöffnet hat, was Johannes Calvin betrifft. Lange wollte ich es nicht wahrhaben und verdrängte meinen ersten Eindruck, dass er mich mit seinem Misstrauen an Gian Pietro Carafa, den Inquisitor in Rom, erinnerte.

Du musst wissen Aurelia, dass ich nicht verzweifelt war. Ich fügte mich in mein Schicksal, so habe ich es immer gehalten in meinem Leben. Und wieder meldete sich der Geist des heiligen Franziskus in mir und verwickelte mich in ein Streitgespräch. Wenn ich mir sagte: «Endlich solltest du die Augen öffnen. Du hast einen grossen Irrtum begangen, dass du in eine solch missliche Situation geraten bist.» Dann beschwichtigte mich sein Geist und führte mich zum Eingeständnis: «Je mehr die Welt mich von sich stösst, desto mehr fühle ich, dass Gott mich an sich zieht. Nie schmeckte ich seine Liebe so wie jetzt, da er mich am Abend meines Lebens so hart prüft.»

Weisst du, ich habe viele solche Dialoge geschrieben. Ich habe dabei die menschliche und die göttliche Stimme zusammengeführt, um beide der Wahrheit näherzubringen. Ich weiss nicht, ob ich mich verständlich ausdrücke. Es ist das, was mich in all den Jahren auf der Flucht umgetrieben hat: Wie kann ich meinen Glauben beschreiben, dass man ihn versteht? Zum einen bin ich ein Spielball der Mächte dieser Welt, zum andern spüre ich in mir eine unbeschreibliche Freude. Seltsam, nicht?

Morgen werde ich noch einmal einen Anlauf nehmen und dir mehr dazu schreiben.

Austerlitz, im Dezember 1564

Dein Vater Bernardino

7

Aurelia, mein liebes Kind,

Jan Stransky kümmert sich rührend um mich und erhält mich am Leben. «Fra Bernardino, habt Ihr heute Eurer Tochter schon geschrieben?», fragt er mich jeden Tag.

Wenn ich ihm sage, dass ich heute keine Kraft zum Schreiben habe, schaut er mich streng an und schüttelt den Kopf: «Fra Bernardino, wenn Ihr nicht mehr schreibt, dann seid Ihr gestorben.»

Nun, so schreibe ich dir, was ich unbedingt loswerden will. Es ist der vielsagende Blick deiner Mutter, wenn ich wieder einmal den ganzen Tag am Schreibtisch gesessen habe. Ihr Blick sagte: «Gib dich zufrieden, du hast alles, was dein Herz begehrt. Was forderst du das Schicksal heraus, kannst du deine ketzerischen Gedanken nicht für dich behalten?»

Heute weiss ich, dass sie recht hatte. Ich habe das Schicksal herausgefordert. Ich hätte wissen müssen, dass die Zeit nicht reif ist für den freien Glauben, auch im reformierten Zürich nicht.

Ich brachte es einfach nicht fertig, mich wieder hinter einer Maske versteckt zu halten. Ich hätte mich selber aufgegeben, ich hätte Christus verraten, wenn ich vor Bullinger und Calvin gekuscht hätte. Ich hätte aus eigenen Stücken Zürich verlassen müssen, aber deiner Mutter konnte ich keine weitere Flucht zumuten. Das Schicksal hatte uns zusammengeführt. In meinem vorgerückten Alter war ich sicher nicht der Ehemann, den sie sich erträumt hatte. Trotzdem war sie bereit, mich zu heiraten. Was sollte sie in Genf? Wir waren beide heimatlos, wir vermissten unsere Herkunft, sie die schöne Stadt Lucca und ich die schönste Stadt der Welt, Siena.

«In Genf regiert die Angst. In Lucca traf man sich am Abend auf den Plätzen, flanierte, scherzte und lachte, wir waren eine grosse Familie.» Wir versuchten uns zu trösten, wir hatten es gut miteinander, was wir uns an Geborgenheit geben konnten, tat uns gut. War es Liebe? Wir vertrauten uns. Jedoch gefiel uns beiden das Leben in Genf nicht, mir fehlte zudem die klösterliche Glaubensgemeinschaft. Es blieb mir das Predigen und das Schreiben. Sie sorgte sich um unsere Zukunft.

Wir hatten grosse Freude, als du, Aurelia, zur Welt kamst, dann deine Geschwister. Doch Isabella vermisste immer mehr ein festes Zuhause, das ich ihr nicht geben konnte. Das ruhelose Leben zehrte an ihren Kräften.

Was soll ich mehr dazu schreiben? Du hast es als Kind am eigenen Leib erfahren, wie ruhelos unser Familienleben war. Deine Mutter sehnte sich nach einem sicheren Leben, ich hingegen wurde getrieben von meinem Kampf für den freien Glauben und gegen den Antichristen in Rom und anderswo. Nichts konnte mich davon abbringen.

Ich sehe ein, Aurelia, dass ich ein schlechter Familienvater war, auch wenn ich euch von Herzen geliebt habe.

Austerlitz, im Dezember 1564

Dein Vater Bernardino

8

Aurelia, mein liebes Kind,

es war bereits Mittag, als mich Jan Stransky weckte und zum Schreiben antrieb.

«Ich mag nicht mehr essen, ich mag nicht mehr schreiben.»

Er lachte nur, gab mir Brot und mit Wasser verdünnten Wein und schob mir Papier, Feder und Tinte zu. «Hier, Fra Bernardino, esst und trinkt und dann schreibt Eurer Tochter, was Ihr auf dem Herzen habt.»

Meine Schrift ist zittrig. Ich hoffe, du kannst sie lesen. Du weisst, Aurelia, ich war achtunddreissig Jahre meines Lebens im Kloster. Ich habe Euch wenig über jene Zeit erzählt. Aber jetzt, da es mit meinem Leben zu Ende geht, lebt sie in mir wieder auf, die Zeit im Kloster, da ich Tag und Nacht mit dem heiligen Franziskus verbunden war, mit ihm zusammen zu Gott betete, die Kranken pflegte, in den Wäldern verweilte, um Gott für seine wunderbare Schöpfung zu loben.

Ich werde dir etwas schreiben, was niemand weiss, mit einer Ausnahme. Einmal habe ich mit Caterina Cibo darüber gesprochen. Sie war Herzogin von Camerino, ich ihr Beichtvater und ihr Freund. Nein, ich hatte nichts Unkeusches mit ihr. Sie war meine geistliche Freundin, sie war eine gute Menschenkennerin, sie kannte meine Not. Sie hat mich nie blossgestellt. Wenn sie sich mir hingegeben hätte, ich hätte ihr nicht widerstehen können. Hundertmal habe ich davon geträumt, hundertmal habe ich es mir im Kopf ausgemalt, wie paradiesisch es wäre, wenn wir einander küssen und umarmen würden. Ach, wie wenig hat gefehlt. Ich hätte es getan, nichts hätte ich lieber getan. Mein ganzes Klosterleben mitsamt dem Gelübde hätte ich für eine Nacht in ihren Armen hingegeben. Wie dankbar war ich ihr, dass sie mich am Abgrund vorbeigeführt hat. Sie tat es, ohne mich zu beschämen.

Diese gemeinsame Erfahrung machte unsere Freundschaft stark, wir konnten beide aus der Quelle des ewigen Wassers schöpfen. Unsere Gespräche führten dazu, dass sie auf ihr Herzogtum, auf weltliche Macht und Ehre verzichtete und dass ich zu den Kapuzinern wechselte, als Apostolischer Prediger von Stadt zu Stadt zog und mich für die Erneuerung der Kirche einsetzte.

Die Römische Inquisition beendete unsere Freundschaft. Nachdem ich aus Bologna nach Florenz geflohen war, rechneten die Häscher damit, dass ich mich zu meinen Brüdern ins Kloster begeben würde. Ich aber ging mitten in die Stadt in den Palazzo Pazzi, wo Caterina bei ihrer Familie Zuflucht gefunden hatte. Sie erwartete mich. Sie sah meine Verzweiflung und ja: Ich war verzweifelt. Sollte ich über die Alpen fliehen und damit meine Kapuziner, meine Freunde, die Spirituali, verraten, wie mir der sterbende Kardinal Gasparo Contarini in Bologna geraten hatte? Oder sollte ich nicht doch nach Rom gehen, um mich der Inquisition zu stellen und das Martyrium auf mich nehmen?

Nachdem sie mich angehört hatte, sagte sie: «Mein lieber Bernardino, es gibt nur eins. Du ziehst über die Alpen und beginnst ein neues Leben. Ich werde dir alles geben, was du dazu brauchst.»

Ich konnte mich ihrem Liebreiz und ihrer Entschlossenheit nicht erwehren. Es war dumm, ich wusste es, aber ich konnte nicht anders als zur Antwort geben: «Wie soll ich leben ohne dich und ohne unsere Freundschaft, Caterina?»

Sie schaute mich spöttisch an: «Weisst du was? Wenn du bei den Reformierten in Genf bist, dann wirst du den Flüchtlingen aus Italien ein guter Prediger und Seelsorger sein. Es gehört sich, dass die Pfarrer dort verheiratet sind. Dann ist Schluss mit dem Klosterbruder Fra Bernardino. Unter den italienischen Flüchtlingen wird sich bestimmt eine junge hübsche Frau finden, die nur darauf wartet, dir eine gute Ehefrau zu sein und dir viele Kinder zu schenken.»

Ich sah, dass sie Tränen in den Augen hatte, als sie das sagte. Sie kleidete mich weltlich, organisierte Reiseproviant, zwei Pferde mitsamt Begleiter, alles, was ich für die Flucht brauchte. Sie gab mir sogar Geld mit für die erste Zeit im Exil.

Sie verabschiedete mich mit den Worten: «Wenn du heiratest, vergiss deine Herzogin nicht. Sie wird immer mit dir verbunden bleiben.»

Wir haben einander im Herzen getragen. Ich habe die vertraulichen Gespräche mit ihr in einen inneren Dialog umgewandelt und viel Kraft daraus geschöpft. Geschrieben haben wir uns nie mehr. Was sollten wir uns schreiben? Zudem wären unsere Briefe von der Römischen Inquisition abgefangen worden. Vor fünf Jahren bekam ich von ihrem Bruder die Nachricht von ihrem Tod. Wie der heilige Franziskus gehört auch Caterina zu meinem Leben und zu meinem Glauben. Sie hat mich aus meiner Einsamkeit erlöst. Sie hat meinem Glauben ein festes Zuhause gegeben.

Austerlitz, im Dezember 1564

Dein Vater Bernardino

9

Aurelia, mein liebes Kind,

heute Morgen war mir heiss, es muss das Fieber sein. Ist es das Ende?

«Fra Bernardino, habt Ihr heute schon geschrieben?» Jan Strasky trieb mich aus dem Bett und führte mich zum Schreibtisch.

Ich muss dem Brief von gestern noch etwas beifügen. Du sollst alles wissen. Es ist ein Traum, ein Ketzertraum. Ich habe ihn niemandem erzählt, nicht einmal Sebastian. Aber ich habe ihn geträumt, er gehört zu mir. Er begann in Mantua, als mir Kardinal Ercole Gonzaga in seinem Palast das Brautgemach mit dem berühmten Deckengemälde zeigte. Da träumte ich in der Nacht. Erst sah ich Caterina und mich im Brautgemach eng umschlungen liegen, es war das Paradies. Die Putten über uns jubelten uns zu. Dann wiederum sah ich uns als Skelette beieinanderliegen, ineinander verkeilt. Die Schädel schauen sich an, die Kiefer stehen offen. Weisst du, Aurelia, die beiden lachen. Sie lachen über die sinnliche Liebe, über all die Mühsal, die sie mit sich bringt. Sie haben es gut, weil sie es hinter sich haben. So liegen sie sich für immer und ewig in den Armen und freuen sich an der Erlösung aus den Fesseln der Begierde. Auf der Flucht über die Alpen habe ich noch einmal von den Liebenden von Mantua geträumt. Es war auf dem Septimerpass, auf dem Rücken des Pferdes fiel ich in einen Halbschlaf. Da sah ich die Liebenden von Mantua wieder, doch diesmal war es finster, ich konnte sie kaum erkennen. In dem Moment hörte ich ein unheimliches Grollen aus der Tiefe der Erde. Ein fürchterliches Erdbeben erschütterte meinen Traum, kein Stein blieb auf dem andern. Dann wurde es hell, ich sah ein Kreuz – doch was war das? Ich traute meinen Augen nicht. Ich sah, wie Christus vom Kreuz stieg und sich zur weinenden Maria Magdalena legte, sie küsste und umarmte. In diesem Moment verwandelten sie sich in die Liebenden von Mantua. Ein Geistesblitz erleuchtete mich und ich erkannte in den beiden Liebenden das Sinnbild des christlichen Glaubens. Es ist nicht der Gekreuzigte, nein, das Sinnbild des Glaubens sind die beiden Liebenden unter dem Kreuz. Ein himmlisches Glücksgefühl durchströmte mich, als ich ihr befreites Lachen hörte. Ich erwachte und fühlte mich unendlich leicht, wie wenn ein zentnerschwerer Stein von meiner Seele gerollt wäre.

So bin ich auf der Flucht vor der Römischen Inquisition auf dem Septimerpass doch noch ein richtiger Ketzer geworden. Ich nahm mir vor, den Ketzertraum für mich zu behalten. Nun habe ich ihn doch aufgeschrieben und übergebe ihn dir, Aurelia, weil er zu meinem Leben gehört. Was wollte er mir sagen? Ich weiss es nicht. Er blieb mir ein Rätsel. Wenn ich mutiger gewesen wäre, hätte ich über ihn nachgedacht und über ihn geschrieben. Wer weiss, ob daraus die Schrift «Die Wohltat der Liebenden von Golgota» entstanden wäre. Sie hätten mich dann bestimmt aus allen christlichen Ländern vertrieben und ich hätte meinen Lebensabend im Land der Türken beschliessen müssen. Aurelia, ich bitte dich, leg den Ketzertraum beiseite, wie ich es getan habe. Es ist ja nur ein Traum.

Austerlitz, im Dezember 1564

Dein Vater Bernardino

10

Aurelia, mein liebes Kind,

drei Tage konnte ich nicht schreiben. Ich bin fiebrig und schwach, ich mag nichts mehr essen. Der Tod wird mich aus meinem ruhelosen Leben erlösen. Grosses Unglück habe ich erlebt. Erst der Tod deiner Mutter, dann die Wegweisung aus Zürich, dann der Tod deiner Geschwister.

Weisst du, bei Erasmus von Rotterdam habe ich ein wenig Trost gefunden, wenn er schreibt, wir sollten wie das Volk der Thraker sein, bei denen die Familie ein Neugeborenes beweint und unter Tränen aufzählt, wie viel Leiden es nun, da es auf die Welt gekommen ist, werde ertragen müssen. Einen verstorbenen Menschen hingegen trügen sie unter Scherzen und Jubel zu Grabe und führten an, wie vielen Übeln er entronnen sei. Aurelia, halte dich an diese Weisheit. Wenn ich gestorben bin, dann sei fröhlich und denke daran, wie vielen Übeln ich mit dem Tod entronnen bin.

Das grösste Übel, das mir in meinem Leben begegnet ist, betrifft jedoch nicht mein eigenes Leben, sondern den Verrat der heiligen Kirche an ihrem Ursprung, an Christus. Sie hat seinen Glauben ins Gegenteil verkehrt. Die Entstehung des Kapuzinerordens und der Aufbruch der Spirituali weckten viele gute Kräfte in ganz Italien, von Neapel bis Venedig, die Menschen atmeten auf: der freie Glaube, was für eine Wohltat! Dieser Aufbruch weckte aber auch die bösen Mächte. Sie erwiesen sich als stärker. Mir wird schwindlig, wenn ich daran denke ...

Wir säten die Hoffnung auf einen Frühling der heiligen Kirche, alle Menschen sollten daran teilhaben. Wir sprachen den Menschen aus dem Herzen. Dies versetzte die Kurie in Panik. Wozu braucht es dann noch Priester, Bischöfe und Kardinäle. Selbst der Papst würde überflüssig.

Gian Pietro Carafa, hatte leichtes Spiel. Er schürte die Panik und verbreitete Furcht und Schrecken. Auch ich geriet in Panik und verriet meine Verbündeten. Ich liess sie alle im Stich. Ich war verblendet und machte mir vor, ich könnte aus dem sicheren Genf den Antichristen in Rom bekämpfen. Ich habe mich getäuscht. Sie verbrannten meine Schriften, nur wenige haben sie gelesen. Sie nahmen meinen Orden an die Kandare, sie rissen das Unkraut aus, wir waren das Unkraut.

Und Schluss war es mit dem Frühling in der Kirche.

Als ich im reformierten Genf Miguel Servet auf dem Scheiterhaufen brennen sah, da wurde mir sofort klar, dass mir auch die reformierte Kirche abhandengekommen war. Um mit euch zu überleben, predigte ich wieder mit einer Maske, ähnlich wie damals in Italien.

Und wieder trieben sie mich in die Flucht, wieder wurde ich zum Spielball der Mächtigen. So sterbe ich ohne Konfession, ohne Sterbesakramente und ohne einen kirchlichen Segen. An meinem Lebensende haben mich die Täufer aufgenommen. Aber ein Täufer bin ich deswegen nicht geworden. Ich bin ein Bürger der unsichtbaren Kirche, die mir keine Macht der Welt nehmen kann. Diese Kirche lebt in meinem Herzen, sie ist mein Zuhause. Keine Inquisition, keine Kirchenzucht, keine Versuchung dieser Welt hat sie zum Verstummen bringen können.

In meinen Schriften bezeichne ich sie als geistliche Klugheit oder ich gab ihr meinen Namen. Sie vereinigt alle guten Erfahrungen aus meinem Leben. Ohne Papier, Feder und Tinte werde ich sie mit in den Tod nehmen. Noch vernehme ich sie im Fieber des Sterbens, kann jedoch ihre Stimmen nicht mehr unterscheiden: Ist es der heilige Franziskus, der zu mir spricht? Ist es Caterina, die Herzogin von Camerino? Ist es Maria Magdalena, ist es meine Mutter? Oder ist es die Pax im Palazzo Pubblico, die mir ihr Ohr zuwendet?

Austerlitz, im Dezember 1564

Dein Vater Bernardino

Wie dieses Buch entstanden ist

Mit diesem Buch wollte ich Bernardino Ochino auf die Spur kommen: Was machte ihn in den Augen der Mächtigen in Kirche und Staat so gefährlich? Was ist sein Geheimnis? Was ist der Zauber seines widerständigen Geistes?

Dafür studierte ich erst Karl Benraths Standardwerk über das Leben und Denken von Bernardino Ochino aus dem Jahr 1875, dann Michele Camaionis Studie von 2016, eine wahre Fundgrube. Dann vertiefte ich mich in einzelne Schriften von Bernardino Ochino, die heute zum Teil online zugänglich sind. Die «Dialogi XXX», die in Zürich zum Eklat geführt haben, gibt es bis heute nur in der lateinischen Übersetzung von Sebastian Castellio. Die erste Schrift von Bernardino Ochino, die «Sieben Dialoge», ist am besten zugänglich in der kommentierten englischen Übersetzung von Rita Belladonna.

Schliesslich näherte ich mich Bernardino Ochino an, indem ich mich auf seine Spuren begab. Ich fuhr nach Siena, wo er seine Kindheit verbracht hatte. Im Rathaus ist im «Saal des Friedens» noch immer die schöne Darstellung der Pax von Ambrogio Lorenzetti zu besichtigen, ebenso im Dom der schon zu Ochinos Zeit berühmte Marmorboden mit der Allegorie des Hügels der Weisheit. Ich besuchte das Ospedale Santa Maria della Scala, wo Fra Bernardino über viele Jahre die Kranken pflegte. Im Kloster auf dem Hügel La Capriola gegenüber Siena, wo er dreissig Jahre gelebt hatte, fand ich kein einziges Lebenszeichen von ihm. Auch wenn das nicht weiter erstaunt, gilt er doch als Abtrünniger.

Ich reiste nach Camerino, der Stadt auf dem Berg, zur Herzogin von Camerino, Caterina Cibo, der Schutzpatronin der Kapuziner und Vertrauten von Bernardino Ochino. Camerino ist seit dem Erdbeben von 2016 eine unbewohnbare Geisterstadt. Heute durch die Gassen zu gehen, ist erschütternd. Durch ein kleines Loch in einer Bretterwand sind gerade noch die Rundbögen im Innenhof des Palazzo Ducale zu erkennen: Dort lasse ich die fiktiven Gespräche zwischen der Herzogin und dem Klosterbruder stattfinden.

Ich reiste nach Rom und suchte im Geheimarchiv der Inquisition und im Vatikanischen Archiv nach Akten in Sachen Ochino. Ich fand nichts. Die Akten sind wahrscheinlich alle beim Brand des Archivs im Jahr 1559 vernichtet worden. Dafür hatte ich für einen Moment den ersten Eintrag im Index der von der Römischen Inquisition verbotenen Bücher in der Hand: das Gutachten zur Schrift «Die Wohltat Christi», dem Manifest der Spirituali.

Hauptquelle für die Geschichte der innerkatholischen Reformbewegung des 16. Jahrhunderts, bilden die Prozessakten zu Pietro Carnesecchi aus dem Jahr 1567. Sie belegen die vielfältigen Kontakte und Freundschaften innerhalb der Gruppe der Spirituali und die Bedeutung von Bernardino Ochino als Hoffnungsträger für einen Frühling der Kirche. Überrascht wurde ich von der bahnbrechenden Entdeckung des Restaurators und Kunsthistorikers Antonio Forcellino, der aufzeigen konnte, dass Michelangelo der Gruppe der Spirituali nahestand und dass es die Freundschaft mit Vittoria Colonna war, die ihn zu einem Gesinnungswandel führte. Die Dichterin gehörte zu den gebildeten und einflussreichen adeligen Frauen der Renaissance, die Bernardino Ochino bewunderten und förderten. Die amerikanische Historikerin Julie Campbell bezeichnete sie als *Networking Early Modern Women*.

In Rom besichtigte ich den prunkvollen Palazzo Colonna, die Sixtinische Kapelle mit den prächtigen Fresken von Michelangelo: die Schöpfung aus dem Jahr 1505 und das Jüngste Gericht, das er im Herbst 1541 vollendet hat. In der Basilika San Lorenzo in Damaso hat sich Bernardino Ochino als Kapuziner geoutet, in der Basilika San Pietro in Vincoli steht die Skulptur für das Grab von Papst Julius II., mit der sich Michelangelo ein Vierteljahrhundert plagte und die Antonio Forcellino als Beweis für dessen Gesinnungswandel betrachtet.

Ich reiste auf den Spuren von Bernardino Ochino nach Ferrara, Florenz, Neapel, Ischia, Viterbo, Venedig und entdeckte weitere Persönlichkeiten, Künstler, Humanisten, Kleriker, die von seinen Predigten begeistert waren und die sich zur Gruppe der Spirituali zählten.

In Mantua inspirierten mich drei Orte zum ketzerischen Traum, der Bernardino Ochino in Mantua und dann noch einmal auf der Flucht über die Alpen überfällt: die Camera degli Sposi mit dem irritierenden Deckenfresko Osculum von Andrea Mantegna und die Grotta mit dem verwunschenen Garten im Palazzo Ducale, und ein Raum im Naturkundemuseum mit den zwei Skeletten, die in der Steinzeit in liebevoller Umarmung bestattet wurden. Zum Traum inspiriert hat mich auch die Lektüre des Romans von Ralph Dutli «Die Liebenden von Mantua».

Auf diesen Reisen und in den Zeiten dazwischen entstand dieser biografische Roman. Viele Begebenheiten sind historisch belegt, etwa seine Herkunft, seine Zeit im Franziskanerorden, die Episode mit der Mädchenschar, die ihn aus dem Kloster entführte, dass die Herzogin von Camerino einen geheimen Liebhaber hatte, dass sie Fra Bernardino unerkannt in einer Sänfte durch Rom auf die Kanzel von San Lorenzo in Damaso brachte. Oder dass Vittoria Colonna die einzige Person war, die Michelangelo bei seiner Arbeit am Jüngsten Gericht in der Sixtinischen Kapelle zusehen durfte. Und dass Bernardino Ochinos älteste Tochter Aurelia, die 1543 in Genf zur Welt kam, zwanzig Jahre später, noch vor dem Landesverweis des Vaters nach Genf zurückkehrte, Lorenzo Venturini geheiratete und mit ihm fünf Kinder hatte.

Anderes jedoch ist nicht dokumentiert oder verschollen. So habe ich mich auch mit der Fantasie Bernardino Ochino angenähert, mit Dialogen zwischen ihm und der Herzogin von Camerino, zwischen Vittoria Colonna und Michelangelo, zwischen Giulia Gonzaga und Juan de Valdès, mit Gesprächen innerhalb der Gruppe der Spirituali, mit Dialogen zwischen Bernardino Ochino und Sebastian Castellio und mit den Berichten der Spitzel von Inquisitor Gian Pietro Carafa. Auch die Briefe aus Austerlitz sind fiktiv.

Jedem Teil ist ein Zitat aus Bob Dylans «Like a rolling stone» vorangestellt. Der Rocksong aus den 1960ern erzählt vom sozialen Abstieg einer etablierten Frau. Aus grosser Höhe fällt sie tief und landet abgewiesen, gedemütigt, heimatlos auf der Gasse. In vier dramatisch sich steigernden Strophen fragt der Sänger stets eindringlicher: «How does it feel?» Wie fühlt es sich an zu leben, ohne ein Zuhause, mutterseelenallein, als eine völlig Unbekannte, zu leben ohne einen Weg zurück nach Hause, wie ein rollender Stein? Das typische Bluesmotiv schwankt zwischen dem Gefühl von Verlorenheit und wachsendem Widerstand. Bernardino Ochino, aber auch die *Networking Early Modern Women* Caterina Cibo, Vittoria Colonna, Renée de France und Giuglia Gonzaga fallen alle auf ihre Weise aus grosser Höhe und gehen mit einer erstaunlichen Widerstandskraft ihren eigenen Weg und werden zu Protagonisten des Frühlings der Kirche. Die eindringliche Frage «Wie fühlt es sich an?» wurde mir zur Begleitmusik beim Schreiben der Geschichte von Bernardino Ochino im Hin und Her seiner ruhelosen Existenz als Spielball der Mächtigen, als ein *rolling stone*.

Für die Unterstützung beim Recherchieren und Schreiben danke ich Peter Angst, Reinhard Bodenmann, Max Flückiger, Verena Hermansen, Esther Hürlimann, Bruder Niklaus Kuster, Urs Leu, Fra Pietro Maranesi, Patrice de Mestral, Peter Opitz, Johannes Thomann, Lisa Briner und Corinne Auf der Maur vom Theologischen Verlag Zürich und meiner Frau Alena ganz herzlich!

Nachweise

S. 23: Ochino, Dialogi sette, S. 61–64 (übersetzt u. gekürzt von UG)

S. 26: Benrath, Ochino, S. 18 (Beschreibung Ochinos durch Antonio Maria Graziani, Sekretär eines Kardinals)

S. 56: Benrath: Ochino, S. 8f. (Zitat aus einem Brief von Bernardino Ochino an Girolamo Muzio)

S. 57: Benrath, Ochino, S. 84 und S. 9 (Zitate aus seiner letzten Schrift «Dialogi XXX», Basel 1563)

S. 66: Kuster, Wanderbrüder, S. 27 (zornige Intervention Caterina Cibo) und S. 28f. (Brief von Caterina Cibo an Papst Clemens VII., gekürzt von UG)

S. 78: Witte, Pietro Carnesecchi, S. 53f. (gekürzt von UG)

S. 88: Musiol, Vittoria Colonna, S. 118f. (übersetzt von UG)

S. 89: Musiol, Vittoria Colonna, S. 301

S. 94: Erasmus, Papst Julius, S. 115 ff. (gekürzt von UG)

S. 101: Forcellino, Michelangelo, S. 265

S. 104: Musiol, Vittoria Colonna, S. 226f.

S. 136: Bainton, Women, S. 249 (übersetzt von UG)

S. 146: Ochino, Dialogi sette, S. 49 (übersetzt und gekürzt von UG)

S. 155: Musiol, Vittoria Colonna, S. 301 (übersetzt von UG)

S. 159: Index librorum prohibitorum, S. 1–6

S. 159: MacCulloch, Reformation, S. 317.

S. 163: Da Mantova, Il beneficio di cristo, S. 33 (übersetzt von UG)

S. 172: Benrath, Julia Gonzaga, S. 41.

S. 187: Lukas 7,31f.

S. 199: Benrath, Ochino, S. 17 (Brief von Kardinal Pietro Bembo an Vittoria Colonna vom 4. April 1539)
S. 200: Benrath, Ochino, S. 17f. (Beschreibung Ochinos durch Antonio Maria Graziani, Sekretär eines Kardinals)
S. 200: Benrath, Ochino, S. 16 (Brief von Kardinal Pietro Bembo an Vittoria Colonna vom 15. März 1539)
S. 200: Benrath, Ochino, S. 92
S. 211: Camaioni, Il Vangelo e l'Anticristo, S. 447 (übersetzt von UG)
S. 222: Benrath, Ochino, S. 113 (Papst Paul über die Flucht von Ochino)
S. 222: Hettinger, Welt und Kirche, S. 244 und 271
S. 223: Benrath, Ochino, S. 114 (Carafa über die Flucht von Ochino)
S. 223: Hettinger, Welt und Kirche, S. 270 (Vittoria über die Flucht von Ochino)
S. 227: Benrath, Ochino, S. 103ff. (handschriftliches Original, Stadtbibliothek Siena)
S. 228: Musiol, Vittoria Colonna, S. 301 (übersetzt von UG)
S. 229: Benrath, Ochino, S. 125 (Vittoria über die Flucht von Ochino)
S. 230: Musiol, Vittoria Colonna, S. 227 (Michelangelo zum Tod von Vittoria)
S. 230: Musiol, Vittoria Colonna, S. 331
S. 232: Witte, Carnesecchi, S. 20ff.
S. 236: Benrath, Ochino, S. 139f.
S. 247: Petrarca, Über den geheimen Widerstreit, S. 111ff. (gekürzt von UG)
S. 251: Benrath, Ochino, S. 164f.
S. 262: Campi, Bullinger versus Ochino, S. 190
S. 263: Campi, Bullinger versus Ochino, S. 213f.
S. 268: Schelhorn, Ergötzlichkeiten, S. 2009ff.
S. 278: Benrath, Ochino, S. 245f. (Ratsprotokoll vom 22. November 1563, Staatsarchiv des Kantons Zürich)
S. 283: Benrath, Ochino, S. 258

Personenverzeichnis

Gruppe der Spirituali

Bernardino Ochino von Siena, 1487–1564, Franziskaner, Kapuziner, Apostolischer Prediger und Kapuzinergeneralvikar (1538–1542), geistlicher Protagonist der Spirituali und Hoffnungsträger der Kirchenreform in Italien. Wird nach Rom zitiert, Flucht über die Alpen, reformierter Prediger in Genf, Augsburg, London, Zürich. Landesverweis. Flucht nach Polen, Mähren, Tod in Austerlitz.

Caterina Cibo, 1501–1557, Herzogin von Camerino, Schutzpatronin der Kapuziner, Vertraute von Bernardino Ochino, Gesprächspartnerin seiner ersten Schrift «Sieben Dialoge». Verlässt ihr Herzogtum und lebt in Florenz, fördert Bernardino Ochino, verhilft ihm zur Flucht und unterstützt ihn finanziell, sodass er in Genf eine neue Existenz aufbauen kann.

Vittoria Colonna, 1492–1547, Markgräfin von Pescara, bekannteste Renaissance-Dichterin Italiens, empfängt Kaiser Karl V., fördert die Kapuziner und Bernardino Ochino, Protagonistin der Spirituali, Freundin von Michelangelo, beeinflusst seine letzte Schaffensphase, hält dem Druck nach der Flucht von Bernardino Ochino nicht stand.

Michelangelo Buonarroti, 1475–1564, bedeutendster Künstler der italienischen Renaissance: Davidskulptur in Florenz, Schöpfung und Jüngstes Gericht in der Sixtinischen Kapelle in Rom,

Grabmal für Julius II. in der Basilika San Pietro in Vincoli, Kuppel des Petersdoms. Freundschaft mit Vittoria Colonna, wird heimlich Sympathisant der Spirituali, sieht sich in der biblischen Figur des Nikodemus.

Renée de France, 1510–1574, Tochter des Königs von Frankreich, Herzogin von Ferrara, Fürsprecherin von Glaubensflüchtlingen, beherbergt Johannes Calvin, befreundet mit Vittoria Colonna, fördert Bernardino Ochino, katholisch, sympathisiert mit der reformierten Kirche.

Giulia Gonzaga, 1513–1566, Gräfin von Fondi, macht aus Fondi ein kulturelles Zentrum, lebt nach der misslungenen Entführung durch türkische Piraten in einem Kloster in Neapel, Vertraute von Juan de Valdés und Pietro Carnesecchi, Protagonistin der Spirituali in Neapel, hält auch nach der Einrichtung der Römischen Inquisition mutig an ihrer Haltung fest.

Juan de Valdès, 1490–1541, Diplomat und Humanist, Flucht vor der Spanischen Inquisition, Sekretär von Kaiser Karl V., theologischer Inspirator der Spirituali, Vertrauter von Giulia Gonzaga und Freund von Bernardino Ochino, wird berühmt durch seine Schrift «Alfabeto Cristiano», einem Dialog zwischen ihm und Giulia Gonzaga.

Reginald Pole, 1500–1558, Flucht aus England, Kardinal von Viterbo, Sympathisant der Spirituali, Vertrauter von Vittoria Colonna, wäre im Konklave 1549/50 mit einer einer einzigen Stimme mehr Papst geworden, Intervention durch Carafa, Rückkehr nach England.

Pietro Carnesecchi, 1508–1567, Humanist, Sekretär von Papst Clemens VII., Sympathisant der Spirituali, begeistert von Bernardino Ochino, Vertrauter von Giuglia Gonzaga, Flucht nach Frankreich, Rückkehr. Nach dem Tod von Giulia Gonzaga kommt es zum Schauprozess, wird von der Römischen Inquisition zum Tod verurteilt, hingerichtet. 800 Seiten Prozessprotokoll, Quelle der Geschichte der Spirituali.

Gasparo Contarini, 1483–1942, venezianischer Adel, Kardinal, allseits geachteter Diplomat von Kurie und Kaiser Karl V., Anhänger von Erasmus von Rotterdam. Auf Wunsch des Kaisers päpstlicher Legat bei den Regensburger Religionsgesprächen, mit Bernardino Ochino befreundet, prominentester Vertreter der Kurie bei den Spirituali.

Inquisitoren

Gian Pietro Carafa, 1476–1559, Gründer des konservativen Ordens der Theatiner, Kardinal, Gegenspieler von Bernardino Ochino und der Spirituali, Initiator der Römischen Inquisition 1542, wird 1555 zum Papst gewählt (Papst Paul IV.).

Michele Ghislieri, 1504–1572, Kardinal, Befürworter der Inquisition wie Carafa, wird von diesem zum Grossinquisitor ernannt, wird 1566 zum Papst gewählt (Pius V.).

Pontifikate

Julius II., 1403–1513, amtet wie ein Kriegsherr und Territorialfürst, beauftragt Michelangelo für die Deckenfresken der Sixtinischen Kapelle (Schöpfung) und für sein Grabmal. Beginnt mit dem Bau des Petersdoms.

Leo X., 1513–1521, Giovanni de' Medici, erlässt den Ablass zur Finanzierung des Petersdoms, was den Anstoss zur Reformation gibt.

Hadrian VI., 1521–1523, aus Holland, formuliert ein aufsehenerregendes päpstliches Schuldbekenntnis, Reformbestrebungen, wahrscheinlich vergiftet.

Clemens VII., 1523–1534, Giulio de' Medici, Demütigung bei der Plünderung Roms 1527, Verbündeter des Kaisers, anerkennt den Kapuzinerorden, beauftragt Michelangelo zum «Jüngsten Gericht» in der Sixtinischen Kapelle, wahrscheinlich vergiftet.

Paul III., 1534–1549, Alexander Farnese, gewiefter Diplomat, laviert zwischen den Parteien, ernennt den konservativen Gian Pietro Carafa sowie die reformfreudigen Reginald Pole und Gasparo Contarini zu Kardinälen. Beauftragt Bernardino Ochino zum Apostolischen Prediger, gibt dem Drängen Carafas dann doch nach und installiert 1542 die Römische Inquisition und zitiert Bernardino Ochino nach Rom.

Paul IV., 1555–1559, siehe Gian Pietro Carafa

Pius IV., 1559–1565, Giovanni Angelo Medici von Mailand, Günstling von Papst Paul III., Generalamnestie der Aufständischen gegen das Pontifikat seines Vorgängers. Rege Bautätigkeit, relativ mildes Pontifikat.

Pius V., 1566–1572, siehe Michele Ghislieri

Humanisten und Reformatoren

Erasmus von Rotterdam, 1476–1536, Vordenker eines humanistischen Christentums und einer katholischen Kirchenreform, übt grosser Einfluss auf die Gruppe der italienischen Spirituali aus, Verfasser der anonym herausgegeben Satiren «Papst Julius vor der verschlossenen Himmelstür» und «Lob der Torheit».

Johannes Calvin, 1509–1564, französischer Theologe, Flucht aus Frankreich nach Basel, in Ferrara Gast bei der Herzogin Renée de France, führt in Genf die Reformation ein. Heisst Bernardino Ochino in Genf willkommen, veranlasst am 27. Oktober 1553 die Verbrennung des reformierten Arztes und Theologen Miguel Servet auf dem Scheiterhaufen.

Sebastian Castellio, 1515–1563, erst Verbündeter von Johannes Calvin, dann Zerwürfnis, Flucht nach Basel, Wortführer der reformierten Opposition gegen Calvin, Verfasser des Manifests der Toleranz, Freund von Bernardino Ochino, übersetzt dessen Werke aus dem Italienischen ins Lateinische, auch die letzte Schrift «XXX Dialogi», die zum Landesverweis führt.

Heinrich Bullinger, 1504–1575, Nachfolger von Huldrych Zwingli als Antistes am Zürcher Grossmünster, konsolidiert die Zürcher Reformation, fördert erst Bernardino Ochino, heisst dann dessen Landesverweis gut.

Zitierte und weiterführende Literatur

Alessi, Andrea: Eretici non eretici. Vittoria Colonna, Michelangelo e Il circolo degli spirituali, Roma 2020

Bainton, Roland H.: Women of the Reformation in Germany and Italy, Augsburg 1971

Benrath, Karl: Bernardino Ochino von Siena, Braunschweig 1875

Benrath, Karl: Julia Gonzaga. Ein Lebensbild aus der Geschichte der Reformation in Italien, Halle 1900

Camaioni, Michele: Il Vangelo e l'Antecristo: Bernardino Ochino tra francescanesimo ed eresia, Bologna 2018

Campbell, Julie D.: Early Modern Women and transnational communities of letters, London 2016

Campi, Emidio: Michelangelo e Vittoria Colonna: un dialogo artistico-teologico ispirato da Bernardino Ochino, e altri saggi di storia della Riforma, Torino 1994

Campi, Emidio: Bullinger versus Ochino. Anatomie eines Zerwürfnisses. In: Gergely Csukás/Ariane Albisser (Hg); Wirkungen und Wurzeln der Schweizer Reformation. Festschrift für Peter Opitz, Zürich 2022

Da Mantova: Il beneficio di cristo con le versioni del secolo XVI, documenti e testimonianze, Firenze 1972

Dutli, Ralph: Die Liebenden von Mantua, Göttingen 2015

Erasmus von Rotterdam, Papst Julius vor der verschlossenen Himmelstür, übersetzt von Wolfgang F. Stammler, in: Über Krieg und Frieden. Die Friedensschriften des Erasmus von

Rotterdam, hg. von Wolfgang F. Stammler u. a., S. 99–162, Essen 2018

Feliciangeli, Bernardino: Notice e documenti sulla vita di Caterina Cibo-Varano, duchessa di Camerino, Camerino 1891

Forcellino, Antonio: Michelangelo: Eine Biographie, München 2006

Greminger, Ueli: Sebastian Castellio. Eine Biografie aus den Wirren der Reformationszeit, Zürich 2015

Hettinger, Franz: Kirche und Welt, Bd.1, Freiburg 1885

Index librorum prohibitorum, Vol I, Fascolo I – Censurae in librum beneficio Christi, archivio del Sant' Uffizio, 1559

Kuster, Niklaus: Von Wanderbrüdern, Einsiedlern und Volkspredigern. Leben und Wirken der Kapuziner im Zeitalter der Reformation, Kevelaer 2003

MacCulloch, Diarmaid: Die Reformation, München 2008

Musiol, Maria: Vittoria Colonna. Ein weibliches Genie der italienischen Renaissance, Berlin 2013

Ochino, Bernardino: Dialogi sette, hg. von Ugo Rozzo, Torino 1985. In englischer Übersetzung: Ochino, Bernardino: Seven dialogues, hg. und übersetzt von Rita Belladonna, Ottawa 1988

Ochino, Bernardino: Laberinti del libero arbitrio, hg. von L. S. Olkschi, Firenze 2004

Ochino, Bernardino: Dialogi XXX, Basel 1563

Peyronel Rambaldi, Susanna: Una Gentildonna irreguieta. Giulia Gonzaga fra reti familiari e relazioni eterodosse, Roma 2012

Petrarca, Francesco: Über den geheimen Widerstreit meiner Sorgen, Frankfurt am Main und Leipzig 2004

Postel, Claude: Si loin de Rome. Chronique d'un renégat, Clamecy 2007

Sciascia, Leonardo: Ein Sizilianer von festen Prinzipien, Editio converso, 2021

Schelhorn, Johann Georg: Ergötzlichkeiten aus der Kirchenhistorie und Literatur: in welchen Nachrichten von seltenen

Büchern, wichtige Urkunden, merkwürdige Briefe, und verschiedene Anmerkungen enthalten sind. Band III, Ulm 1762–1764

Steiniger, Judith: Eine unbekannte Schrift von Bernardino Ochino, in: Zwingliana 43 (2016), S. 125–159

Taddei, Elena: Zwischen Katholizismus und Calvinismus: Herzogin Renata d'Este. Eine Eklektikerin der Reformationszeit, Hamburg 2004

de Valdés, Juan: Alfabeto Cristiano, Venedig 1545

Witte Leopold: Pietro Carnesecchi. Ein Bild aus der italienischen Märtyrergeschichte, Halle 1883

Wolf Hubert: Index. Der Vatikan und die verbotenen Bücher, München 2006

Ueli Greminger
Der letzte Zug
Pfarrer Bodmer
unter Verdacht

Skandal! Hat Pfarrer Bodmer wirklich nachgeholfen, als Dr. Gehring versuchte, seinem Leben ein Ende zu setzen? Der Verdacht wiegt schwer, Bodmer landet in der Untersuchungshaft. In seiner Verzweiflung, in den langen Stunden, bleibt Bodmer nichts anderes als seine Gedanken, als das Schreiben. Schreiben ist wie beten, es lenkt ab, es beruhigt. Auf Bewährung zurück in seinem Beruf, wirft Pfarrer Bodmer den Bettel plötzlich hin. Er verlässt die Stadt, wird Winzer auf dem Land. Was steckt dahinter? Was verschweigt er?

2. Aufl. 2021, 120 Seiten, Paperback
ISBN 978-3-290-18340-0

Ueli Greminger
Leo Jud trifft Hugo Ball
Die Zürcher
Reformation
im Fegefeuer des
Dada

Leo Jud war Ulrich Zwinglis Freund und Mitstreiter. – Hugo Ball führte 1916 in Zürich mit seinen Dada-Aufführungen die Kultur des christlich-humanistischen Abendlands ad absurdum. Anschaulich erzählt Ueli Greminger die bewegten Biografien der beiden Männer und lässt sie in fiktiven, oft auch amüsanten Debatten über die Folgen der Reformation aneinandergeraten.

2019, 109 Seiten, Hardcover
ISBN 978-3-290-18201-4

TVZ
Theologischer Verlag Zürich
www.tvz-verlag.ch